# ビジュアルで読み解く
# 地政学

## はじめに

# 歴史は繰り返さないが韻を踏む

　今から１００年ほど前、チェレーンやマハン、そしてマッキンダーによって地政学の基礎が築かれました。そこでは、国際政治を考察する際の不変かつ普遍の要素として、地形や風土といった地理的条件が重視されました。地政学（geopolitics）と呼ばれるゆえんです。

　国際政治は地理的条件の制約を受けながら展開します。いわば地理的条件がチェスの盤面であり、その上で展開されるチェスの攻防が国際政治です。当然、コマの動きは盤面に左右されます。この動きを読む・予測するための補助線が地政学というわけです。

　本書でも、おもに冒頭において盤面によるコマの動きの規則性・傾向を地政学の基本的理論に則って解説しています。しかし、近年の地球温暖化の進行などによって、少なくとも人間の時間軸においては不変と思われた盤面、すなわち地理的条件に変化が生じています。また、盤面は同じでも指し手が変わればコマの動きも変わってくるはずです。ですから、「果たして地政学には普遍性があるのか？」という疑問ももっともです。

　結論からいえば、地政学のセオリーどおりに国際政治が動くとは限りません。指し手はもちろん、もはや盤面も不変ではないからです。そういう意味で、「歴史は繰り返さない」のです。しかし、指し手が変わろうとも、盤面に変化が生じようとも、大局的に見ればそれぞれの駒の動きには一定の「癖」が見出せます。規則性を見出すことは可能なのです。であればこそ、国際情勢を読み解き、世界の行方を展望するという要望に、地政学は一定程度まで沿うことができると思います。

地政学はあくまでも補助線です。これをうまく使いこなし、自国と他国、過去と現在に相似形を見出すこと、そしてそれを以って未来への視座とすること。この点こそが「地政学」の存在意義といえるのだと思います。

最後に、地政学を考えるうえで非常に示唆に富んだ箴言《しんげん》をご紹介いたします。アメリカの文学者マーク・トウェインの言葉です。

——History doesn't repeat itself, but it rhymes.（歴史は繰り返さないが韻を踏む）

国際政治はどんな韻を踏むのか。それを見抜くヒントを、ぜひ本書から得ていただければと思います。

2024年9月　狩野崇

地政学とは何か？

# 現代の世界を解くカギ 地政学の誕生と発展

19世紀末から20世紀初頭にかけて形成された「地政学」とは、いったいどのような学問なのか？　その誕生から現在に至るまで、世界の情勢との関係とともに紹介する。

## 外交や軍事の政治課題を地理的条件で研究する学問

「地政学」は、政治地理学や国家学が発展して19世紀末から形成され始めた比較的新しい考え方で、20世紀初頭にスウェーデンの国家学者チェレーンによって地政学と名付けられた。

２５０年の歴史を持つ国際的な百科事典『ブリタニカ百科事典 第15版』では、地政学とは「国の本質は民族と国土にあるとし、密接に絡み合う地理と政治との関係を研究する学問」とされている。ここでの「政治」は、おもに国家間の軋轢、つまり国際紛争の解決を指すと考えてよいだろう。国土の保持という外交や軍事の政治課題に対して、地理的な条件が与える影響を考察し、分析するのが地政学である。

現在の地政学の基礎とされるのが、「シーパワー論」と「ハートランド論」である。前者はアメリカの海軍士官で歴史家でもあるアルフレッド・マハンが19世紀末に提唱し、後者はイギリスの地理学者で政治家でもあるハルフォード・マッキンダーが20世紀初頭に提唱した。「**シーパワー**」には「**ランドパワー**」という用語が、「**ハートランド**」には「**リムランド**」という用語が、それぞれ対比している。

## 島国が多いシーパワーと領土拡大するランドパワー

「**シーパワー**」とは、シーレーン（海上交通路）を活用することで国

**アルフレッド・セイヤー・マハン**
（Alfred Thayer Mahan、1840 ～ 1914年）
アメリカの海軍士官で海軍史家。海軍大学校校長も務めた。歴史における海洋戦略の在り方を研究し、『海上権力史論』を1890年に著してシーパワーの概念を構築した。同書は、世界の国々の外交や海上通商、海軍戦略に影響を与え、地政学が広まるきっかけとなった。

**サー・ハルフォード・ジョン・マッキンダー**
（Sir Halford John Mackinder、1861 ～ 1947年）
イギリスの地理学者で政治家。ユーラシア大陸を中心とした国際関係力学を地理的に分析し、ハートランド理論を提唱した。シーパワーとランドパワーの軋轢が近代世界の歴史に影響するという考察は、彼以降の研究者が提唱したリムランド論へとつながっていく。

力を高める海洋国家のこと。おもなシーパワーはアメリカやイギリス、日本といった国で、大半が周囲を海に囲まれている。健全な生産・海運・市場のために航路を開拓して維持し、海上権益を獲得することで、海を通じて世界各地への国際的影響力を発揮している。

シーパワーにとって領土の大きさは重要ではない。強力な軍事力や経済力を背景として、航路とその中継地の安全を確保することこそが最重要となる。

「**ランドパワー**」とは、広大な大陸、つまり陸上での支配力を国力の基盤とする大陸国家のこと。ランドパワーの代表としてロシアや中国といった国が挙げられる。ランドパワーはシーパワーと違って、領土の拡大を積極的に展開する。

## 世界島の内陸部と沿岸部
## ハートランドとリムランド

「ハートランド」とは、「世界島」の内陸部のこと。世界島とはマッキンダーの造語で、ユーラシア大陸とアフリカ大陸を指す。通常は、ユーラシア大陸の内陸部を「ハートランド」、アフリカ大陸の内陸部を「南のハートランド」という。

　ユーラシア大陸におけるハートランドは、北部の広大なシベリアから中央アジアにわたる地域にあたる。厳しい気候にあるため農耕に適さない痩せた内陸の大地が広がり、大河はあっても氷結によって大規模な交路を開くことができない。南のハートランドは、大陸の大半を占めるサハラ～南アフリカの高原地域にあたる。こちらも、

### ハートランドとリムランド

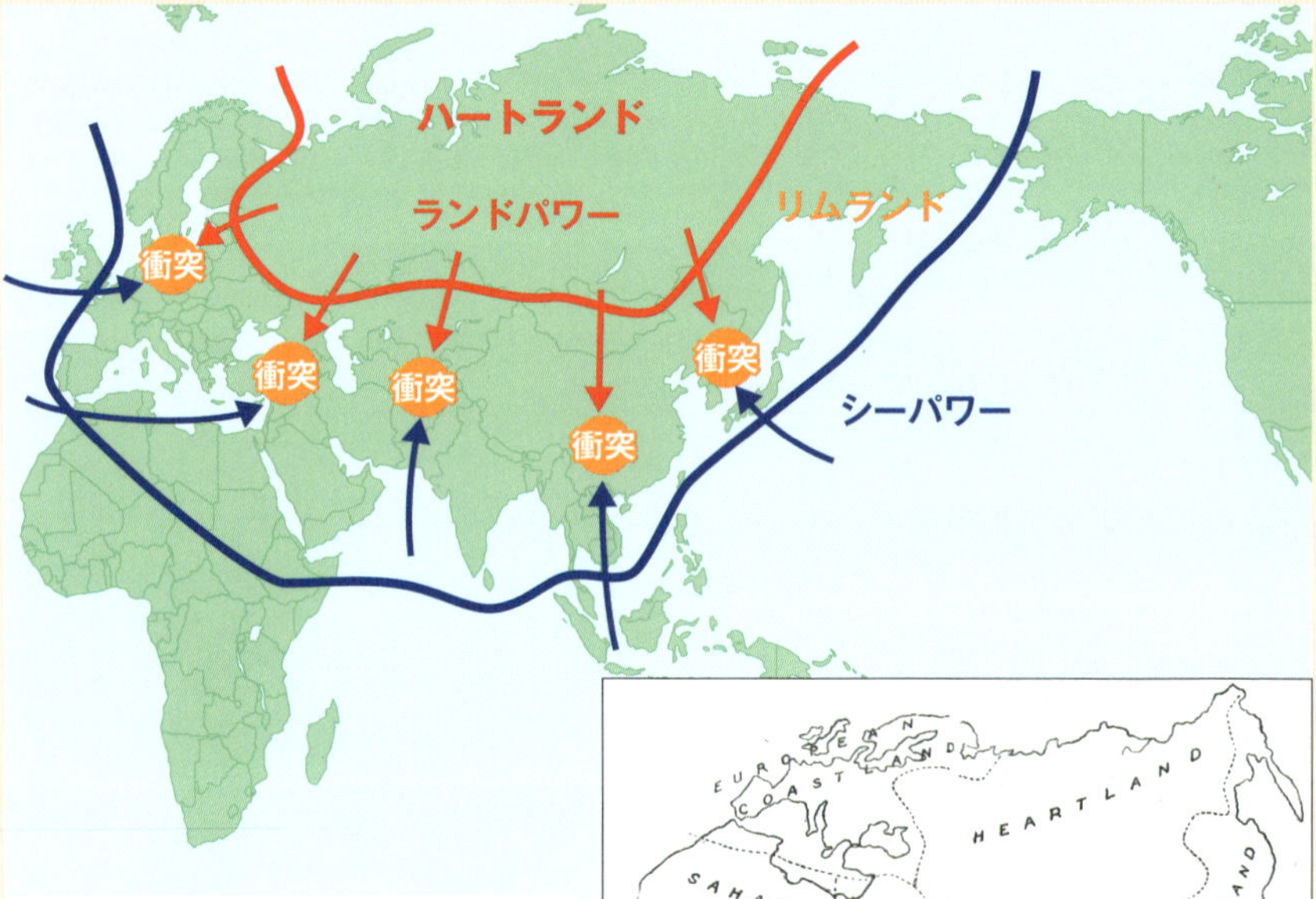


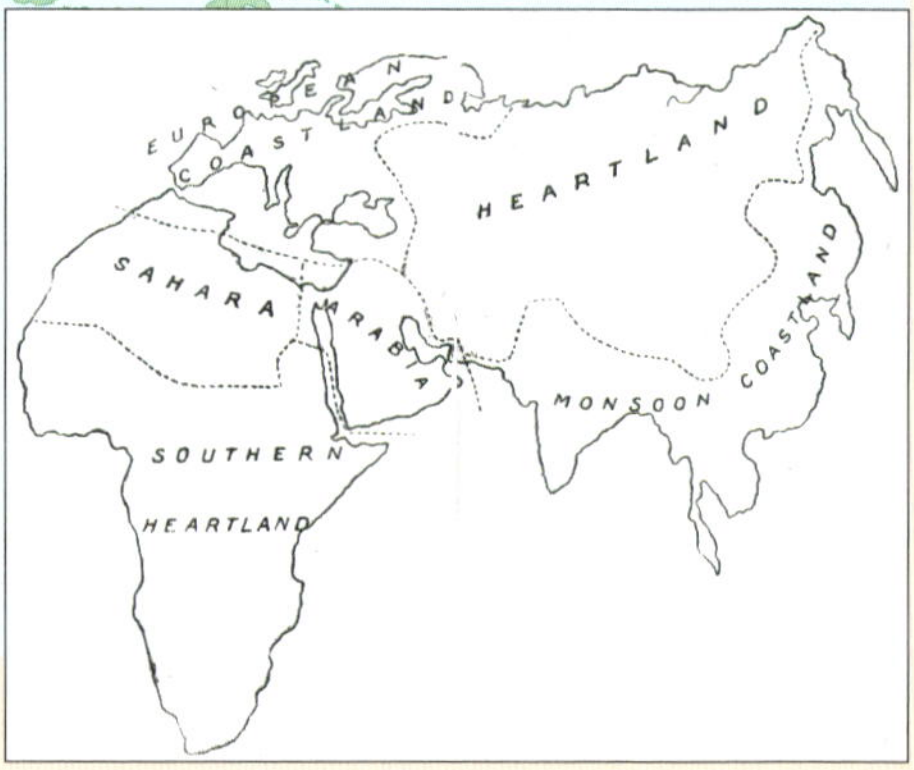


右の図はマッキンダーが1919年に刊行した『Democratic Ideals and Reality』所載の世界略図。歴史を振り返ると、ユーラシア大陸の内陸部にあたるハートランド(≒ランドパワー)は国土を広げようとして外へと進出し、それを押し込めようとするリムランド(≒シーパワー)と衝突を繰り返してきた。そのため、ユーラシア大陸の沿岸部は、大陸国家と海洋国家との戦いの舞台になることが多い。

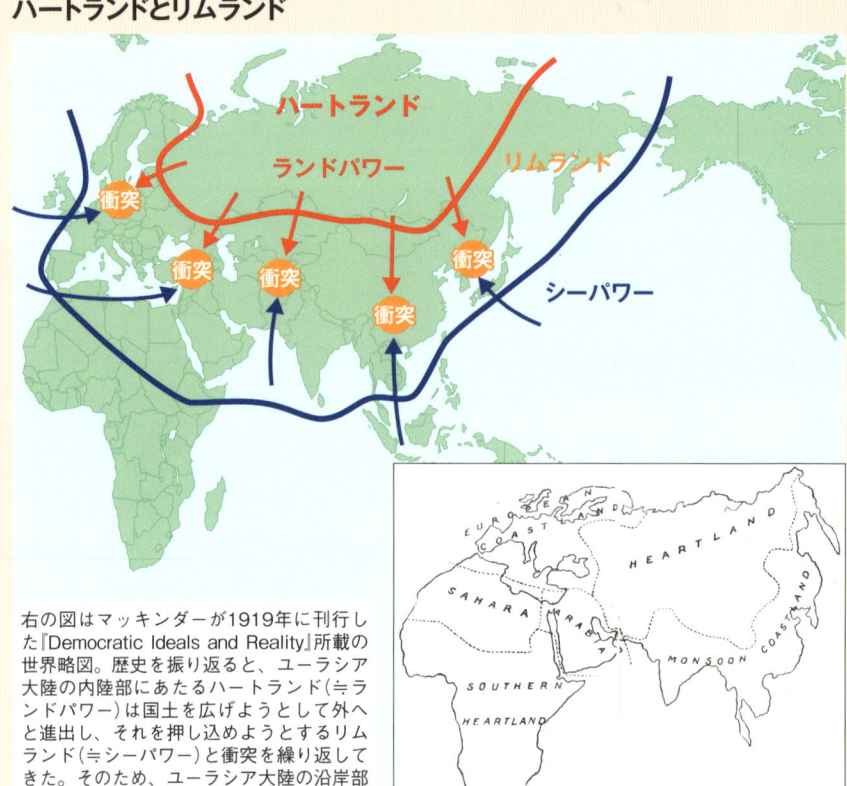

河口からすぐに高原へと続く地形によって海運から閉ざされてきた。

「**リムランド**」とは、ユーラシア大陸の沿岸地域のことで、ハートランドを三日月状にぐるりと取り囲んでいる。比較的穏やかな気候にあって自然の豊かな恵みを享受し、河川や海洋によって他地域との密接な連携が可能であるため、交通路・輸送路も発達している。

例外はあるにせよ、基本的にハートランドに位置する国々はランドパワー、リムランドに位置する国々はシーパワーと考えてよいだろう。

なお、マッキンダーのハートランド理論では、ハートランドを支配する者が世界島を制するとして、ハートランドを最重要地域としているが、その後に登場したアメリカの地政学者スパイクマンのリムランド理論では、シーパワーがランドパワーによる領土の拡大を抑制し、勢力の均衡を保つことが世界の安定につながるとして、リムランドを重要視している。

## ランドパワーとシーパワー 時代とともに変わる優位性

ランドパワーは、勢力圏の拡大のために周辺への領土拡大と侵食を続けるのが一般的である。中世までは、ハートランドを拠点とした騎馬民族によるリムランドへの侵略と支配が繰り返されてきた。

一例として、紀元前にイラン高原から興り、アケメネス朝、アルサケス朝、ササン朝と三度にもわたってチグリス・ユーフラテス流域を含む大帝国を築いたペルシア、13～14世紀にかけてユーラシア大陸を横断する広大な領土を支配した遊牧国家のモンゴル帝国と元、中央アジアから出て16世紀にインド全土を掌握したムガル帝国などが挙げられる。中世まではランドパワーが優位であった。

近世になると大航海時代が到来し、リムランドであるヨーロッパ各国は大洋を渡る大規模な航海と新しい航路により、大陸を開拓し、近代以降の植民地支配につながる基盤をつくり上げた。シーパワー優位の時代である。

しかし、19世紀の産業革命で登場した蒸気船と蒸気機関車（鉄道網）が状況を一変させる。海上交通路とともに陸上交通路が一気に拡大し、20世紀初頭にはより広範囲の国々を巻き込んだ「生存圏」が考えられるようになった。

## 生存圏拡大の例（ドイツの変遷）

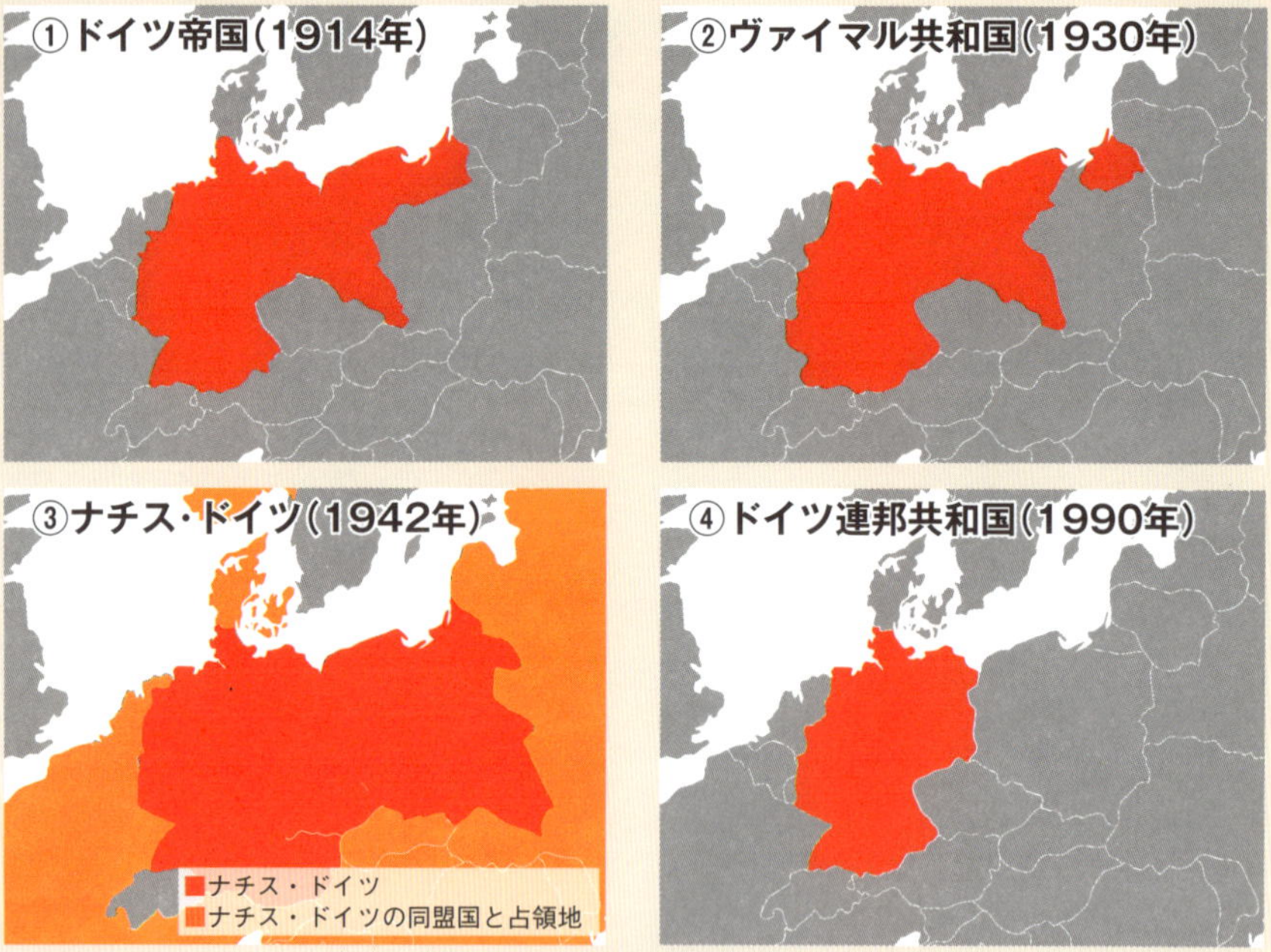
①ドイツ帝国（1914年）
②ヴァイマル共和国（1930年）
③ナチス・ドイツ（1942年）
④ドイツ連邦共和国（1990年）
ナチス・ドイツ
ナチス・ドイツの同盟国と占領地

ドイツでは、生存圏という言葉が生まれる以前よりイギリスやアメリカに対抗するため、東欧への膨張主義を志向していた。ドイツ帝国時代に第一次世界大戦が開戦すると、ベルギーなど近隣国への侵入を開始して領土を拡大させる。しかし、第一次世界大戦で敗戦国となり、ヴェルサイユ条約によって戦争責任を負うと、領土は削られ、植民地も放棄せざるを得ず、ヴァイマル共和国の国土はドイツ帝国時代よりも縮小した。ナチス・ドイツ時代には各地の占領を開始して東方に生存圏を広げるも、第二次世界大戦で占領地を次々と失い、計画していた生存圏を実現することはなかった。東西冷戦下では東ドイツと西ドイツに分かれたが、1990年には東西統一を果たしている。

生存圏とは、自国内で国民の生存を維持する物資をまかないつつ、国を成長させるため国家が政治支配を及ぼさなければならない範囲を指す。本来なら生存圏は、国境で区切られた国土と一致すべきだが、人口や国力などが膨張するとその範囲を拡大せざるを得ず、国と国との争いへと発展してしまう。

19世紀までは基本的に、国境を接した隣国同士が双方の生存圏を巡る軋轢の当事者であった。しかし、陸上交通路の発達によって従来とは比較にならないほどの量の人や物資の移動が実現したことで、隣国を大きく越えた広範囲に及ぶ生存圏の拡大が可能となった。これが20世紀前半の二度にわたる世界大戦の一因にもなったのである。

19世紀末から20世紀前半まではラ

ンドパワー優位の時代といえる。

## 地政学を知るとよくわかる世界の国々の勢力と力関係

第二次世界大戦後には、アメリカが世界を牽引する超大国に躍り出て、日本も経済大国として世界を席巻した。また、21世紀に入ると本来ランドパワーであった中国が、海洋進出にも乗り出している。20世紀後半から現在に至るまで再びシーパワー優位の時代となり、今後もしばらくこの状況が続くと見られる。

このように、二度の世界大戦はいうまでもなく、21世紀の世界各国の緊張関係は、ランドパワー対シーパワーとハートランド対リムランドという地政学の基本構造から解き明かすことができる。

### 2024年時点のおもな地政学的リスク

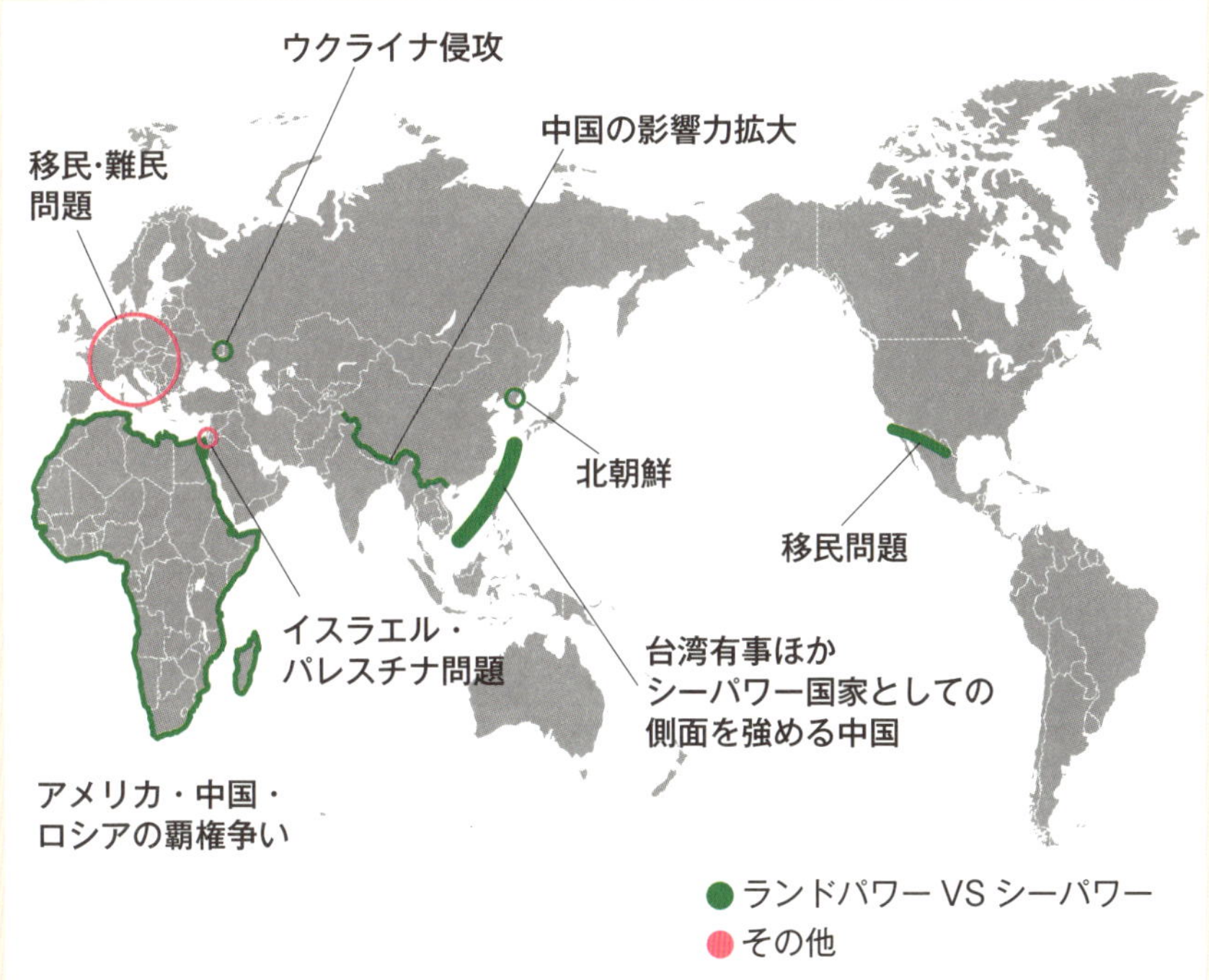


ロシアによるウクライナ侵攻は、ランドパワーとシーパワーの衝突という見方ができる。ランドパワー国家・ロシアがシーパワー国家・アメリカに主導されるNATOとの隣接を恐れているからだ。また、ランドパワー国家でありながらシーパワーをも手中に収めようとする中国は、台湾やインド、南シナ海の国々への影響力拡大を企図する。その他の世界各国の問題も地政学の基本を知ることでリスクや原因が解明できるだろう。

知っておくべき用語

# 地政学の理解を深める3つの関連キーワード

地政学を学ぶにあたり、あらかじめ押さえておくべきキーワードがいくつかある。いずれもシーパワーに関わる用語であるため、島国・日本とも大いに関連する。

## 海上輸送のため大洋を結ぶ海洋国家に不可欠なルート

地政学を知るうえで、覚えておくべき用語がいくつかあるが、ここではそのうち「**チョークポイント**」「**バランスオブパワー**」「**海域区分**」の3つを紹介する。

地政学では、シーレーン（海上交通路）の要衝を「**チョークポイント**」と呼ぶ。チョークポイントの本来の意味は隘路（＝狭くて通行が困難な地点）で、シーパワーである海洋国家が、海上の交易ルートを制するにあたり押さえておかなければならない場所である。

具体的には海峡や運河などの比較的矮小な水路で、中米のパナマ運河や東南アジアのマラッカ海峡、エジプトのスエズ運河、中東のホルムズ海峡など、日本と関わりの深いチョークポイントだけでも10カ所ほどが知られている。もとも

パナマ運河
（太平洋と大西洋）
パナマ地峡
（北アメリカと
南アメリカを結ぶ）
おもなチョークポイント
おもなボトルネック
マゼラン海峡
（太平洋と大西洋）

## 世界の代表的なチョークポイントとボトルネック

ドーバー海峡
（大西洋と北海）
ベルト海峡
（北海とバルト海）
ベーリング海峡
（北極海とベーリング海）
グラン・サン・ベルナール峠
（フランスとイタリア、
スイスとイタリアを結ぶ）
サンゴタール峠
（地中海地方と中部ヨーロッパを結ぶ）
函谷関（長安と洛陽を結んでいた）
ボスポラス海峡
（マルマラ海と黒海）、
ダーダネルス海峡
（エーゲ海とマルマラ海）
津軽海峡
（日本海と太平洋）
対馬海峡
（東シナ海と日本海）
ジブラルタル海峡
（大西洋と地中海）
スエズ運河
（地中海と紅海）
ホルムズ海峡
（ペルシア湾とオマーン湾）
シナイ半島
（アラビア半島と
アフリカ大陸を結ぶ）
マラッカ海峡
（インド洋と南シナ海）
バブ・エル・マンデブ海峡
（紅海とアデン湾）
喜望峰
（大西洋とインド洋）

チョークポイントには大洋同士を結ぶ重要な輸送航路が集束しており、多数の船舶が停泊する様子も見られる。このチョークポイントに対して、陸上の要衝をボトルネックという。周囲が崖に囲まれていたり、砂漠地帯であったりと危険でありながら、ここを通らなければ他の場所に行くことができないような地点を指していた。トンネルの建設など、土木技術の発達により、近年ではその役割を果たしていないことも多い。

と陸上交通路にも同じような場所は存在し、こちらは「ボトルネック」と呼ばれていた。

現在、グローバル化した大規模物流の主流は海運で、何本もの海上交通路が物資やエネルギー輸送の大動脈として稼働している。それゆえ、大動脈の中心に位置するチョークポイントは、世界の命運を左右するアキレス腱でもある。

例えば、2021年3月にはスエズ運河の入り口付近で日本船籍のコンテナ船が座礁し、1週間近く運河が封鎖される事故が起こった。その結果、数百隻もの船舶が滞留する。アジアやヨーロッパを中心とする世界の物流が混乱したほか、各国の経済活動とエネルギー政策に多大な影響を与えることになった。

チョークポイントは、各国にとって経済や安全保障の面で緊張を強いられる地点ともいえるだろう。

## バランスオブパワーを使い世界の秩序の維持を図る

「**バランスオブパワー（力の均衡）**」も地政学を読み解く際にカギとなる用語だ。

戦争は国家間の力の均衡が崩れたときに起こる。ひとたび戦争が発生すると、たとえ勝利したとしても国力を多大に消耗してしまう。近代以降の高度に発達した軍事技術のもとではその消耗は計り知れない。それを避けるために、お互いの勢力を均等にして釣り合いをとり、秩序の維持を図るがバランスオブパワーだ。

歴史上、最も成功したバランス

### 1920年のイギリスの植民地

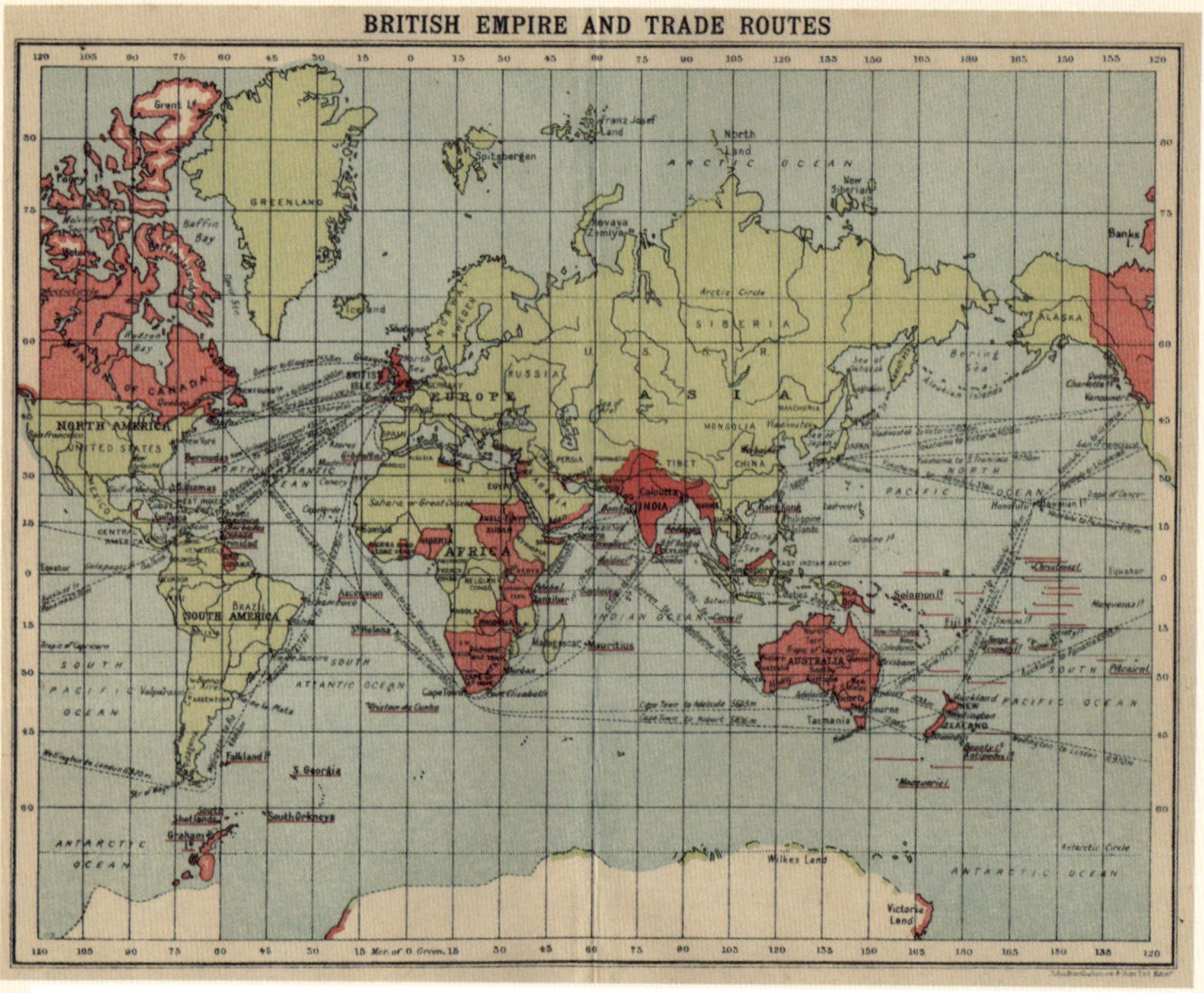
BRITISH EMPIRE AND TRADE ROUTES
GREENLAND
NORTH AMERICA
SOUTH AMERICA
EUROPE
AFRICA
ASIA
SIBERIA
INDIA
CHINA
AUSTRALIA
ALASKA
ARCTIC OCEAN
ATLANTIC OCEAN
INDIAN OCEAN
PACIFIC OCEAN
ANTARCTIC OCEAN

17世紀以降、大英帝国は植民地の拡大を進め、19世紀末までに世界の陸地面積の約4分の1にも及ぶ領土を獲得した。地図上、赤く塗られた場所が、1920年当時のイギリスの植民地。ヴィクトリア女王がインド皇帝を兼任することで1877年に成立したインド帝国の他にも、中東やアフリカ、アジアにて影響力を拡大した。

オブパワー政策の例は、19世紀の大英帝国である。当時のイギリスは、近代ヨーロッパ最大のランドパワーであったフランスに対抗して、時に応じて欧州各国と同盟改定を繰り返した。19世紀初頭のナポレオン戦争では、オーストリア、プロイセン、ロシアなどと同盟を結んで最終的に勝利して、それ以降、約100年間の「パックス・ブリタニカ（英国の平和）」を実現している。

また、近代の国家間の勢力争いは、大国間の覇権争いへと変化し、全世界を巻き込む大戦争へとつながっている。それが顕著に現れた二度の世界大戦を経て、現代社会はこれまでにないバランスオブパワーを模索するようになった。

第二次世界大戦後、米ソ二大超

## 19世紀末から20世紀初頭の大英帝国のバランスオブパワー政策

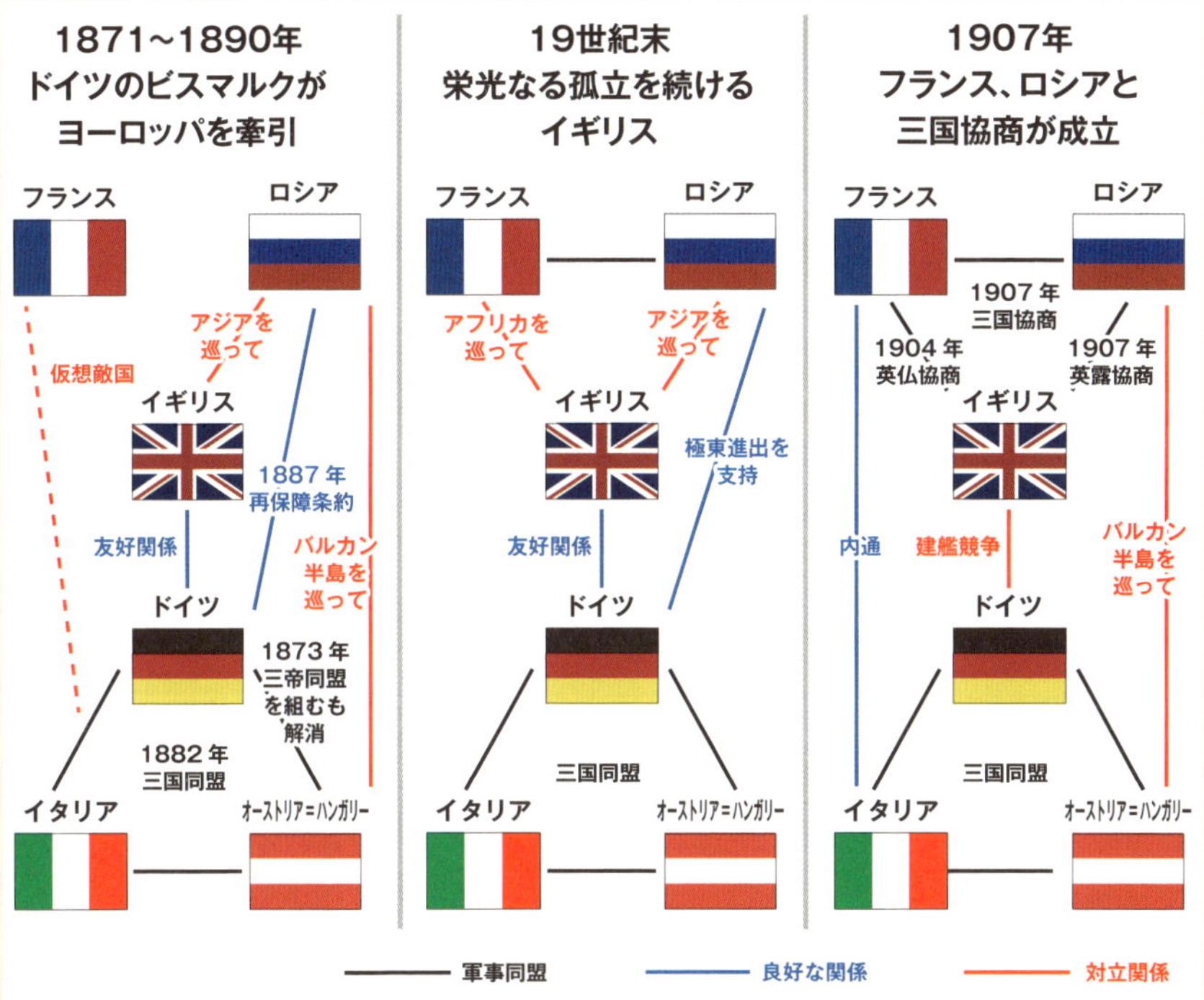
1871~1890年
ドイツのビスマルクが
ヨーロッパを牽引
フランス
ロシア
仮想敵国
アジアを
巡って
イギリス
1887年
再保障条約
友好関係
バルカン
半島を
巡って
ドイツ
1873年
三帝同盟
を組むも
解消
1882年
三国同盟
イタリア
オーストリア＝ハンガリー
19世紀末
栄光なる孤立を続ける
イギリス
フランス
ロシア
アフリカを
巡って
アジアを
巡って
イギリス
極東進出を
支持
友好関係
ドイツ
三国同盟
イタリア
オーストリア＝ハンガリー
1907年
フランス、ロシアと
三国協商が成立
フランス
ロシア
1907年
三国協商
1904年
英仏協商
1907年
英露協商
イギリス
内通
建艦競争
バルカン
半島を
巡って
ドイツ
三国同盟
イタリア
オーストリア＝ハンガリー
軍事同盟
良好な関係
対立関係

大英帝国が全世界の4分の1の領土を保持できたのは、バランスオブパワーを国家戦略としたことにある。19世紀後半、圧倒的な国力を誇るイギリスは周辺国と同盟関係を結ばずにいた。しかし、1882年にドイツ帝国初代宰相ビスマルクが、イタリア、オーストリア＝ハンガリー帝国と三国同盟を結ぶと、1904年に英仏協商、1907年に英露協商を結び、それまで対立していたフランス、ロシアとの三国協商を成立させて勢力均衡を図った。

大国による東西冷戦期の勢力均衡も一種のバランスオブパワーだった。しかし、1991年のソ連崩壊以降は、アメリカ一強によるスーパーパワーが確立されることとなる。

その状況は、20世紀終盤から急激に経済発展を遂げた中国が、2010年にGDP世界第2位へと躍進して変化する。日本からナンバー2の座を奪った中国のGDPは、2023年には日本の4倍にまで拡大している。また、ソ連崩壊で一時経済破綻寸前にまで追い込まれたロシアも、その後30年間で経済規模は1・6倍にまで回復し、すでにソ連時代以上にまで拡大した。

アメリカが唯一の超大国だった時代はもはや過去のもの。経済力・軍事力を含めた勢力図が多極化へと進行するなか、新しい形のバランスオブパワーが志向される。

## 海には明確な国境はないが4つの海洋水域に分かれる

最後に「**海域区分**」を解説する。海域区分とは、「**領海**」「**接続水域**」「**排他的経済水域（EEZ）**」「**公海**」の4つの水域のこと。この海域区分は、海洋国家、とくに日本のような島国では、他国との関係を維持する際に欠かせない。

海洋には陸地のように明確な国境は定められていないが、国連海洋法条約（海洋法に関する国際連合条約）によって海洋水域が規定されている。それが、領海、接続水域、排他的経済水域（EEZ）、公海である。

**領海**は、陸地の突端である「基線」から12海里（22・2キロ）を超えない水域を指し、この範囲であれば沿岸国は主権を行使できる。主権が及ぶとはいっても沿岸国の平和、秩序、安全を脅かさなければ、外国籍船は事前通告なしでの「無害通航」が認められている。

**接続水域**は、領海を含む基線から24海里（44・4キロ）を超えない水域を指す。沿岸国による通関・財政・出入国管理・衛生などに関する法令違反の防止や処罰が認められており、不審船などが接続水域に侵入したときは警告を行うなど、事前の予防措置をとることができる。

**排他的経済水域（EEZ）**は、領海と接続水域を含む基線から200海里（370・4キロ）を超えない水域を指す。沿岸国は、この範囲での海底とその地下に及ぶ権利が認められており、海中や海底、地下の天然資源、自然エネルギーの探査や保存、人工島などの設置や建築などを行える。

**公海**は、EEZの外側にあるどの国にも属さない水域で、地球上の全海域の7割に達する。すべての国に同条件で開放され、個別の条約などがなければ航行や漁獲などは自由裁量となっている。

この公海を広範囲で自由に活用することこそが、シーパワーが繁栄する条件となる。ただし、権利にはそれを行使できるバックグラウンドが不可欠とされる。バックグラウンドとはつまり、海洋の境界を保証する海上戦力である。公海上での海洋戦略がシーパワーの政策を左右するといえるだろう。

## 海域区分の模式図

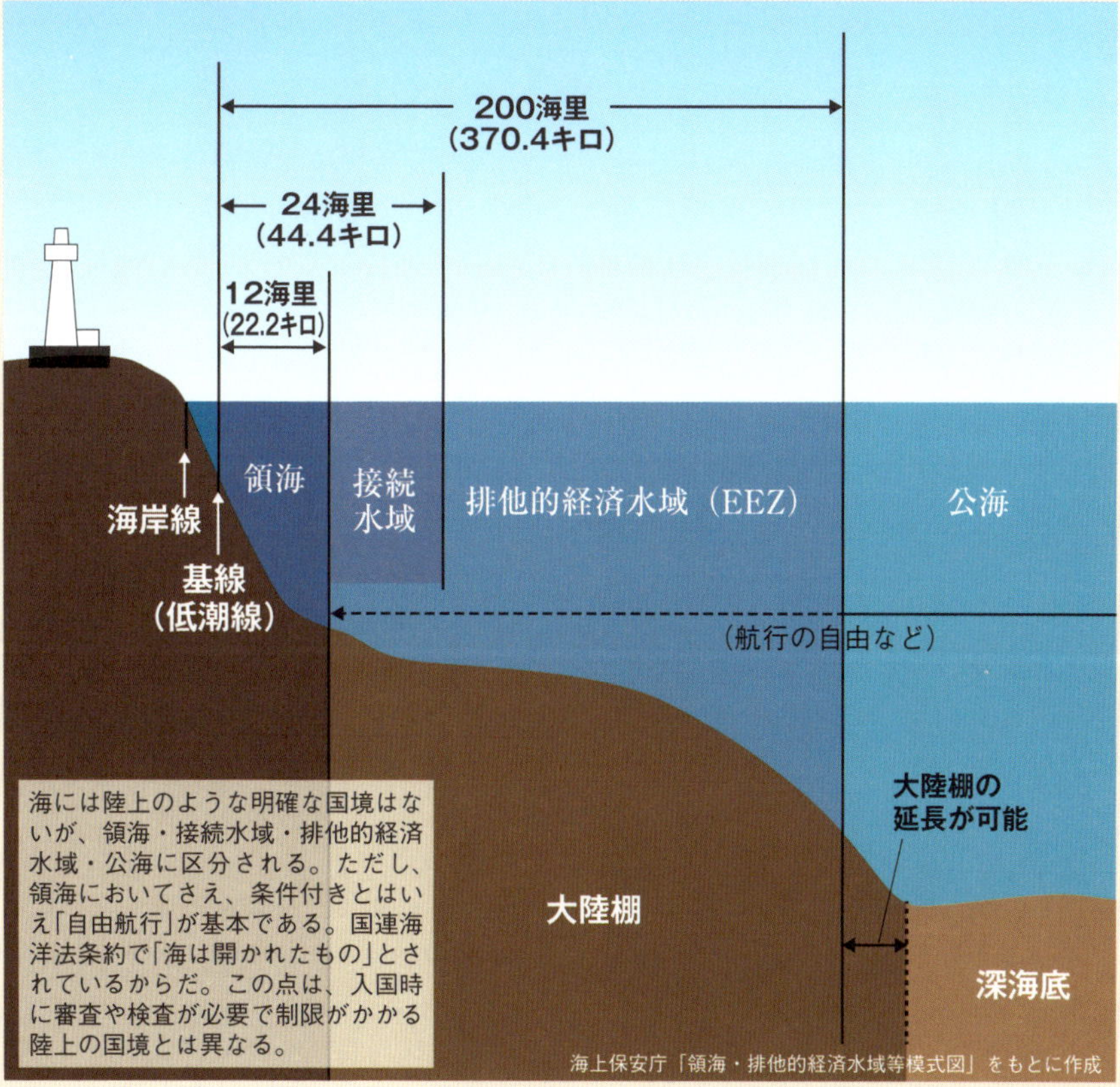
200海里
（370.4キロ）
24海里
（44.4キロ）
12海里
（22.2キロ）
海岸線
基線
（低潮線）
領海
接続
水域
排他的経済水域（EEZ）
公海
（航行の自由など）
大陸棚の
延長が可能
大陸棚
深海底
海には陸上のような明確な国境はないが、領海・接続水域・排他的経済水域・公海に区分される。ただし、領海においてさえ、条件付きとはいえ「自由航行」が基本である。国連海洋法条約で「海は開かれたもの」とされているからだ。この点は、入国時に審査や検査が必要で制限がかかる陸上の国境とは異なる。
海上保安庁「領海・排他的経済水域等模式図」をもとに作成

ビジュアルで読み解く
# 地政学

## 目次



Chapter1
## 日本

Chapter2

## アメリカ



Chapter3

## 中国

## Chapter4
# ロシア



## Chapter5
# 韓国と北朝鮮



## Chapter6
# 東南アジアとインド

Chapter7
## 中東とアフリカ



Chapter8
## ヨーロッパ

## 主要参考文献

『マッキンダーの地政学』H・J・マッキンダー著／曽村保信訳（原書房）

『海の地政学』ジェイムズ・スタヴリディス著／北川知子訳（早川書房）

『軍事学入門』防衛大学校、防衛学研究所編（かや書房）

『増補改訂版 最新 世界情勢地図』
パスカル・ボニファス、ユベール・ヴェドリーヌ著／佐藤絵里訳
(ディスカヴァー・トゥエンティワン)

『最新 世界紛争地図』
パスカル・ボニファス、ユベール・ヴェドリーヌ著／神奈川夏子訳
（ディスカヴァー・トゥエンティワン）

『地図を逆から見れば本当の世界がわかる』（宝島社）

『超大国アメリカ100年史』松岡完著（明石書店）

『現代中国を知るための52章【第6版】』藤野彰編著（明石書店）

『池上彰の世界の見方 東南アジア』池上彰著（小学館）

『近東の地政学』アレクサンドル・ドゥフェ著／幸田礼雅訳（白水社）

※その他、日本の省庁、各自治体、海外の政府機関、国際機関のWEBサイトや研究機関など多数のWEBサイトを参考にしています。

※各国の基本データは、とくに表記がない限り以下のデータを使用。
面積：外務省HP／人口：国連統計／名目GDP：IMF統計／貿易輸出額・貿易輸入額：UNCTAD
なお、本文や図版中の面積、人口、名目GDP、貿易輸出額、貿易輸入額についても、とくに断りがない限り、上記のデータを使用しています。
※各国の軍事データはGlobal Firepower2024のデータをもとに作成。
軍事費の色付きアイコンひとつあたり、赤＝2000億ドル、橙＝500億ドル、緑＝100億ドル、青＝10億ドルを示しています。
現役軍人数の色付きアイコンひとつあたり、赤＝100万人、橙＝50万人、緑＝10万人を示しています。
軍事費対GDPの値は、各国の軍事費と基本データの名目GDPから算出しました。

## STAFF

| | |
|---|---|
| 編集・構成 | オフィス三銃士 |
| デザイン・DTP | 渡邊規美雄 |
| 地図 | Shutterstock、Wikimedia Commons |
| 写真 | Shutterstock、Wikimedia Commons、内閣官房ウェブサイト、韓国外交部 |

※本書に掲載した情報は2024年9月時点のものです。すでに更新されている情報もございます。

Chapter 1

# 海を挟んで3つの大国と対峙する海洋国家

# 日本

第二次世界大戦後、極東地域におけるアメリカの橋頭堡となった日本と、中国、ロシア、韓国、北朝鮮といった近隣諸国との関係を、それぞれの領海や位置関係から考えてみる。

ロシア

オホーツク海

千島列島

北海道

日本海

本州

日本

四国

太平洋

**ウラジオストク港**

極東に位置し、秋には周囲の海面が凍るロシアにとって、冬季も凍結しないウラジオストク港は貿易拠点としても海軍基地としても重要である。

**日本の基本データ（2023年）**

| | |
|---|---|
| 面積 | 37 万 8000㎢ |
| 人口 | 1 億 2330 万人 |
| 名目 GDP | 4 兆 2129 億ドル |
| 貿易輸出額 | 7173 億ドル |
| 貿易輸入額 | 7856 億ドル |

**周辺関連諸国軍事データ**

| | 軍事費 | 現役軍人数 | 軍事費対GDP |
|---|---|---|---|
| 日本 | 530億ドル | 24.7万人 | 1.26% |
| 中国 | 2270億ドル | 203.5万人 | 1.29% |
| ロシア | 1090億ドル | 132万人 | 5.46% |
| 北朝鮮 | 35億ドル | 132万人 | 23.06% |
| 韓国 | 447億ドル | 60万人 | 2.61% |
| アメリカ | 8318億ドル | 132.8万人 | 3.04% |

**横須賀に配備された米軍空母**

大型艦船用のドックを有するアメリカ海軍横須賀基地は、太平洋に面する主要都市に近いことや、整備能力が高いこともあり、アメリカ国外で唯一のアメリカ軍空母の母港となっている。

アムール河
中国
北朝鮮
韓国
黄河
黄海
九州
長江
東シナ海
琉球弧
珠江
台湾

# 日本の概要

日本は海を挟んで中国やロシアという大国に近い。しかし、歴史を振り返ると、近代以前に他国の侵入を許したのは、鎌倉時代に蒙古から攻め込まれた二度の元寇のみである。島国で四方を海に囲まれており、大陸に近い日本海側では偏西風やそれによる台風の影響が大きく、渡海が難しかったからだ。近代に入って、造船・渡航技術、航空技術、ロケット開発が発展したことにより、周辺各国との領土問題に悩まされている。

## 北朝鮮のミサイル発射

北朝鮮が弾道ミサイルを日本海方面に向けて発射するのは、世界に対する示威行為である。これにより、自国への国際的な経済制裁が解除されることも期待している。

## 沖縄県の普天間飛行場

沖縄には31のアメリカ軍専用施設が置かれている。そのうち、市街地にある普天間飛行場は住宅や学校に囲まれ、“世界一危険な基地”と称される。辺野古への移設が検討されるも、生態系への影響などから難航している。

# ランドパワーの失敗により戦後は貿易立国へと脱却

日本

## 日清・日露戦争の勝利と太平洋戦争の大敗での転換

海に囲まれた島国・日本はシーパワー国家の条件に当てはまる。ただ、近代の一時期にはランドパワーを志向して、太平洋戦争で手ひどい敗戦を招いた過去を持つ。

日本は明治維新を目前にした幕末に長く続いた鎖国を解いた。当時の世界は帝国主義の時代で、欧米列強の植民地支配は極東にまで及ぼうとしていた。そんななか、日本は大国との直接対峙を避ける対外政策を選ぶ。しかし、その緩衝地帯に想定した朝鮮半島を巡り、1894年には清（中国）との間に日清戦争が、1904年にはロシアとの間に日露戦争が勃発する。

いずれの戦争にも勝利したことで、日本の国策は朝鮮半島から満州にかけての土地を勢力下に置くランドパワーへと大きく転換した。ところが、1945年には国家総力戦となった太平洋戦争で大敗した。国土は焦土と化し、明治時代以降に獲得した領土も失った。

## 冷戦下で経済大国に成長し冷戦崩壊後は立ち遅れる

戦後に平和国家へと生まれ変わった日本は、貿易立国となる。ユーラシア大陸の東端に位置する日本は、太平洋と東シナ海に面するという地の利がありながら、大きな資源を持たない。そのため、

アメリカ
総額：30兆139億円
輸出：18兆2550億円
輸入：11兆7589億円

## 日本の貿易総額上位10カ国（2022年）

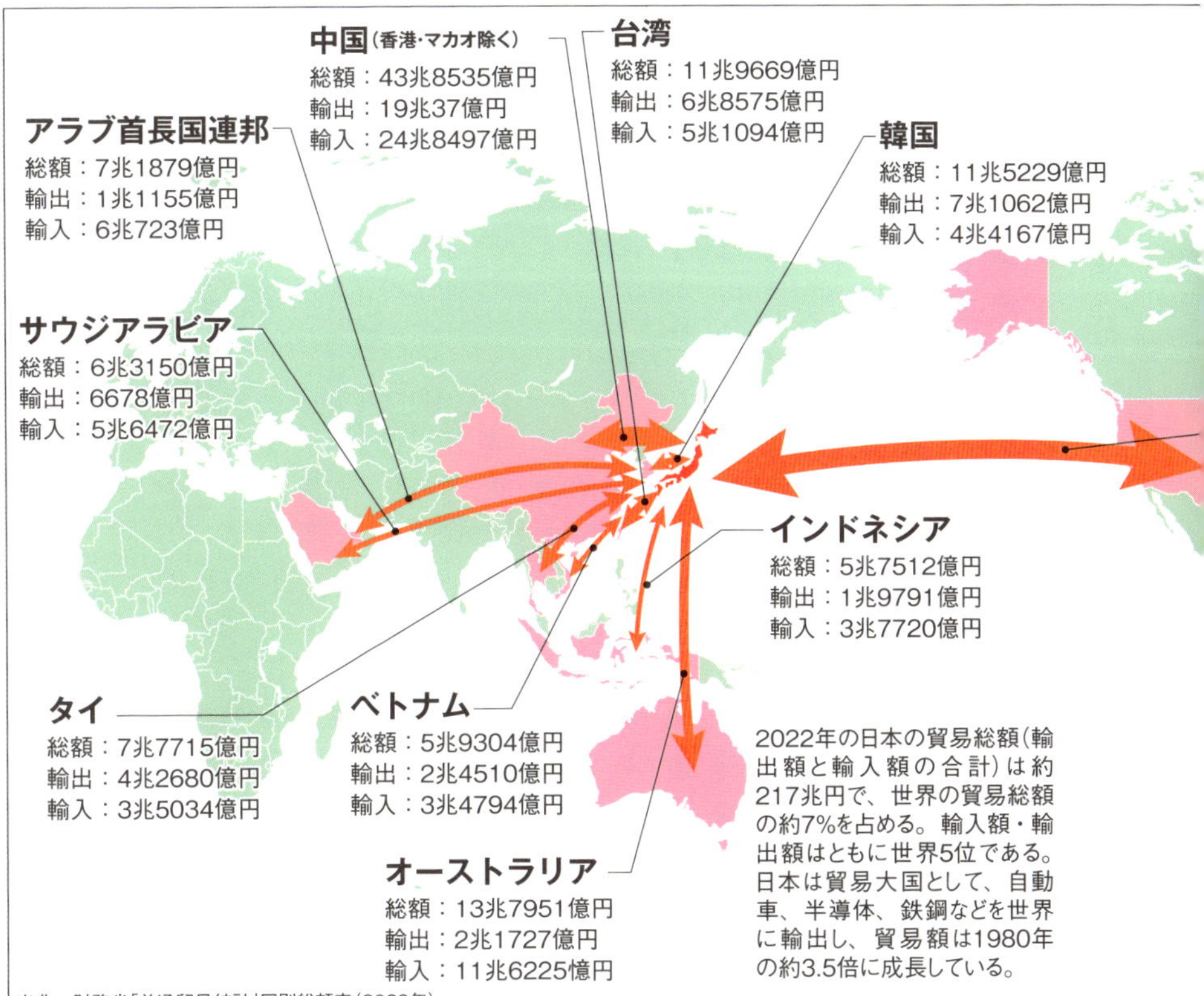
中国（香港・マカオ除く）
総額：43兆8535億円
輸出：19兆37億円
輸入：24兆8497億円
台湾
総額：11兆9669億円
輸出：6兆8575億円
輸入：5兆1094億円
アラブ首長国連邦
総額：7兆1879億円
輸出：1兆1155億円
輸入：6兆723億円
韓国
総額：11兆5229億円
輸出：7兆1062億円
輸入：4兆4167億円
サウジアラビア
総額：6兆3150億円
輸出：6678億円
輸入：5兆6472億円
インドネシア
総額：5兆7512億円
輸出：1兆9791億円
輸入：3兆7720億円
タイ
総額：7兆7715億円
輸出：4兆2680億円
輸入：3兆5034億円
ベトナム
総額：5兆9304億円
輸出：2兆4510億円
輸入：3兆4794億円
オーストラリア
総額：13兆7951億円
輸出：2兆1727億円
輸入：11兆6225億円
2022年の日本の貿易総額（輸出額と輸入額の合計）は約217兆円で、世界の貿易総額の約7%を占める。輸入額・輸出額はともに世界5位である。日本は貿易大国として、自動車、半導体、鉄鋼などを世界に輸出し、貿易額は1980年の約3.5倍に成長している。
出典：財務省「普通貿易統計」国別総額表（2022年）

原材料とエネルギーを輸入・加工・製品化して輸出するという加工貿易のビジネスモデルを追求した。

結果、日本は1968年に国民総生産（GNP）が1419億ドルに達し、アメリカに次ぐ世界第2位の経済大国へと成長する。なお、これは東西冷戦下におけるシーパワー大国・アメリカによる、海洋支配のもとでの繁栄であった。

その後、1973年と1979年のオイルショックでエネルギーと原材料の価格が高騰し、加工貿易の利益率は低下する。1990年代以降は東西冷戦体制の崩壊で世界的な経済競争が激化。これに立ち後れた日本は、現在に至るまで国力が低下している。シーパワー国家という地政学的条件を活用する新たな道筋は未だ見えない。

# 太平洋と大陸の間に位置し 中露の海洋進出を阻む日本

## アメリカと中国・ロシアの直接対峙を回避させる役割

日本の存在は、ランドパワー国家の中国とロシアにとって大きな壁となる。これは、世界地図を上下逆さにするとよくわかる。

ランドパワー国家の伸張は、陸上では**緩衝地帯（バッファーゾーン）**を必要とし、海岸線に到達すれば海への拡張につながる。この状況は中露どちらにも当てはまり、陸上での国境紛争や、海洋進出への志向にその傾向が見受けられる。

陸地と違って海洋には国境線がない。**国連海洋法条約**により公海が認められており、すべての国は自由に海を利用できる。しかし、中露が広大な公海の太平洋へと進出しようとすると、その道程には日本が立ち塞がる。日本列島は、北方領土から琉球弧まで、北東から南西に3000キロ以上にもわたって連なり、大陸にフタをする形となっている。

一方、太平洋の東側に面しているのがアメリカである。現在、実質的に太平洋を支配しているアメリカからすれば、日本が存在することで中露との直接対峙が避けられる。しかも、**日米安全保障条約**を基盤とした同盟国である日本の各地には軍隊を駐留させている。つまり、アメリカにとって、日本は両ランドパワー大国の太平洋進出を防ぐ防波堤でもある。

中露のランドパワーとアメリカのシーパワーとの狭間にあるという地理的条件は、日本が地政学的な選択を行う際に大きく影響する。

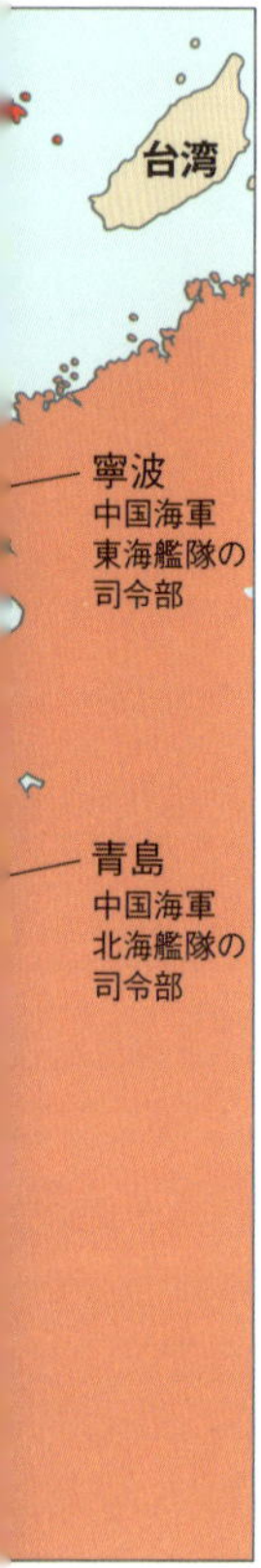

台湾
寧波
中国海軍
東海艦隊の司令部
青島
中国海軍
北海艦隊の司令部

## 中国とロシアの前に立ち塞がる日本列島

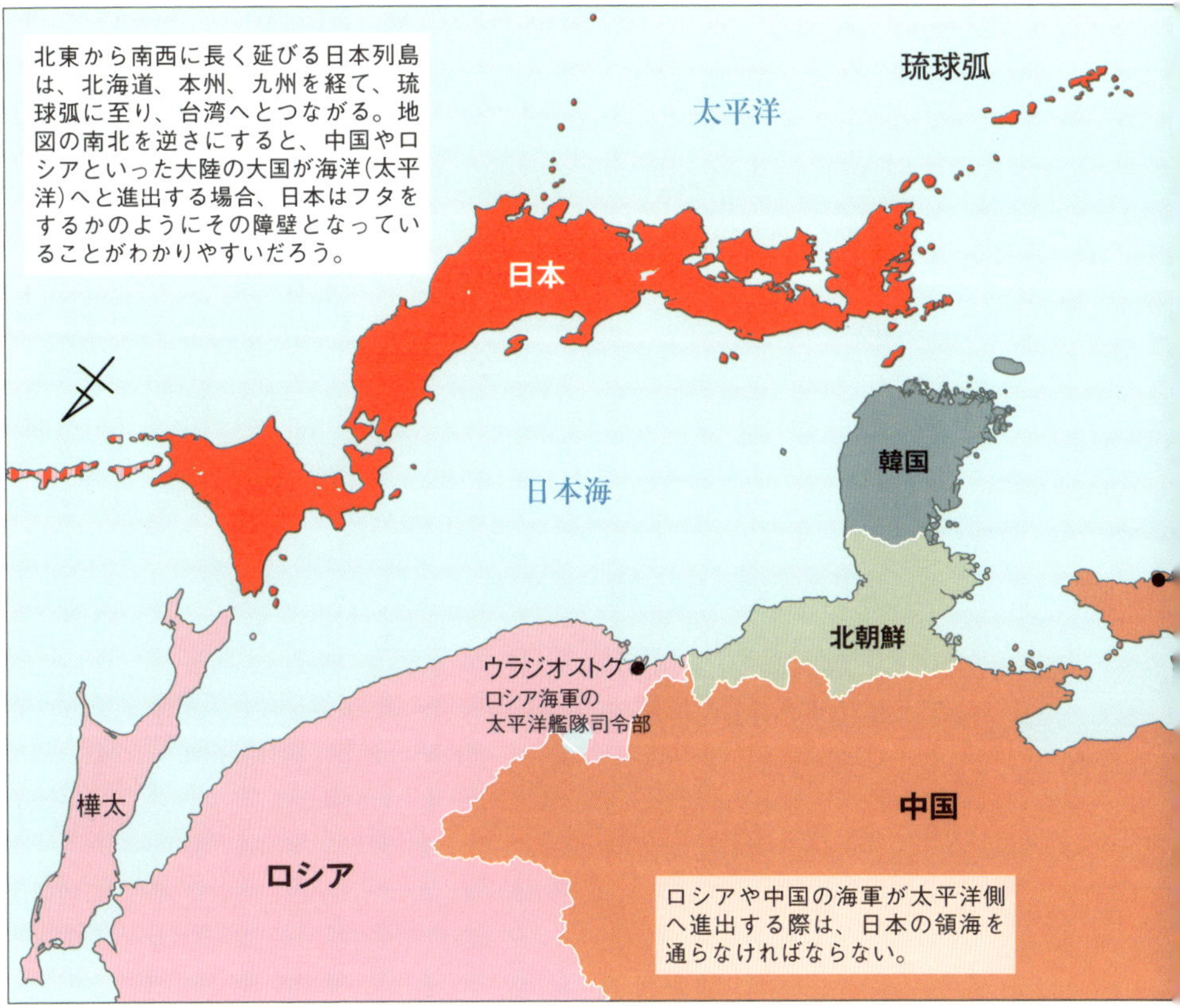
北東から南西に長く延びる日本列島は、北海道、本州、九州を経て、琉球弧に至り、台湾へとつながる。地図の南北を逆さにすると、中国やロシアといった大陸の大国が海洋（太平洋）へと進出する場合、日本はフタをするかのようにその障壁となっていることがわかりやすいだろう。
琉球弧
太平洋
日本
韓国
日本海
北朝鮮
ウラジオストク
ロシア海軍の
太平洋艦隊司令部
樺太
中国
ロシア
ロシアや中国の海軍が太平洋側へ進出する際は、日本の領海を通らなければならない。

### 用語解説

**緩衝地帯（バッファーゾーン）**
対立する大国や、巨大勢力に挟まれた場所に位置する国や地域のこと。この緩衝地帯のおかげで、ふたつの力が直接ぶつかりあわないで済む。例えば中国と日本の間にある朝鮮半島の北朝鮮と韓国、ロシアとヨーロッパの間にあるウクライナなどがこれに相当する。

**国連海洋法条約**
公海や領海、排他的経済水域（EEZ）など、海洋の権利を定めた条約。三度にわたって開催された国連海洋法会議にて、1982年に採択され1994年11月に発効された。日本は1996年に批准している。2024年時点では168の国と地域および EU が締結し、遵守している。

**日米安全保障条約**
1951年の旧日米安全保障条約で日本は自主的な防衛力を失い、防衛のために米軍駐留を日本が希望する形となった。1960年の新日米安全保障条約では日米双方が日本および極東の平和と安定に協力することが規定され、日本は軍事施設用区域や経費の一部を在日アメリカ軍に提供する義務を負う。

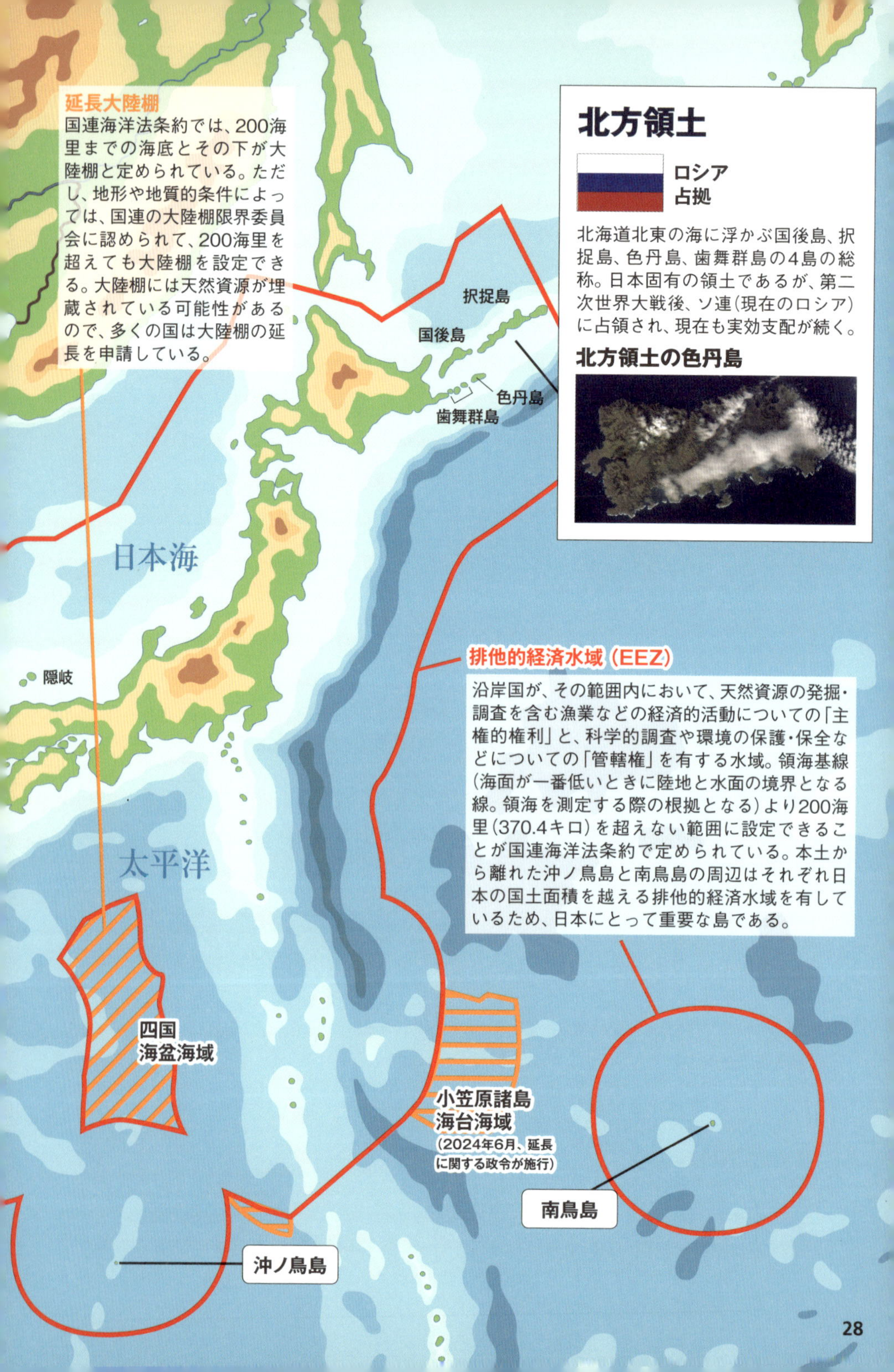
日本海
太平洋
隠岐
択捉島
国後島
色丹島
歯舞群島
四国
海盆海域
小笠原諸島
海台海域
(2024年6月、延長
に関する政令が施行)
南鳥島
沖ノ鳥島

**延長大陸棚**

国連海洋法条約では、200海里までの海底とその下が大陸棚と定められている。ただし、地形や地質的条件によっては、国連の大陸棚限界委員会に認められて、200海里を超えても大陸棚を設定できる。大陸棚には天然資源が埋蔵されている可能性があるので、多くの国は大陸棚の延長を申請している。

## 北方領土

ロシア
占拠

北海道北東の海に浮かぶ国後島、択捉島、色丹島、歯舞群島の4島の総称。日本固有の領土であるが、第二次世界大戦後、ソ連(現在のロシア)に占領され、現在も実効支配が続く。

**北方領土の色丹島**

**排他的経済水域(EEZ)**

沿岸国が、その範囲内において、天然資源の発掘・調査を含む漁業などの経済的活動についての「主権的権利」と、科学的調査や環境の保護・保全などについての「管轄権」を有する水域。領海基線(海面が一番低いときに陸地と水面の境界となる線。領海を測定する際の根拠となる)より200海里(370.4キロ)を超えない範囲に設定できることが国連海洋法条約で定められている。本土から離れた沖ノ鳥島と南鳥島の周辺はそれぞれ日本の国土面積を越える排他的経済水域を有しているため、日本にとって重要な島である。

# 日本が抱える領土問題

日本は、中国、ロシア、韓国との領土問題を抱えている。日本が障壁となり、太平洋に進出できない中国とロシアは、それぞれ尖閣諸島、北方領土の領有権を、韓国は漁業権や海底資源を巡って竹島の領有権を、日本に対して主張し続けている。

## 竹島

**韓国**
**軍事占拠**

歴史的にも国際法上でも日本の領土として認められている竹島。しかし、韓国は1952年に漁業管轄権を主張し、1954年に海洋警察隊を派遣して、現在に至るまで占拠し続けている。

## 尖閣諸島・東シナ海

**中国**
**領有権主張・独自開発**

1952年発効のサンフランシスコ平和条約で、尖閣諸島は日本固有の領土と認められ、現在も日本が有効に支配する。一方で、1970年代以降、中国や台湾が領有権を主張している。また、中国は、2003年から東シナ海にある大陸棚の開発も開始。問題解決を目指した日中両政府は交渉に入ったものの、2010年9月に起こった尖閣諸島周辺領海内での中国漁船による海上保安庁の巡視船との衝突事件の影響で、締結しないまま交渉は中断された。

### 尖閣諸島の北小島・南小島

出典：内閣官房ウェブサイト

日本

# 日本の領土である尖閣諸島中国が固執する理由とは？

## １９７０年代から始まった中国による領有権の主張

尖閣諸島とは、魚釣島や北小島、南小島などからなる島々の総称。東シナ海の南西部に位置し、現在は沖縄県石垣市に属する。１８９５年に日本領土に編入され、第二次世界大戦前には２００人以上の住民がいたこともあったが、現在は無人島となっている。

尖閣諸島に対する中国の領有権の主張が始まったのは、尖閣近海の大陸棚に、石油や天然ガスなどの潤沢な海底資源が眠ることが明らかになった１９７０年代以降だ。今日まで中国側はその海底資源の共同開発を日本側に提案しているが、日本は「尖閣諸島はあくまで日本固有の領土である」と提案を拒否する姿勢を堅持している。

21世紀に入ると、中国は尖閣諸島の領有権を強固に主張するようになる。ランドパワーとしての限界線に達し、さらなる海洋進出を目論む中国には、沖縄諸島などの琉球弧が太平洋への進路を遮るように点在する。尖閣諸島が中国領になれば、沖縄本島と宮古島間を通る海洋ルートの拠点にできるというわけだ。

また、排他的経済水域（ＥＥＺ）に対する主張も日中で対立している。日本は国連海洋法条約に基づき東シナ海における地理的中間線までを自国のＥＥＺとしている。一方で中国は、沖縄トラフまでを自国のＥＥＺであるとし、両者の主張が食い違う。これが日本のＥＥＺ内でしばしば中国船が確認される要因ともなり、両国の懸案事項は絶えない。

## 日中それぞれが主張する排他的経済水域（EEZ）

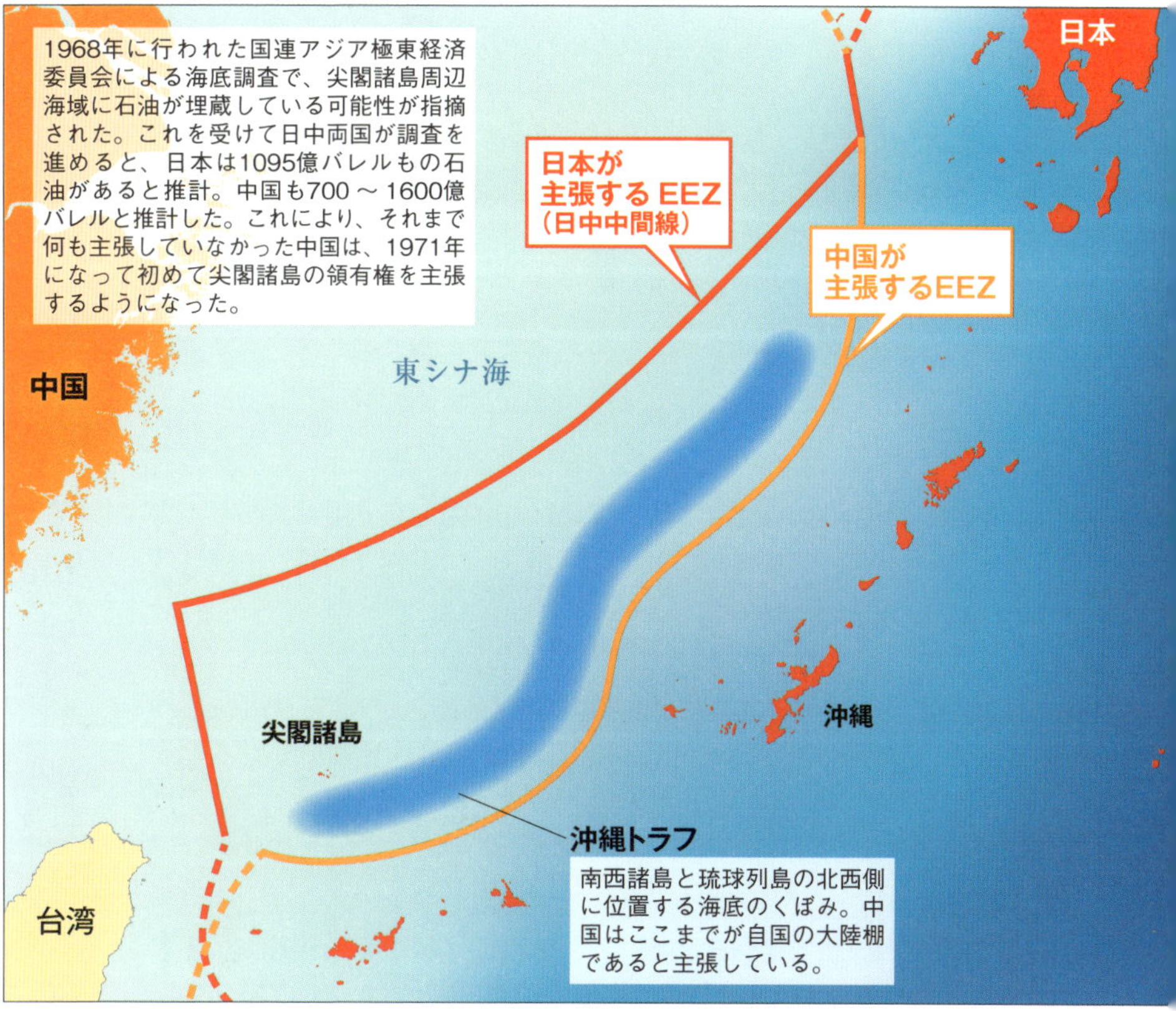
1968年に行われた国連アジア極東経済委員会による海底調査で、尖閣諸島周辺海域に石油が埋蔵している可能性が指摘された。これを受けて日中両国が調査を進めると、日本は1095億バレルもの石油があると推計。中国も700～1600億バレルと推計した。これにより、それまで何も主張していなかった中国は、1971年になって初めて尖閣諸島の領有権を主張するようになった。
日本
日本が主張するEEZ（日中中間線）
中国が主張するEEZ
中国
東シナ海
尖閣諸島
沖縄
沖縄トラフ
南西諸島と琉球列島の北西側に位置する海底のくぼみ。中国はここまでが自国の大陸棚であると主張している。
台湾

## COLUMN

### 尖閣周辺での中国漁船衝突事件

2010年9月、尖閣諸島周辺の日本領海内に中国漁船が侵入し、領海からの退去を命じた日本の海上保安庁の巡視船2隻に体当たりする事案が発生した。中国漁船の船長は公務執行妨害の容疑で逮捕されたが、その後、処分保留として釈放された。衝突事件の2年後の2012年9月、日本は私有地であった尖閣諸島を国有化する。しかし、これにより中国船による領海への侵入が繰り返され、中国国内では大規模な反日デモも発生した。事件から10年以上経ても尖閣諸島周辺の領土問題は解決していない。

尖閣諸島最大の島である魚釣島。 出典：内閣官房ウェブサイト

# 80年にわたる北方領土問題 ロシアが返還しない背景



## 極東の物流・軍事拠点から太平洋に出るルートを確保

北方領土は、択捉島・国後島・色丹島・歯舞群島からなる日本の領土である。太平洋戦争末期に旧ソ連が侵攻・実効支配した。以後、両国間で返還の議論が繰り返されるが、「平和条約締結後に色丹島・歯舞群島を日本に譲渡する」という１９５６年の日ソ共同宣言を盾に、ロシアは択捉島・国後島の返還予定はないとの主張を続ける。

ロシアが北方領土に固執する理由として、太平洋へ抜けるルートの確保が大きい。ロシアにとって極東最大の拠点・ウラジオストク港を母港とするロシア太平洋艦隊が、太平洋に抜けるには、間宮海峡、津軽海峡、宗谷海峡～国後水道の３つのルートが存在する。

間宮海峡は、樺太とユーラシア大陸の間にあり、最狭部の幅が約７キロ、最浅部の水深が約８メートルの隘路で、冬は一部が凍結する。津軽海峡は、青森県と北海道の間にあり、最狭部の幅が約20キロで、両岸は日本領である。

そのため、太平洋を自由に往来するには、宗谷海峡～国後水道ルートが最も適している。宗谷海峡は、北海道と樺太の間にあり、最狭部の幅が約40キロ、国後水道は、択捉島と国後島の間にあり、最狭部の幅が約22キロと、大きな艦隊の通行も可能である。

また、色丹島・歯舞群島の返還も困難なのは、返還後に米軍基地を置かないと日本が保障しないかぎり、ロシアと米軍が対峙することになりかねないからだ。北方領土問題解決の糸口は未だ見えない。

## ロシアが太平洋に出るための3つのルート

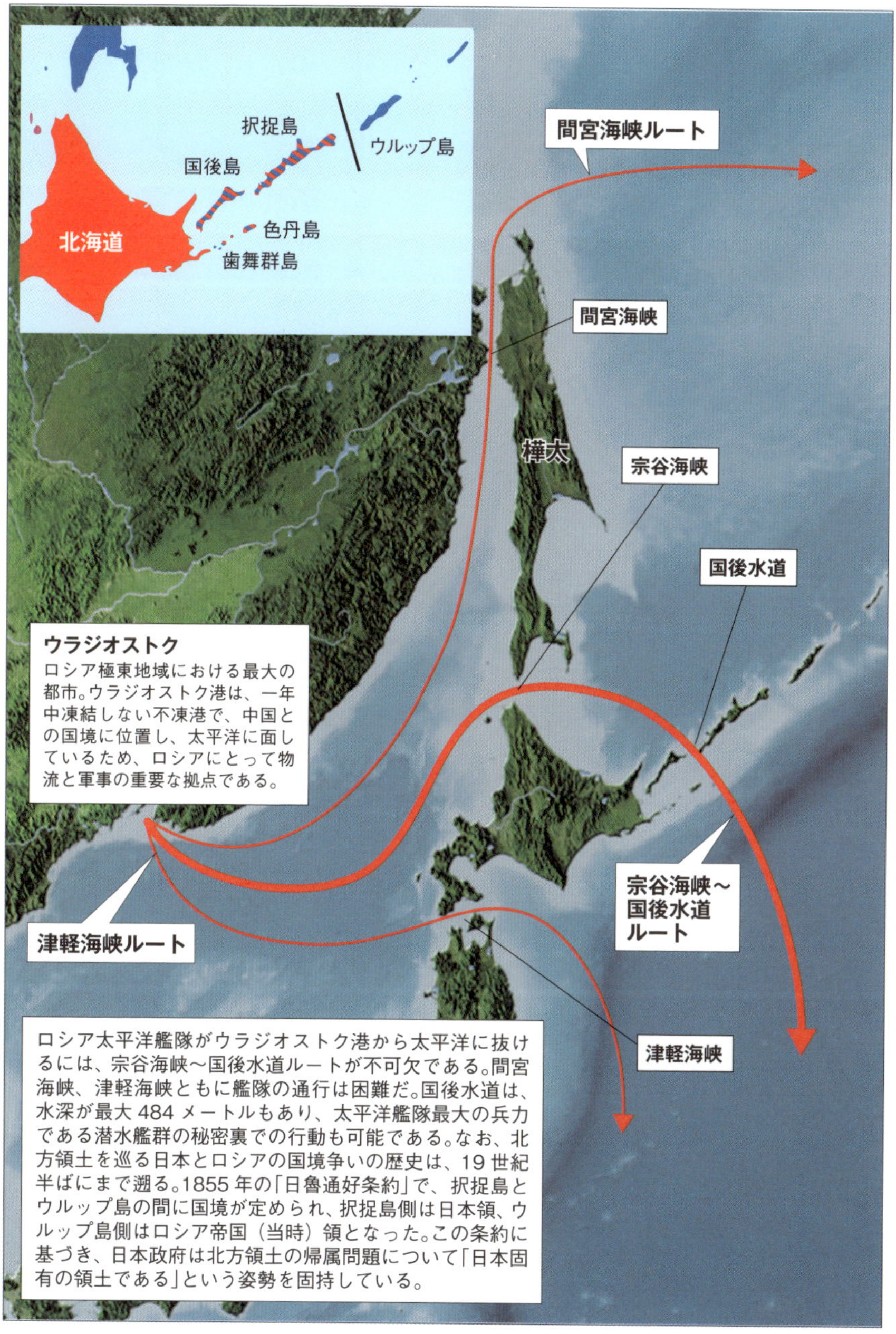
択捉島
国後島
ウルップ島
色丹島
歯舞群島
北海道
間宮海峡ルート
間宮海峡
樺太
宗谷海峡
国後水道
ウラジオストク
ロシア極東地域における最大の都市。ウラジオストク港は、一年中凍結しない不凍港で、中国との国境に位置し、太平洋に面しているため、ロシアにとって物流と軍事の重要な拠点である。
宗谷海峡～国後水道ルート
津軽海峡ルート
津軽海峡

ロシア太平洋艦隊がウラジオストク港から太平洋に抜けるには、宗谷海峡～国後水道ルートが不可欠である。間宮海峡、津軽海峡ともに艦隊の通行は困難だ。国後水道は、水深が最大484メートルもあり、太平洋艦隊最大の兵力である潜水艦群の秘密裏での行動も可能である。なお、北方領土を巡る日本とロシアの国境争いの歴史は、19世紀半ばにまで遡る。1855年の「日魯通好条約」で、択捉島とウルップ島の間に国境が定められ、択捉島側は日本領、ウルップ島側はロシア帝国（当時）領となった。この条約に基づき、日本政府は北方領土の帰属問題について「日本固有の領土である」という姿勢を固持している。

日本

# 竹島問題の発端となった サンフランシスコ平和条約

## 70年以上も韓国と対立して日本は立ち入りができない

国と国の力関係で、地図上の土地や海の名称が変わることがある。

島根県沖にある「**竹島**」は、日本と韓国のほぼ中間に位置し、女島と男島とその周辺の数十の小島で構成される。この竹島が、韓国の地図では「独島《ドクト》」と記載され、領有権争いが70年以上も続いている。

通常、領土問題は周辺海域の漁業権や海底資源が争われる。竹島問題も同様で、領有権を主張する日韓の排他的経済水域（ＥＥＺ）が重なり、解決策として両国が「暫定水域」設置に同意した。双方の漁業操業は認められたが、韓国漁船による乱獲や漁場占拠などが続いているのが現実だ。

竹島周辺は江戸時代から日本の漁場で、日本は１９０５年に領有を世界に向けて宣言している。１９５１年に締結した**サンフランシスコ平和条約**で独立国として国際復帰する際には、放棄すべき領土を規定されたが、そこに竹島は含まれていなかった。

一方の韓国は同条約発効直前の１９５２年1月（発効は4月）に、「韓国と周辺国との間の水域区分と資源と主権の保護のため」という目的で、「**李承晩ライン**」という独自の海洋境界線を設け、竹島の実効支配へと動いている。

韓国が、国内問題で悪化する国民感情を和らげるため、対外感情を利用している点も、領土問題を複雑化させている。「独島は自国の領土」と主張することで、国民の反日感情を煽り、国内問題から目を背けさせようとしているのだ。

## 日本と韓国からの竹島の距離

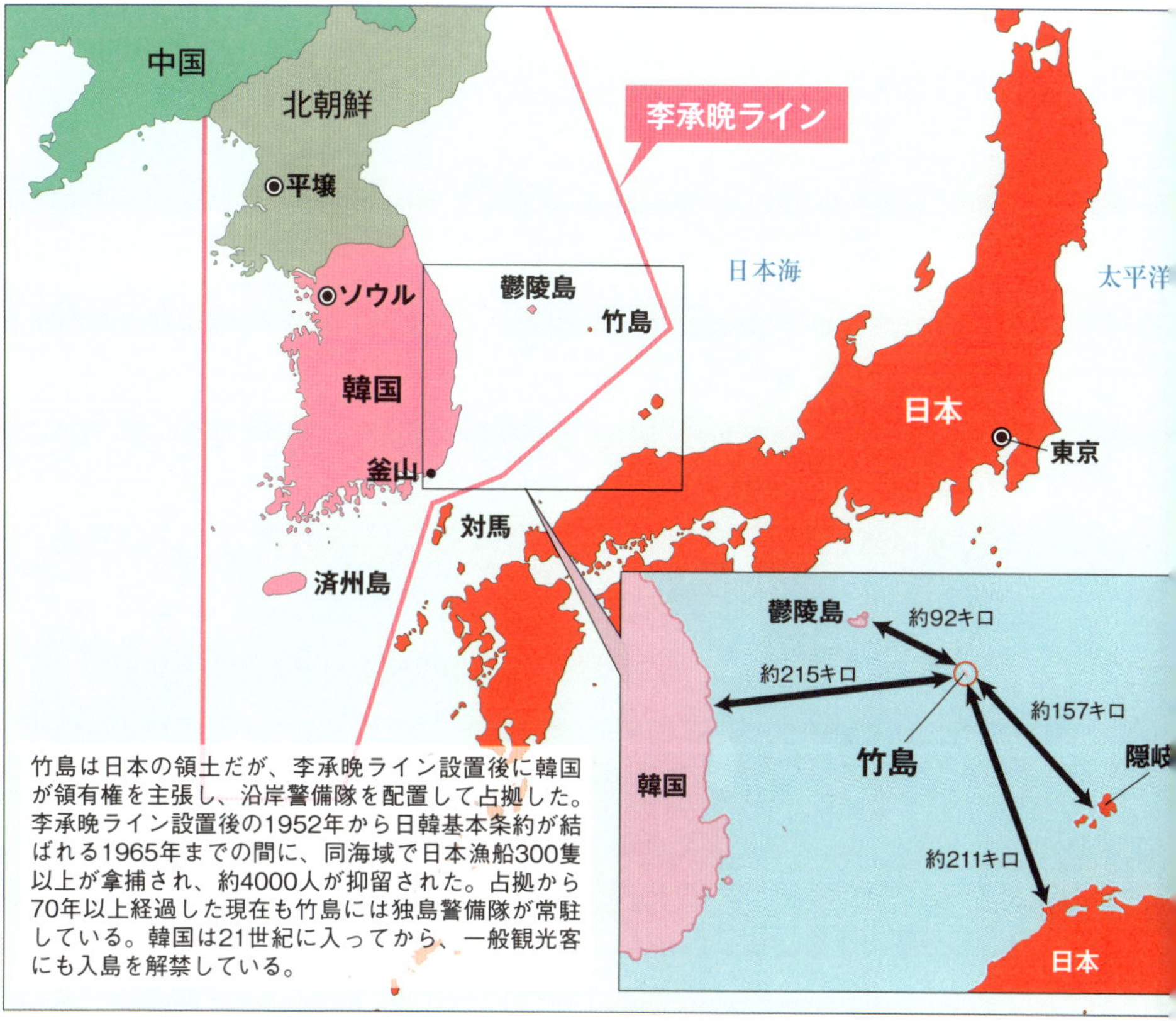
中国
北朝鮮
平壌
李承晩ライン
鬱陵島
竹島
ソウル
韓国
釜山
対馬
済州島
日本海
太平洋
日本
東京
鬱陵島
約92キロ
約215キロ
約157キロ
竹島
隠岐
韓国
約211キロ
日本

竹島は日本の領土だが、李承晩ライン設置後に韓国が領有権を主張し、沿岸警備隊を配置して占拠した。李承晩ライン設置後の1952年から日韓基本条約が結ばれる1965年までの間に、同海域で日本漁船300隻以上が拿捕され、約4000人が抑留された。占拠から70年以上経過した現在も竹島には独島警備隊が常駐している。韓国は21世紀に入ってから、一般観光客にも入島を解禁している。

## 用語解説

### 竹島

竹島周辺で日本人によるアシカ漁が活発化したのは1900年頃。1905年には日本は島根県への編入を国際的に公表するが、韓国は当時「第二次日韓協約」によって外交権を奪われていたとして、1951年から日本の領有権は無効であると主張し始めた。

### サンフランシスコ平和条約

日本対連合国間の第二次世界大戦終結を決めた平和条約。1951年9月に連合国48カ国と日本で調印され、翌年の4月に発効された。当時社会主義国家だったソ連、ポーランド、チェコスロバキアの連合国側の3カ国は調印しなかった。この条約で日本は連合国軍の占領下から独立する（沖縄・小笠原諸島などは除く）。

### 李承晩ライン

韓国初代大統領・李承晩が1952年に発した海洋主権宣言において設定された漁船立ち入り禁止を示す境界線。このライン内での日本漁船の操業が禁止となるが、1965年の日韓漁業協定の成立によって撤廃された。

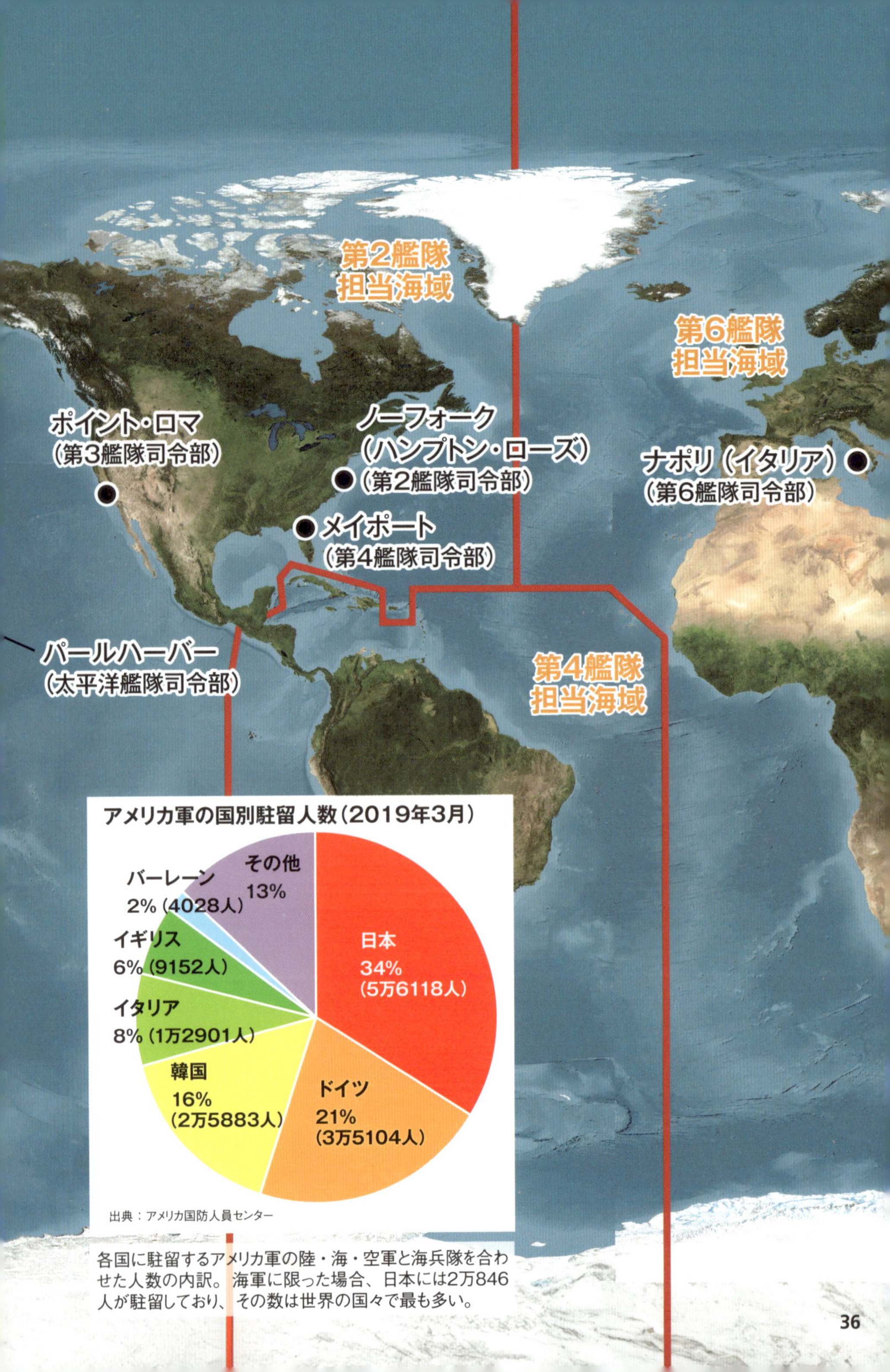
第2艦隊
担当海域
第6艦隊
担当海域
ポイント・ロマ
（第3艦隊司令部）
ノーフォーク
（ハンプトン・ローズ）
（第2艦隊司令部）
ナポリ（イタリア）
（第6艦隊司令部）
メイポート
（第4艦隊司令部）
パールハーバー
（太平洋艦隊司令部）
第4艦隊
担当海域
その他
13%
バーレーン
2%（4028人）
イギリス
6%（9152人）
イタリア
8%（1万2901人）
韓国
16%
（2万5883人）
日本
34%
（5万6118人）
ドイツ
21%
（3万5104人）

アメリカ軍の国別駐留人数（2019年3月）

出典：アメリカ国防人員センター

各国に駐留するアメリカ軍の陸・海・空軍と海兵隊を合わせた人数の内訳。海軍に限った場合、日本には2万846人が駐留しており、その数は世界の国々で最も多い。

# アメリカの艦隊配備

「世界の警察官」とも呼ばれたアメリカは海洋の平和維持を唱えて、アメリカ海軍が保有する第２から第７までの艦隊（第１艦隊は第３艦隊に統合されて現在は存在しない）を、６つに分割した世界の海域に配備している。第２艦隊は大西洋の西側、第３艦隊は太平洋の東側、第４艦隊は中南米海域、第５艦隊はアラビア海、第６艦隊は大西洋の東側、第７艦隊は太平洋の西側とインド洋という具合だ。第２～４艦隊の司令部はアメリカ本国にあるが、第５艦隊の司令部はバーレーンのマナーマ、第６艦隊の司令部はイタリアのナポリ、第７艦隊の司令部は日本の横須賀に置かれている。

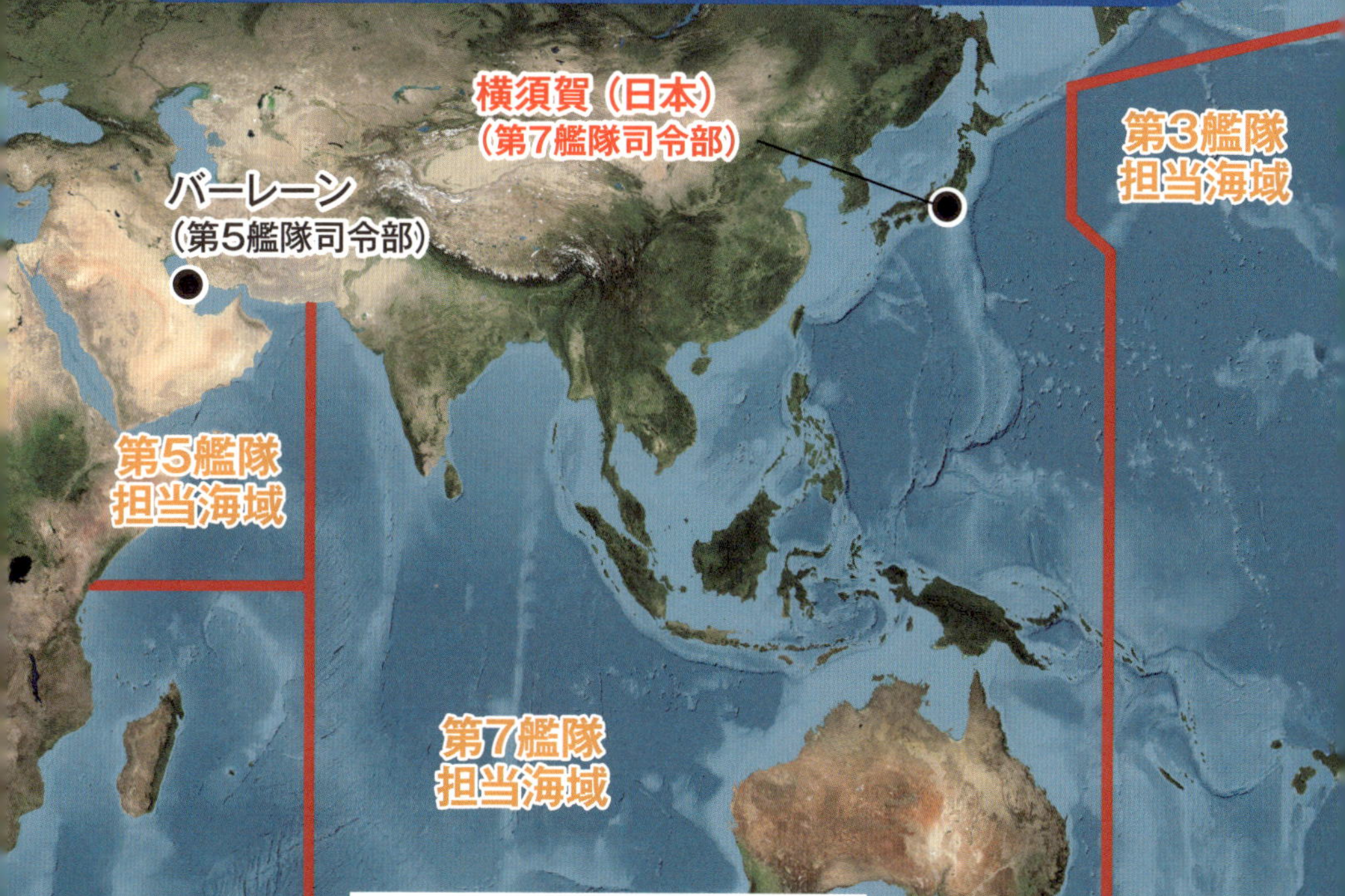
横須賀（日本）
（第7艦隊司令部）
第3艦隊
担当海域
バーレーン
（第5艦隊司令部）
第5艦隊
担当海域
第7艦隊
担当海域

**アメリカの空母打撃群**

第7艦隊の中心となる空母打撃群は、横須賀を母港とする。空母打撃群とは、航空母艦を護衛するようにミサイル巡洋艦やミサイル駆逐艦、補給船などを展開する機動部隊の戦術単位のひとつ。

# 「専守防衛」を方針とする自衛隊の海外活動の変遷

日本

## 国内に限定された活動が湾岸戦争をきっかけに転換

憲法第９条で「戦力不保持」を定める日本は、軍備を保有できないため、交戦権のない自衛隊を有する。自衛隊は「専守防衛」が大原則で、他国の領海・領空侵犯を未然に防ぐため警戒監視を行う。ただし、国際的には「軍隊」と認識されており、アメリカの調査機関によれば、現在、世界第７位の軍事力と評価される。

自衛隊の活動範囲は、専守防衛に基づき、１９５４年の発足から国内に限定されていた。ところが、１９９１年の湾岸戦争で世界から人的な国際貢献を求められ、初めて海外活動を行う。最初の派遣先は、湾岸戦争の戦場となったペルシア湾で、日本船の運航を守るために機雷などの掃海活動を行った。

翌年には**国際平和協力法（ＰＫＯ協力法）**が成立し、法的にも自衛隊が海外へ派遣される仕組みが整えられた。２０１４年になると、自衛権とともに国連憲章に記載されて、国家の権利とされる**「集団的自衛権」**の行使を容認。２０１６年に**平和安全法制**を施行している。

１９９２年のカンボジアＰＫＯ活動に１２１６人を派遣して以降、１００人を超える海外派遣は直近のウクライナ支援まで継続し、総計６万人を超える自衛隊員が国外での活動を行っている。

ハイチ
（2010~2013年）
がれき撤去・道路の補修など
2196名

国際平和協力活動には、自衛隊員以外にも文民警察官（日本の警察官）や外交官が派遣されることがある。

出典：防衛省「令和５年版防衛白書」

## 自衛隊の海外派遣（100人以上を派遣した国際平和協力活動）

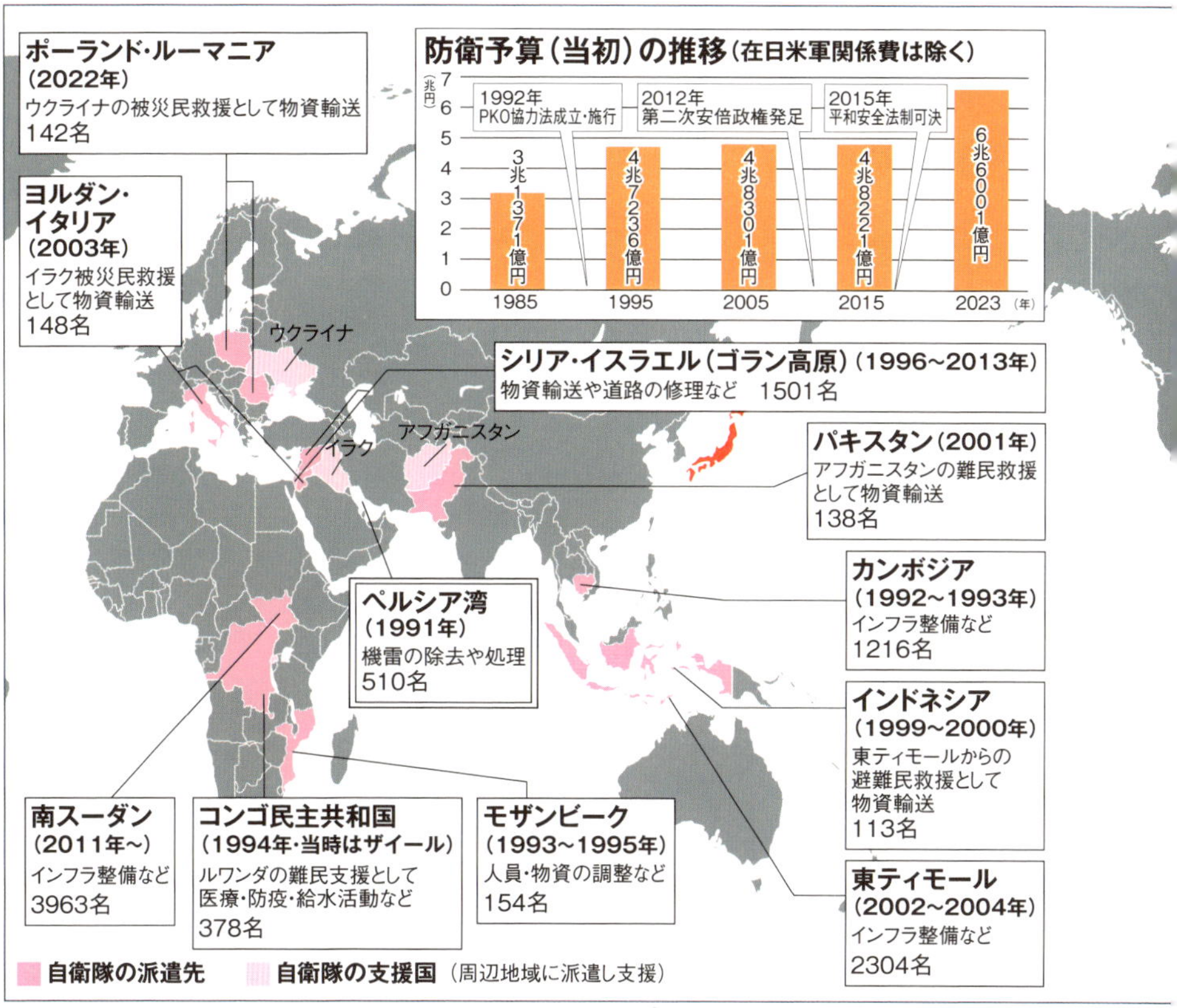

防衛予算（当初）の推移（在日米軍関係費は除く）
（兆円）
7
6
5
4
3
2
1
0
1992年
PKO協力法成立・施行
2012年
第二次安倍政権発足
2015年
平和安全法制可決
3兆1371億円
4兆7236億円
4兆8301億円
4兆8221億円
6兆6001億円
1985
1995
2005
2015
2023
（年）
ポーランド・ルーマニア
（2022年）
ウクライナの被災民救援として物資輸送
142名
ヨルダン・イタリア
（2003年）
イラク被災民救援として物資輸送
148名
ウクライナ
イラク
アフガニスタン
シリア・イスラエル（ゴラン高原）（1996〜2013年）
物資輸送や道路の修理など　1501名
パキスタン（2001年）
アフガニスタンの難民救援として物資輸送
138名
ペルシア湾
（1991年）
機雷の除去や処理
510名
カンボジア
（1992〜1993年）
インフラ整備など
1216名
インドネシア
（1999〜2000年）
東ティモールからの避難民救援として物資輸送
113名
南スーダン
（2011年〜）
インフラ整備など
3963名
コンゴ民主共和国
（1994年・当時はザイール）
ルワンダの難民支援として医療・防疫・給水活動など
378名
モザンビーク
（1993〜1995年）
人員・物資の調整など
154名
東ティモール
（2002〜2004年）
インフラ整備など
2304名
自衛隊の派遣先
自衛隊の支援国（周辺地域に派遣し支援）


## 用語解説

### 国際平和協力法（PKO協力法）

国際連合憲章第1章にある「国際の平和及び安全を維持する」に従い、国際連合が小規模の軍隊を派遣して平和維持に努める国際連合平和維持活動（PKO）に自衛隊などを派遣可能とした法律。これにより、自衛隊の海外での活動が可能となり、平和維持活動の他に災害派遣、インフラ整備なども行っている。

### 集団的自衛権

直接武力攻撃を受けないケースでも、自国と密接な関係の国への攻撃に対しての反撃が可能とする権利のこと。日本においては憲法第9条に規定された必要最低限の実力行使を越えるとされてきた。しかし、安倍内閣が行った2014年の憲法解釈変更により、それ以降は集団的自衛権の行使が可能とされた。

### 平和安全法制

2016年に施行された一連の法律の総称。目的は、日本と国際社会の平和と安全のための整備とされ、他国軍への支援活動や集団的自衛権の行使を可能とする内容が盛り込まれた。これにより海上自衛隊にアメリカ・イージス艦への燃料提供などの任務が追加された。

# 在日米軍基地の7割以上が沖縄県に集中している原因

日本

## 各国主要都市と絶妙な距離 アメリカ軍の極東防衛の要

現在、沖縄本島の面積のうち、約15%を米軍基地が占める。これは沖縄が、北京まで約１８５５キロ、平壌まで約１４５０キロ、ソウルまで約１２７２キロ、台北まで約６２７キロに位置し、極東地域の軍事的な要だからだ。

第二次世界大戦後、アメリカは自由主義世界の盟主となる。アメリカにとっての脅威は、ソ連を筆頭とした社会主義・共産主義国家群の台頭であった。日本、なかでも沖縄は、その地理的条件から、世界の共産主義化の波及を抑え込む極東の防波堤とされた。

終戦後、連合国軍の占領下にあった日本は、１９５２年発効のサンフランシスコ平和条約で国際社会に復帰。しかし、沖縄県はアメリカの軍政下に留められた。１９４９年の中国共産党による大陸制圧、１９５０年の朝鮮戦争勃発など、共産主義勢力の伸張が懸念されたからだ。日本に返還されたのは１９７２年である。返還後も沖縄県の軍事的重要性に変化はないため、極東におけるアメリカ軍最大の軍事拠点であり続けている。

東西関係の修復や東西冷戦終結により、一時的に重要性が低下したこともあったが、中国の経済・軍事大国化や北朝鮮の核開発、ロシアの復活などによって、沖縄米軍基地の存在感は近年再び高まりつつある。とくに急激にシーパワーを増強し、台湾への圧力をかけ続けている中国のことを考えると、アメリカにとって沖縄を放棄する選択肢は考えづらいといえる。

## 沖縄本島のおもな米軍基地

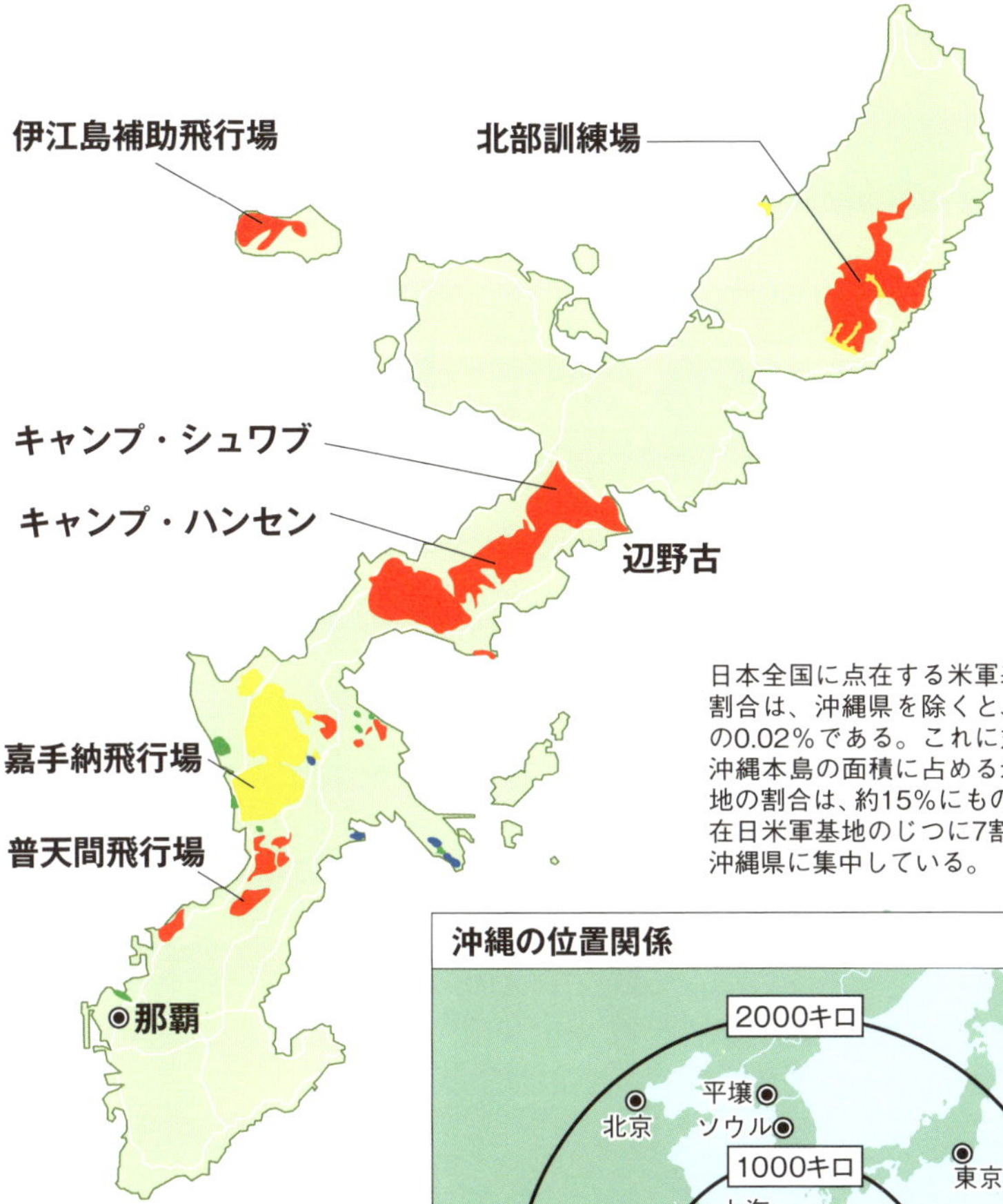
伊江島補助飛行場
北部訓練場
キャンプ・シュワブ
キャンプ・ハンセン
辺野古
嘉手納飛行場
普天間飛行場
那覇
陸軍
海軍
海兵隊
空軍

日本全国に点在する米軍基地の割合は、沖縄県を除くと、国土の0.02％である。これに対して沖縄本島の面積に占める米軍基地の割合は、約15％にものぼる。在日米軍基地のじつに7割超が、沖縄県に集中している。

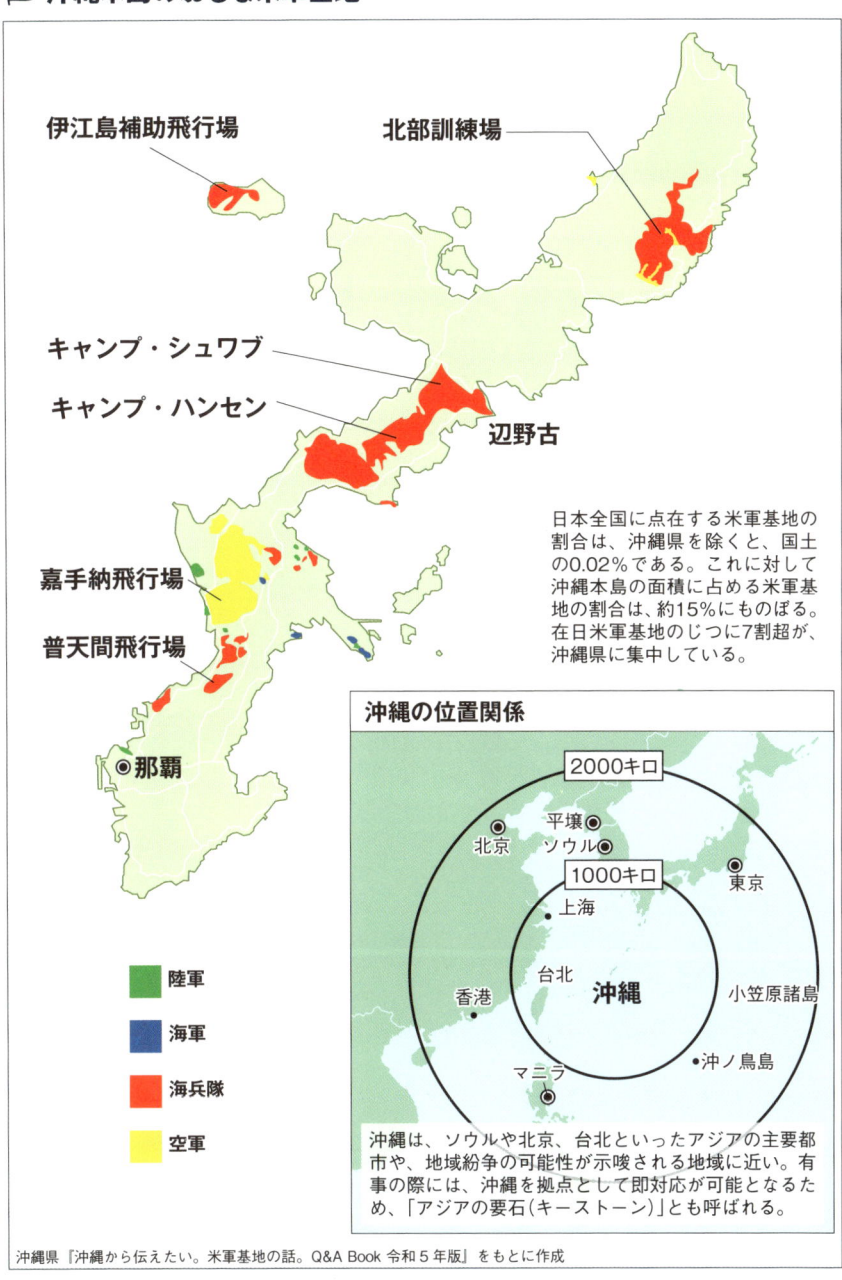

### 沖縄の位置関係

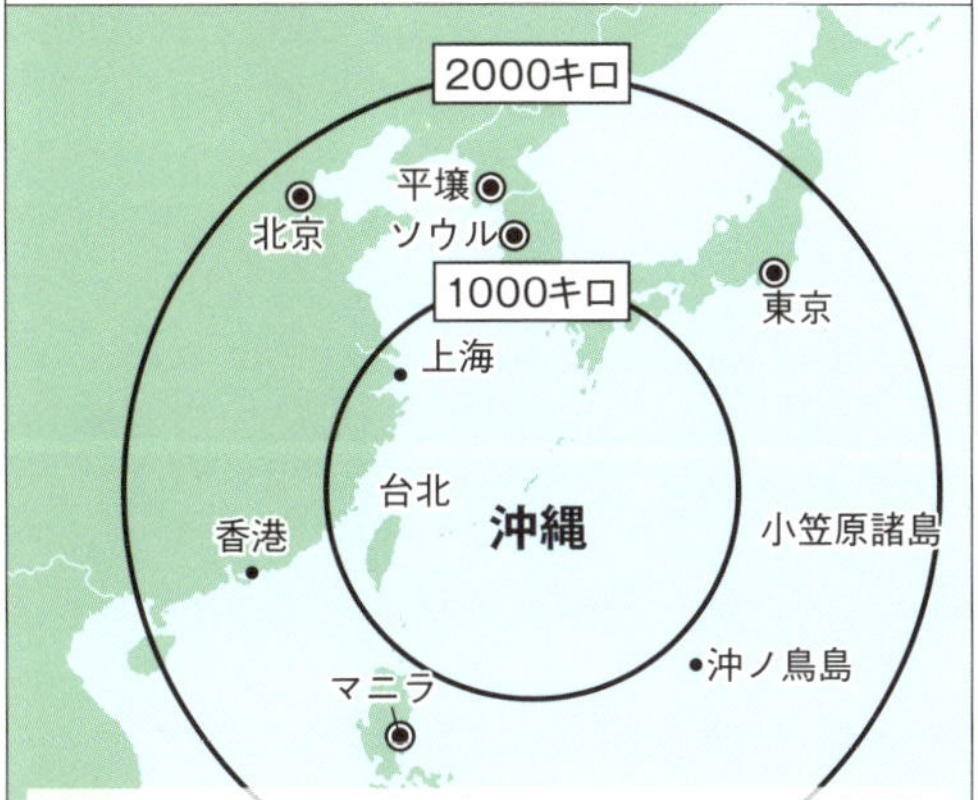
2000キロ
平壌
北京
ソウル
1000キロ
東京
上海
台北
沖縄
香港
小笠原諸島
沖ノ鳥島
マニラ

沖縄は、ソウルや北京、台北といったアジアの主要都市や、地域紛争の可能性が示唆される地域に近い。有事の際には、沖縄を拠点として即対応が可能となるため、「アジアの要石(キーストーン)」とも呼ばれる。

沖縄県『沖縄から伝えたい。米軍基地の話。Q&A Book 令和５年版』をもとに作成

# 貿易立国・日本の生命線は
# エネルギー資源の輸入経路

日本

## 中東からの石油の輸送とロシアとの石油・ガス開発

資源に乏しい島国の日本にとって、シーレーン（海上交通路）は、資源輸入・製品輸出のための生命線といえる。日本は世界第6位の石油消費国で、大半を中東からの輸入に頼る。輸送には、ペルシア湾とオマーン湾間のホルムズ海峡からインド洋を経由し、マラッカ・シンガポール海峡を通るルートを選択している。マラッカ海峡は中東のみならず、ヨーロッパと極東～太平洋を結ぶ最短ルートで、他のアジア諸国にとってもエネルギー供給の要衝である。

アメリカ海軍は「**世界の警察官**」として、同海域の秩序を守っていたが、2013年、シリア内戦を機にオバマ大統領が「**アメリカは世界の警察官ではない**」と発言。これにより、アメリカの影響力は低下し、急速にシーパワー化した中国が同海域へと進出した。

日本は21世紀に入り、中東からの石油輸入のリスクヘッジとして、三井物産、三菱商事、ロシア政府、イギリスのシェルとの石油・ガス共同開発プロジェクト「**サハリン2**」を始動させた。しかし、2022年以降のウクライナ情勢の影響により状況が一変。ロシアは参加条件を変更する。シェルは完全撤退したが、日本は残留を決めた。国際的にはロシア側と見なされるリスクがあり、政治的・経済的に厳しい局面に立たされている。

## 中東から日本への資源の輸送経路

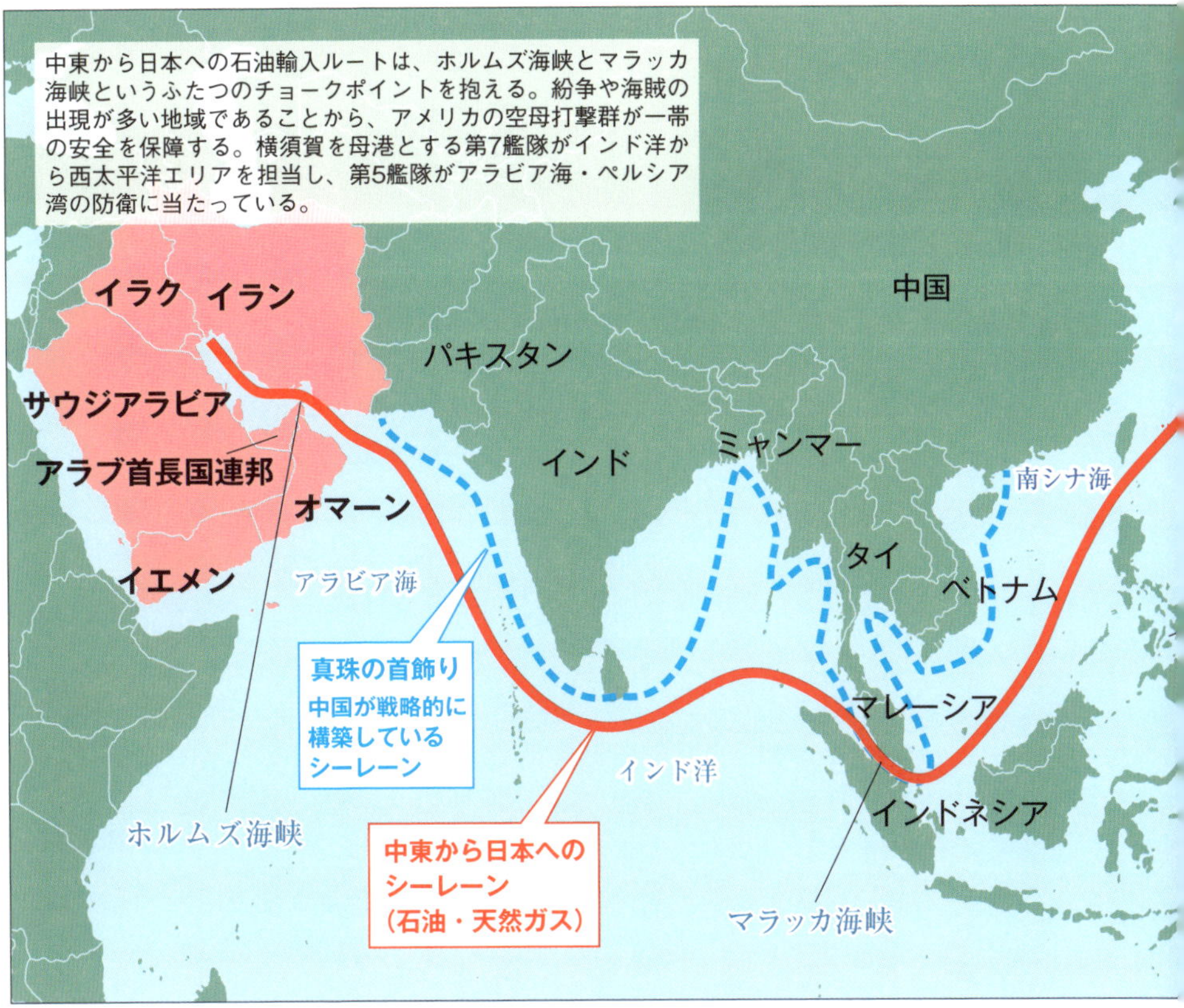
中東から日本への石油輸入ルートは、ホルムズ海峡とマラッカ海峡というふたつのチョークポイントを抱える。紛争や海賊の出現が多い地域であることから、アメリカの空母打撃群が一帯の安全を保障する。横須賀を母港とする第7艦隊がインド洋から西太平洋エリアを担当し、第5艦隊がアラビア海・ペルシア湾の防衛に当たっている。
イラク
イラン
中国
パキスタン
サウジアラビア
アラブ首長国連邦
インド
ミャンマー
南シナ海
オマーン
タイ
イエメン
アラビア海
ベトナム
真珠の首飾り
中国が戦略的に構築しているシーレーン
マレーシア
インド洋
インドネシア
ホルムズ海峡
中東から日本へのシーレーン（石油・天然ガス）
マラッカ海峡

## 用語解説

### 世界の警察官

アメリカは第二次世界大戦以降、シリア内戦などの国際問題に介入。民主主義と自由を大義名分として世界の紛争地帯に米軍を派遣した。父子で大統領となったブッシュは父が湾岸戦争を開戦。息子は2003年にイラク戦争を開始したが、こちらは国際社会の承認を得ない軍事介入として非難を受けた。

### 「アメリカは世界の警察官ではない」

2013年、オバマ政権は国際問題・紛争への介入政策を消極化し、国際協調路線を目指すことを宣言した。結果的には国際社会におけるアメリカの影響力が低下し、世界の警察不在下でISIL（イスラム国を名乗る過激派組織）の台頭やロシアのクリミア侵攻誘引、中国による海洋進出などを加速させた。

### サハリン2

ロシア政府、イギリスと日本の企業による天然ガスと石油の資源開発プロジェクト。サハリン北東部で採掘した天然ガスを全長800キロのパイプラインで南部の液体化天然ガス施設へ運び、各国への輸出につなげる計画であった。しかし、ロシアのウクライナ侵攻を機にシェルが脱退した。

地政学の気になる話 ①

# アメリカに有利な「日米地位協定」のメリットとは？

「日米地位協定」とは、「日米安全保障条約（安保条約）」の目的を達成するにあたり、日本に駐留するアメリカ軍（陸海空軍と海兵隊）の円滑な行動を確保するための協定で、日本におけるアメリカ軍の施設・区域の使用と地位について規定している。なお、安保条約には、アメリカ軍が日本の安全を保障することが定められている。

一般的に「地位協定」は、ある国に外国の軍隊が駐留する際、滞りなく活動できるように結ばれる。ただし、協定の運用に関しては、帝国主義時代に、欧米列強が当時の植民地との間で取り交わした不平等条約の治外法権的な内容が問題となることも多い。

「日米地位協定」にも日本が不利になりかねない問題点が存在する。例えば、日本に駐留するアメリカ軍人・軍属が公務中に犯罪を行った場合、第一次裁判権はアメリカ側が有する。1995年、公務中の米兵が女子小学生を集団暴行した事件では、沖縄県警が犯人の引き渡しを要求したが、アメリカ軍は日米地位協定を理由に拒否した。これに対してアメリカ軍に対する猛烈な抗議が起こり、改善運用や補足協定という対応がなされたが、根本的な改定には至らず問題解決にはほど遠い状況だ。他にも米兵は米軍基地経由でパスポートや検疫なしに入国できることや、経済的特権（一部の免税）、年間2000億円を超える経済的支出を日本が肩代わりすることなども不平等とされる点だ。

不平等でありながらも、現在も日本が受け入れざるを得ないのは大きなメリットを享受しているからである。海洋国家である日本にとって、海上交通路の安全性は不可欠だ。ところが、軍事力の保有を認めない日本国憲法によって自衛隊は国外での活動を禁じられている。世界に展開する日本の海上交通路を守っているのがアメリカなのだ。その一端を担うのが日本に駐留するアメリカ軍で、日米地位協定はその対価とも考えられる。

Chapter2

「世界の警察官」を自任していた
覇権国家

# アメリカ

孤立主義から自由主義国のリーダーへと躍り出た過程とその矛盾、メキシコからの移民、イデオロギーの異なるキューバとのかかわり方など、アメリカが抱える問題を解説する。

ハドソン湾
大西洋
メキシコ湾
キューバ
カリブ海


### 周辺関連諸国軍事データ

| | 軍事費 | 現役軍人数 | 軍事費対GDP |
|---|---|---|---|
| アメリカ | 8318億ドル | 132.8万人 | 3.04% |
| カナダ | 265億ドル | 6.8万人 | 1.24% |
| メキシコ | 148億ドル | 41.2万人 | 0.83% |

### カナダの基本データ（2023年）

| | |
|---|---|
| 面積 | 998万5000㎢ |
| 人口 | 3880万人 |
| 名目GDP | 2兆1401億ドル |
| 貿易輸出額 | 5693億ドル |
| 貿易輸入額 | 5704億ドル |

### ノーフォーク海軍基地

艦船70隻以上を有するといわれる世界最大の海軍基地。

# アメリカの概要

カナダやメキシコと地続きのアメリカだが、国土は海に面している部分が広いうえ、隣接する国はアメリカに対抗できる軍事力や経済力を持ち合わせていない。そのため、地政学的観点ではアメリカは「島国」とされる。また、ロシアや中国は遠く離れたユーラシア大陸に位置するため、これら大国からの脅威にもさらされない。このことは、アメリカが海洋へ進出することを後押しし、シーパワー国家として世界の覇権を握った理由といえる。

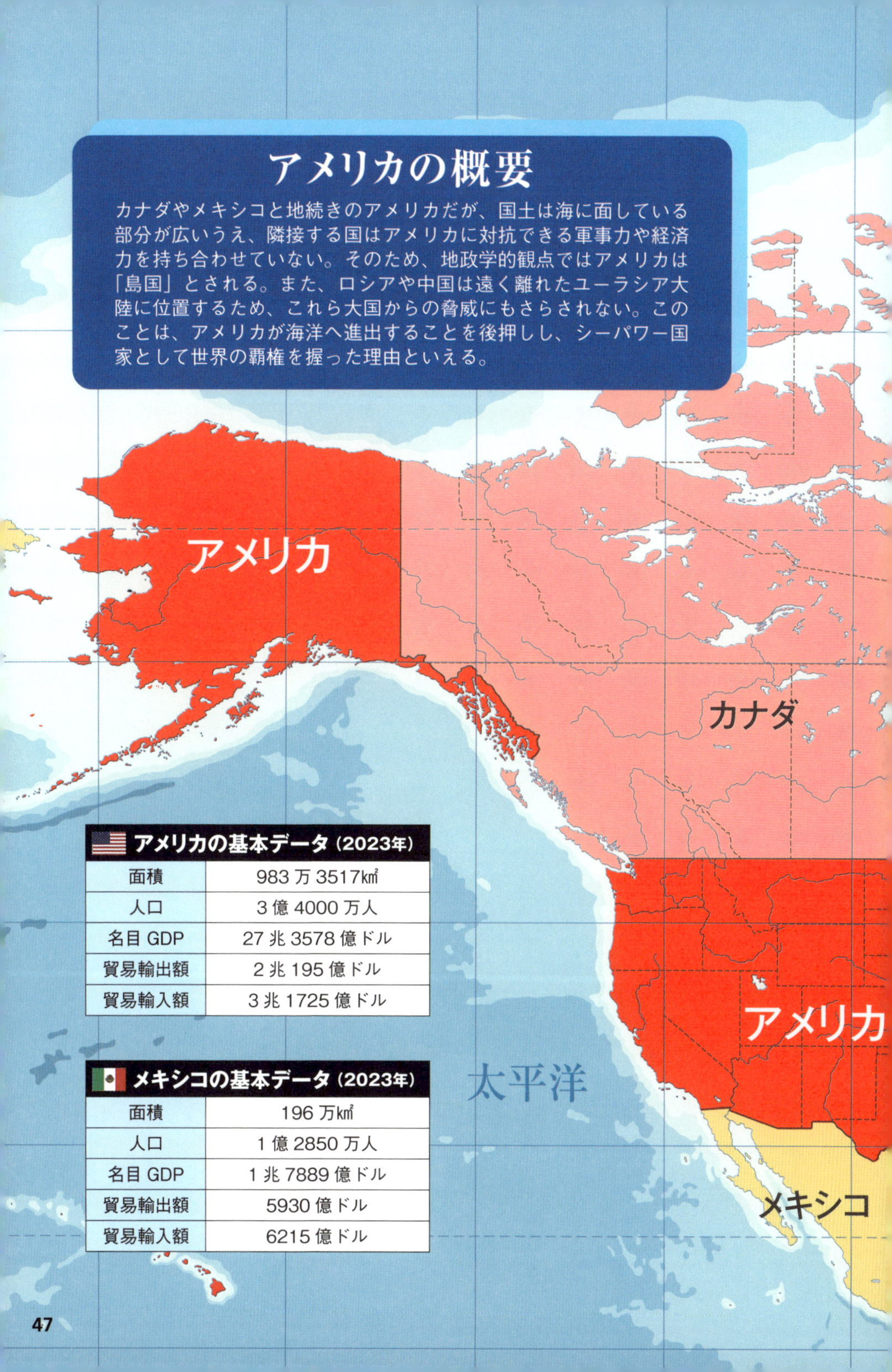


**アメリカの基本データ（2023年）**

| | |
|---|---|
| 面積 | 983 万 3517㎢ |
| 人口 | 3 億 4000 万人 |
| 名目 GDP | 27 兆 3578 億ドル |
| 貿易輸出額 | 2 兆 195 億ドル |
| 貿易輸入額 | 3 兆 1725 億ドル |

**メキシコの基本データ（2023年）**

| | |
|---|---|
| 面積 | 196 万㎢ |
| 人口 | 1 億 2850 万人 |
| 名目 GDP | 1 兆 7889 億ドル |
| 貿易輸出額 | 5930 億ドル |
| 貿易輸入額 | 6215 億ドル |

# もともとは孤立主義だった シーパワー大国・アメリカ

## 二度の世界大戦で誕生した世界の海を支配する超大国

世界の海を支配する超大国・アメリカは、北太平洋と北大西洋に接する海洋国家でありながら、20世紀前半までは孤立主義を原則とした大陸国家であった。

1776年に**大英帝国から独立**したアメリカは、遠く離れていることもあり、ヨーロッパとは政治的距離を置いていた。1823年には、モンロー大統領が欧米相互不干渉の「**モンロー主義**」を提唱し、以降はアメリカ外交政策の基本理念とされた。ただし、19世紀のアメリカは、帝国主義による植民地獲得競争に巻き込まれている。

1869年、大陸横断鉄道の開通により東西両岸が陸路で結ばれ、大西洋と太平洋への進出基盤が形成される。1898年にはキューバ独立を支援してスペインとの戦争に勝利し、カリブ海を勢力下に置いて、スペインの植民地・フィリピンも譲渡された。同年にはハワイも併合する。その後、パナマ独立を支援してパナマ運河を建設し、大西洋と太平洋を直接つなぐチョークポイントも手に入れた。

孤立主義からの脱却は**二度の世界大戦**が契機だった。大戦後は自由主義諸国のリーダーに躍り出て、ヨーロッパや極東だけでなく、エネルギー資源の確保のため中東に対しても影響力を発揮する。現在も全世界に広がる勢力圏を守るため、強大な海軍力を発揮している。

ホルムズ海峡
バブ・エル・マンデブ海峡
スエズ運河

## アメリカの東西シーレーンと世界のおもな海峡・運河

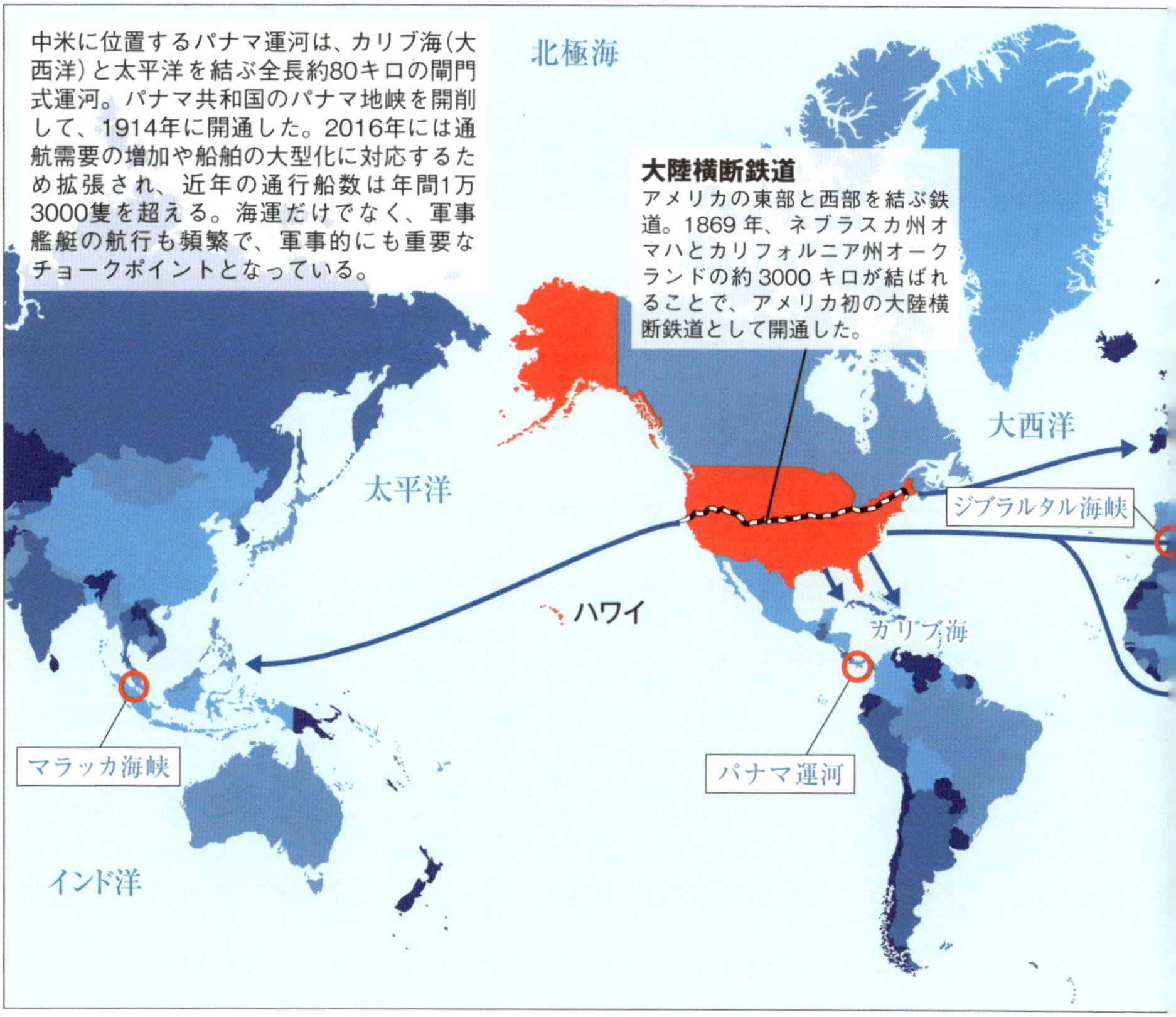
中米に位置するパナマ運河は、カリブ海（大西洋）と太平洋を結ぶ全長約80キロの閘門式運河。パナマ共和国のパナマ地峡を開削して、1914年に開通した。2016年には通航需要の増加や船舶の大型化に対応するため拡張され、近年の通行船数は年間1万3000隻を超える。海運だけでなく、軍事艦艇の航行も頻繁で、軍事的にも重要なチョークポイントとなっている。
北極海
大陸横断鉄道
アメリカの東部と西部を結ぶ鉄道。1869 年、ネブラスカ州オマハとカリフォルニア州オークランドの約 3000 キロが結ばれることで、アメリカ初の大陸横断鉄道として開通した。
大西洋
太平洋
ジブラルタル海峡
ハワイ
カリブ海
マラッカ海峡
パナマ運河
インド洋

## 用語解説

### 大英帝国から独立

1607 ～ 1732年に形成された北アメリカ東部沿岸のイギリス13植民地は、1775年に結束して独立戦争に突入。1776年に大英帝国より独立したことを宣言する文書「アメリカ独立宣言」を発表。1783年のパリ条約でイギリスと和平を結び、独立を勝ち取った13州で合衆国を設立した。

### モンロー主義

アメリカとヨーロッパ列強諸国は互いに干渉しないという外交政策の理念。1823年、第5代アメリカ大統領モンローによる「モンロー教書」で示された。孤立主義ともいわれ、19世紀を通じてアメリカの外交の基本指針であったが、第一次世界大戦で破られることとなった。

### 二度の世界大戦

第一次世界大戦で一度は孤立主義からの転換を目指したアメリカだが、第一次大戦後はモンロー主義への傾向が高まり、国際連盟への加盟をアメリカ合衆国連邦会議で否決される。その後、第二次世界大戦への参戦まで孤立主義のままであった。しかし、第二次大戦後に超大国となったことで脱却する。

# ヒスパニック人口が急増 メキシコからの移民問題

アメリカ

## 政権によって大きく異なるメキシコ国境と移民の対応

移民がつくった国アメリカは、１９６５年に**移民ビザ制度**を採用し、今も年間１００万人以上の正規移民を受け入れている。

一方、不法滞在移民は現在、約５００万人とされており、合衆国移民帰化局は年間30万人弱の流入を推定する。その多くが隣国メキシコからのヒスパニックだ。二国間には３０００キロ以上にも及ぶ国境が横たわり、アメリカ4州、メキシコ6州が接している。

１９９４年、当時のクリントン政権はカナダ、メキシコと**北米自由貿易協定（ＮＡＦＴＡ）**を発効する。これによりアメリカ産の安価な農産物が流れ込んだメキシコでは、経済が大打撃を受けた。大きな経済格差が生じたことで、人々はアメリカを目指すようになる。

現在約３・４億人のアメリカの人口のうち、ヒスパニック系は18・7%である。メキシコと隣接するカリフォルニア州では、ヒスパニック系の割合が白人の構成比を上回った。その増加は低賃金労働者が引き起こす生活水準低下と、それに伴う治安悪化につながると懸念されている。

２０１７年には、トランプ大統領が不法移民の取り締まり対策としてメキシコとの国境に全長約７２４・２キロに及ぶ**壁の建設**を開始した。しかし、２０２１年にバイデン大統領が誕生すると、壁建設の費用算出の根拠となる国家非常事態宣言が解除される。以後、国境に接する各州に判断が委ねられ、州ごとに異なる対応となった。

## ヒスパニック系住民の分布（2020年）

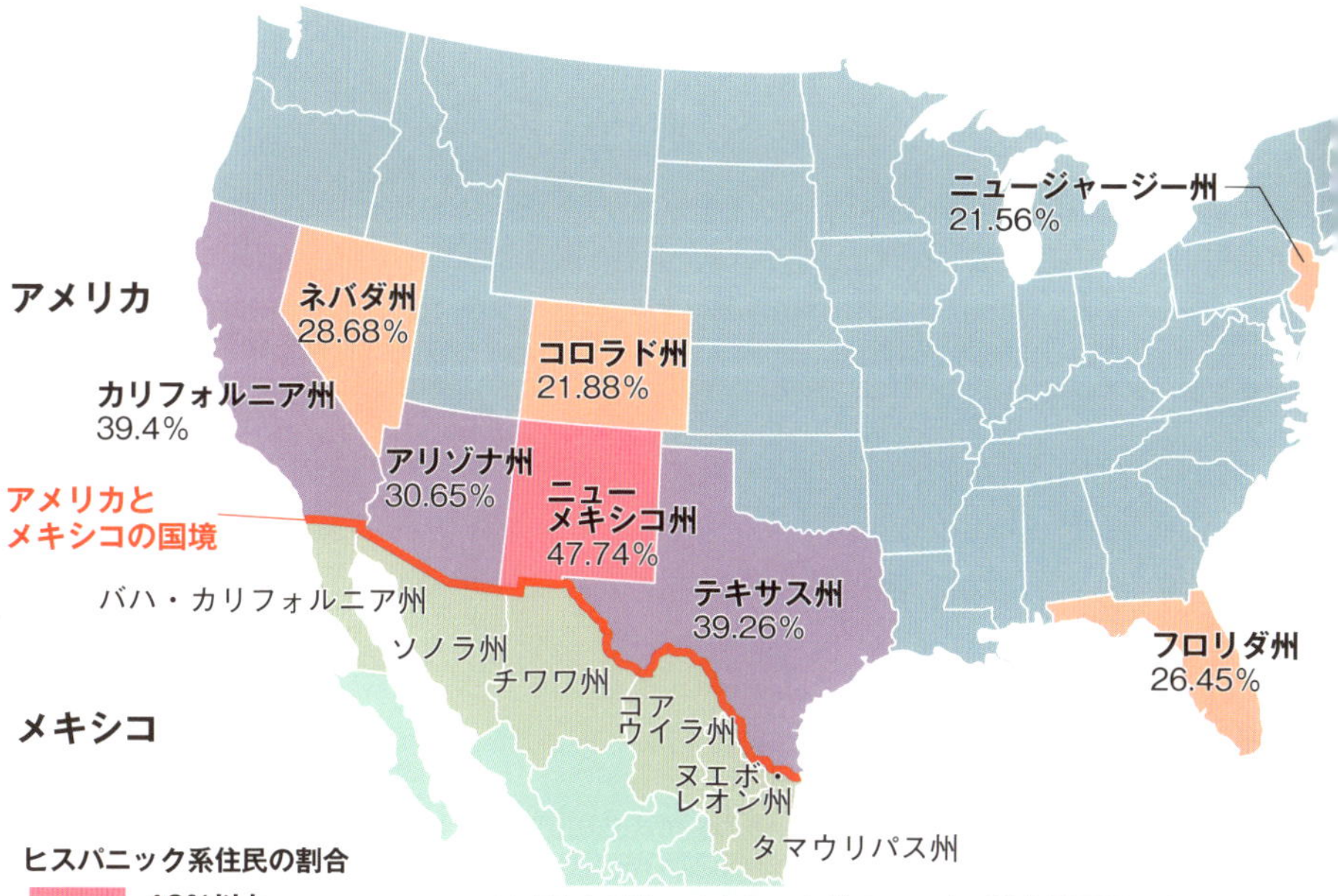
アメリカ
ネバダ州
28.68%
コロラド州
21.88%
ニュージャージー州
21.56%
カリフォルニア州
39.4%
アリゾナ州
30.65%
ニュー
メキシコ州
47.74%
アメリカと
メキシコの国境
バハ・カリフォルニア州
テキサス州
39.26%
フロリダ州
26.45%
ソノラ州
チワワ州
コア
ウイラ州
メキシコ
ヌエボ・
レオン州
タマウリパス州

ヒスパニック系住民の割合

- 40%以上
- 30〜40%
- 20〜30%

アメリカでは、メキシコなどのスペイン語を母国語とする国や地域をルーツに持ちながら米国内に居住する「ヒスパニック」の人口が増え続けている。2020年時点でヒスパニックはアメリカの全人口の18.7%を占め、2060年には28.6%にまで増加するという予想さえある。メキシコと隣接している州ではその割合は上昇傾向にある。

出典：アメリカ国勢調査局「2020 年国勢調査人口統計」

## 用語解説

### 移民ビザ制度

アメリカのビザは、永住権の「移民ビザ」と留学や就労での一時滞在の「非移民ビザ」の2種類があり、目的別にさらに細かく分かれている。1965年に改正された移民法では、家族が国内にいる場合や特定の技術職の雇用について優先的に受け入れる仕組みとなった。

### 北米自由貿易協定（NAFTA）

貿易の障壁となる関税などを撤廃し、自由な貿易を可能とする協定。加盟国が行ったNAFTA再交渉により、2018年、「アメリカ・メキシコ・カナダ協定（USMCA）」に置き換えることが決まり、2020年にNAFTAは役割を終えた。

### 壁の建設

トランプ政権（2017 〜 2021年）が移民に厳しい姿勢を取っていたのに対し、その後に発足したバイデン政権（2021 〜 2024年）は、国境の壁の建設停止や不法移民に市民権を与える制度の改正を提案するなど、移民に対して寛容であり、弱腰とも批判される。

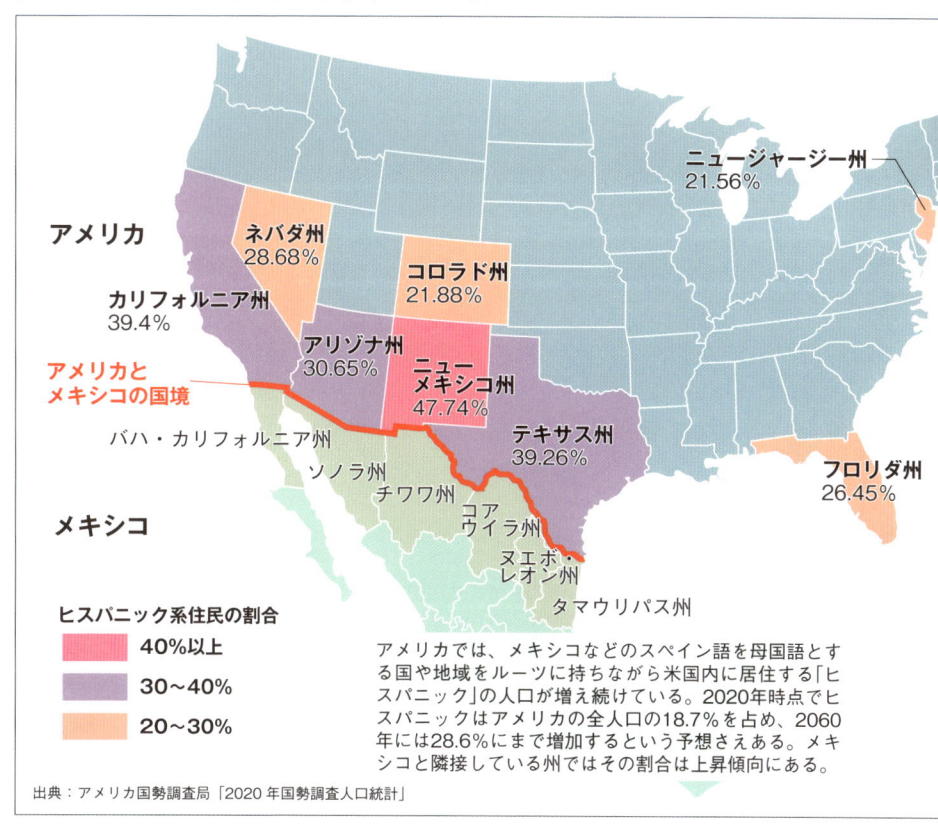

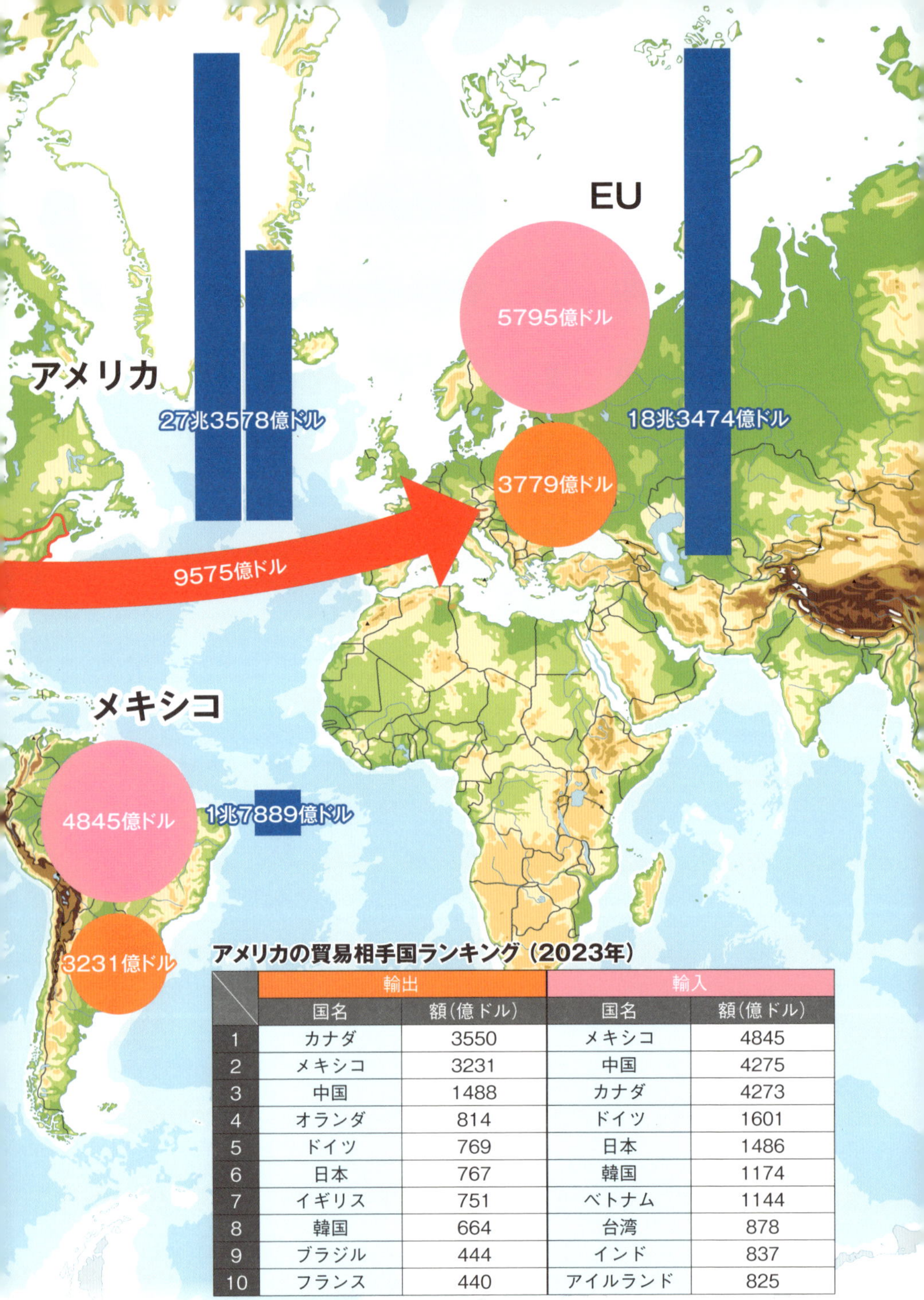
アメリカ
27兆3578億ドル
EU
5795億ドル
3779億ドル
18兆3474億ドル
9575億ドル
メキシコ
4845億ドル
1兆7889億ドル
3231億ドル

**アメリカの貿易相手国ランキング（2023年）**

| | 輸出 | | 輸入 | |
|---|---|---|---|---|
| | 国名 | 額（億ドル） | 国名 | 額（億ドル） |
| 1 | カナダ | 3550 | メキシコ | 4845 |
| 2 | メキシコ | 3231 | 中国 | 4275 |
| 3 | 中国 | 1488 | カナダ | 4273 |
| 4 | オランダ | 814 | ドイツ | 1601 |
| 5 | ドイツ | 769 | 日本 | 1486 |
| 6 | 日本 | 767 | 韓国 | 1174 |
| 7 | イギリス | 751 | ベトナム | 1144 |
| 8 | 韓国 | 664 | 台湾 | 878 |
| 9 | ブラジル | 444 | インド | 837 |
| 10 | フランス | 440 | アイルランド | 825 |

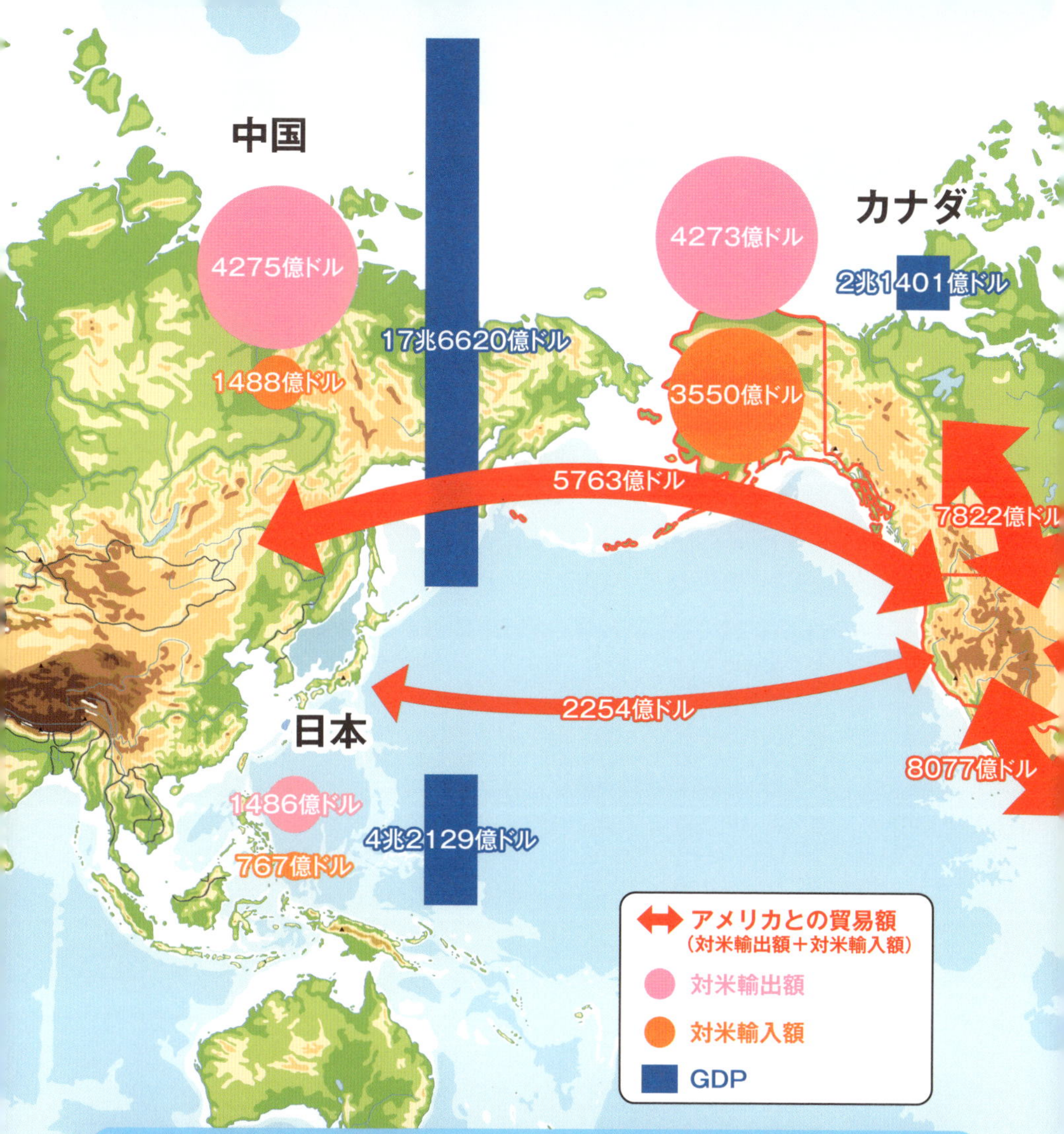
中国
4275億ドル
1488億ドル
17兆6620億ドル
カナダ
4273億ドル
3550億ドル
2兆1401億ドル
5763億ドル
7822億ドル
日本
2254億ドル
8077億ドル
1486億ドル
767億ドル
4兆2129億ドル
アメリカとの貿易額
（対米輸出額＋対米輸入額）
対米輸出額
対米輸入額
GDP

# アメリカの世界貿易額と中国との関係

アメリカの貿易に関して、輸出額の 1 位と 2 位は NAFTA を締結していたカナダとメキシコが不動で、輸入額の 1 位は 2008 年から 2022 年まで長らく中国であった。しかし、2023 年は中国からの輸入額が前年に比べて 2 割も減り、メキシコが輸入額の 1 位となった。輸入額全体に占める中国の割合も 2023 年は約 14%と、ピークである 2017 ～ 2018 年の約 20%から大幅に低下した。なお、2023 年の中国への輸出額は前年の水準からほぼ変わっていない。近年対立を深めつつある中国への経済的な依存から脱却しようとするアメリカの姿勢が見て取れる。

出典：アメリカ商務省経済分析局

# 太平洋を挟んで対峙する
# アメリカと中国の覇権争い

## 経済力を背景にした米中が世界各国への影響力を強化

東西冷戦終結後、唯一の超大国となったアメリカだが、21世紀に入ると、世界最大の人口を有する中国が、経済力、次いで軍事力で急激に伸張し、太平洋を挟んで覇権争いを繰り広げるようになった。

**アメリカの対中貿易赤字**は、１９８５年を過ぎた頃から拡大が目立ち始め、当時は4億ドル程度だった赤字が２０１７年には３７５７億ドルへと膨らんだ。２０１８年にはトランプ政権が対中貿易赤字の縮小を目指し、中国からの輸入品に対して段階的に追加関税措置を実施した。この制裁的な関税により、中国は一時的に打撃を受けるが、両国の貿易不均衡は変わらず、アメリカは、年間３０００億ドル程度の対中貿易赤字を抱える状態が続いている。

また、中国は急激に増大した経済力を背景に、軍事面でもアメリカに挑戦する動きを見せている。２０００年代から南シナ海の**南沙諸島**に人工島を建設するなど、中東のエネルギー輸入のためのシーレーン（海上交通路）確保へと動いているのもそのひとつだ。２０１３年のオバマ大統領による「アメリカは世界の警察官ではない」という発言以降、中国のこの動きはさらに加速したが、財政問題を抱えるアメリカは有効な対抗策を打ち出せていない。

さらに、米中は世界の国々に対して影響力を浸透させるため、**対外直接投資（FDI）**にも力を入れている。投資を通じて他国への経済的な支配を強めているのだ。

## アメリカと中国の対外直接投資（FDI）

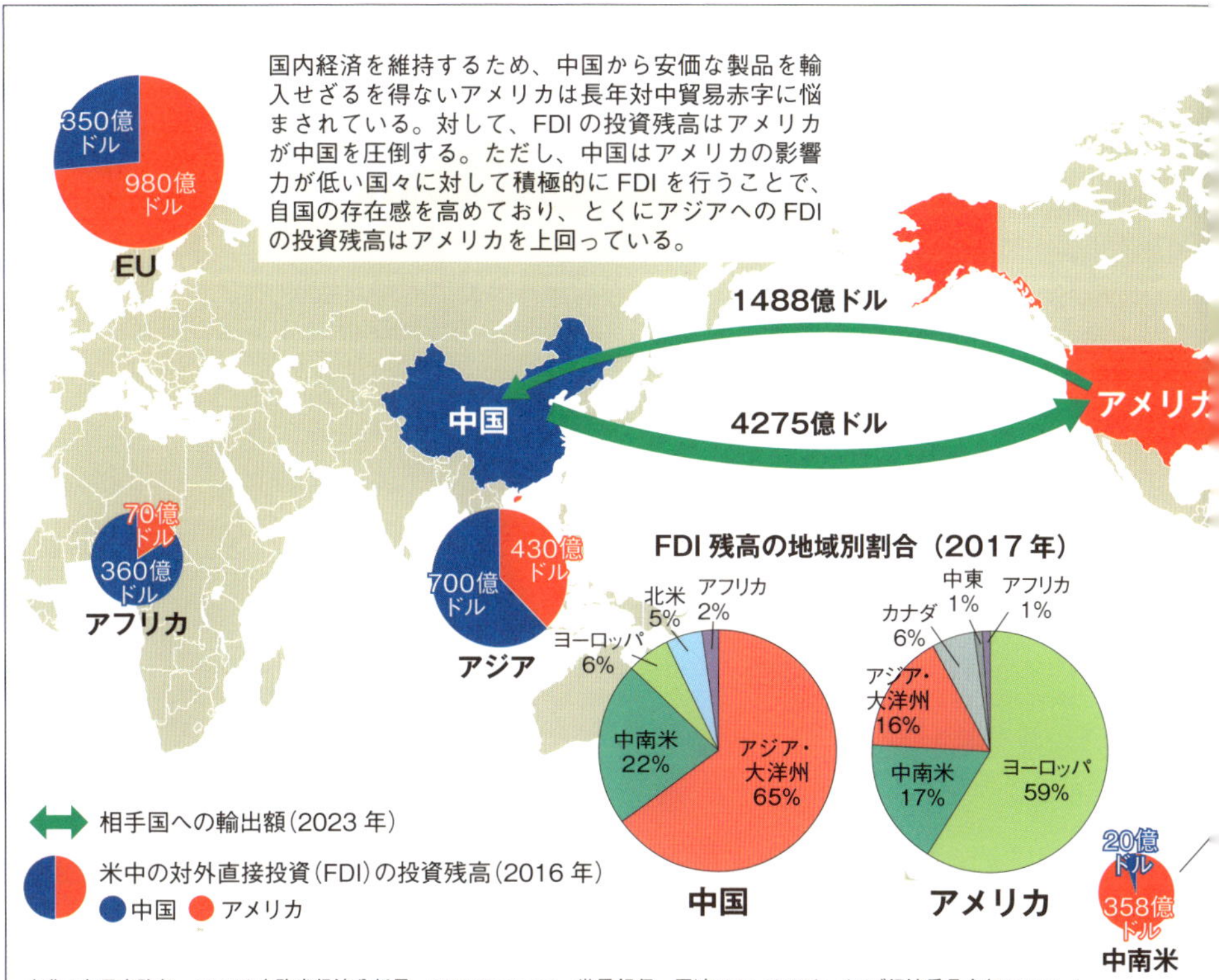
国内経済を維持するため、中国から安価な製品を輸入せざるを得ないアメリカは長年対中貿易赤字に悩まされている。対して、FDI の投資残高はアメリカが中国を圧倒する。ただし、中国はアメリカの影響力が低い国々に対して積極的に FDI を行うことで、自国の存在感を高めており、とくにアジアへの FDI の投資残高はアメリカを上回っている。
350億ドル
980億ドル
EU
1488億ドル
中国
4275億ドル
アメリカ
70億ドル
360億ドル
アフリカ
430億ドル
700億ドル
アジア
FDI 残高の地域別割合（2017 年）
北米 5%
アフリカ 2%
ヨーロッパ 6%
中南米 22%
アジア・大洋州 65%
中国
中東 1%
アフリカ 1%
カナダ 6%
アジア・大洋州 16%
中南米 17%
ヨーロッパ 59%
アメリカ
20億ドル
358億ドル
中南米
相手国への輸出額（2023 年）
米中の対外直接投資（FDI）の投資残高（2016 年）
中国
アメリカ

出典：中国商務部、アメリカ商務省経済分析局、CEICdatabase、世界銀行、国連ラテンアメリカ・カリブ経済委員会（ECLAC ／ CEPAL）、ロディウム・グループ、欧州委員会、上海協力機構（SCO）公式ウェブサイト、UNCTAD

## 用語解説

### アメリカの対中貿易赤字

貿易赤字とは、輸入額が輸出額を上回って赤字状態にあることを指す。アメリカは世界最大の貿易赤字国で、その額は2022年に過去最大の9453億ドルにまで達した。とくに、1985年以降、上昇し続けていた対中貿易赤字額は、2022年に3818億ドルとなり、貿易赤字総額の約4割を占めている。

### 南沙諸島

南シナ海の南部に位置する小島や砂州、岩礁などからなる諸島。スプラトリー諸島ともいう。周辺諸国である中国やベトナム、フィリピンなどがそれぞれ領有権を主張しており、中国はこの海域の岩礁などを埋め立てて人口島を建設しているが、国際法上は「島」と認められていない。

### 対外直接投資（FDI）

ある国が国外で経営参加や技術提携を目的に行う投資で、永続的に利益を獲得するために資本を投下して事業を営むもの。現地法人設立や資本参加、不動産取得などを行う。従来は先進国間の FDI が多かったが、近年では新興国への投資が拡大している。

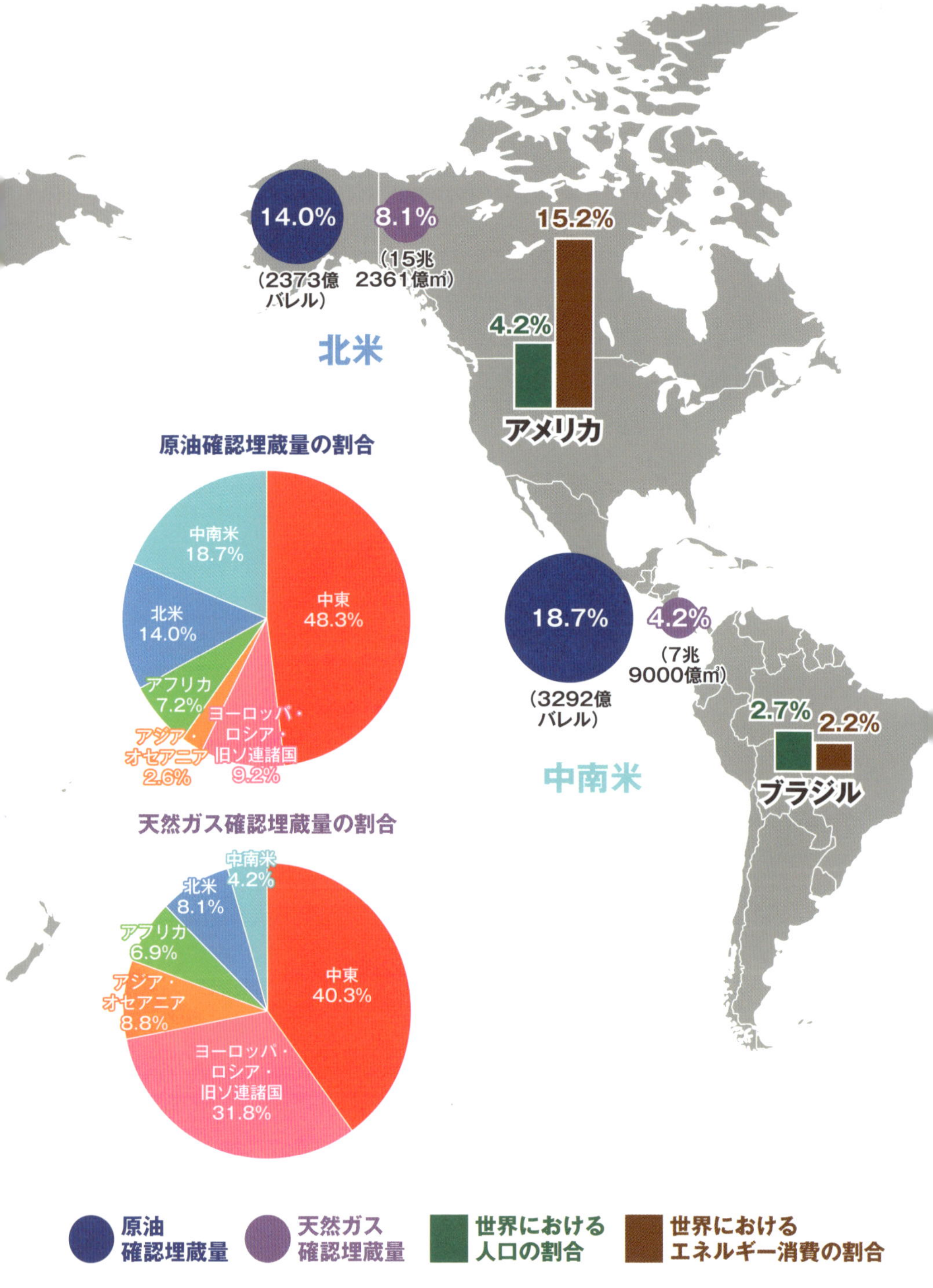
14.0%
（2373億
バレル）
8.1%
（15兆
2361億㎥）
15.2%
4.2%
アメリカ
北米
原油確認埋蔵量の割合
中南米
18.7%
中東
48.3%
北米
14.0%
アフリカ
7.2%
ヨーロッパ・
ロシア・
旧ソ連諸国
9.2%
アジア・
オセアニア
2.6%
18.7%
（3292億
バレル）
4.2%
（7兆
9000億㎥）
2.7%
2.2%
ブラジル
中南米
天然ガス確認埋蔵量の割合
中南米
4.2%
北米
8.1%
アフリカ
6.9%
アジア・
オセアニア
8.8%
中東
40.3%
ヨーロッパ・
ロシア・
旧ソ連諸国
31.8%
原油
確認埋蔵量
天然ガス
確認埋蔵量
世界における
人口の割合
世界における
エネルギー消費の割合

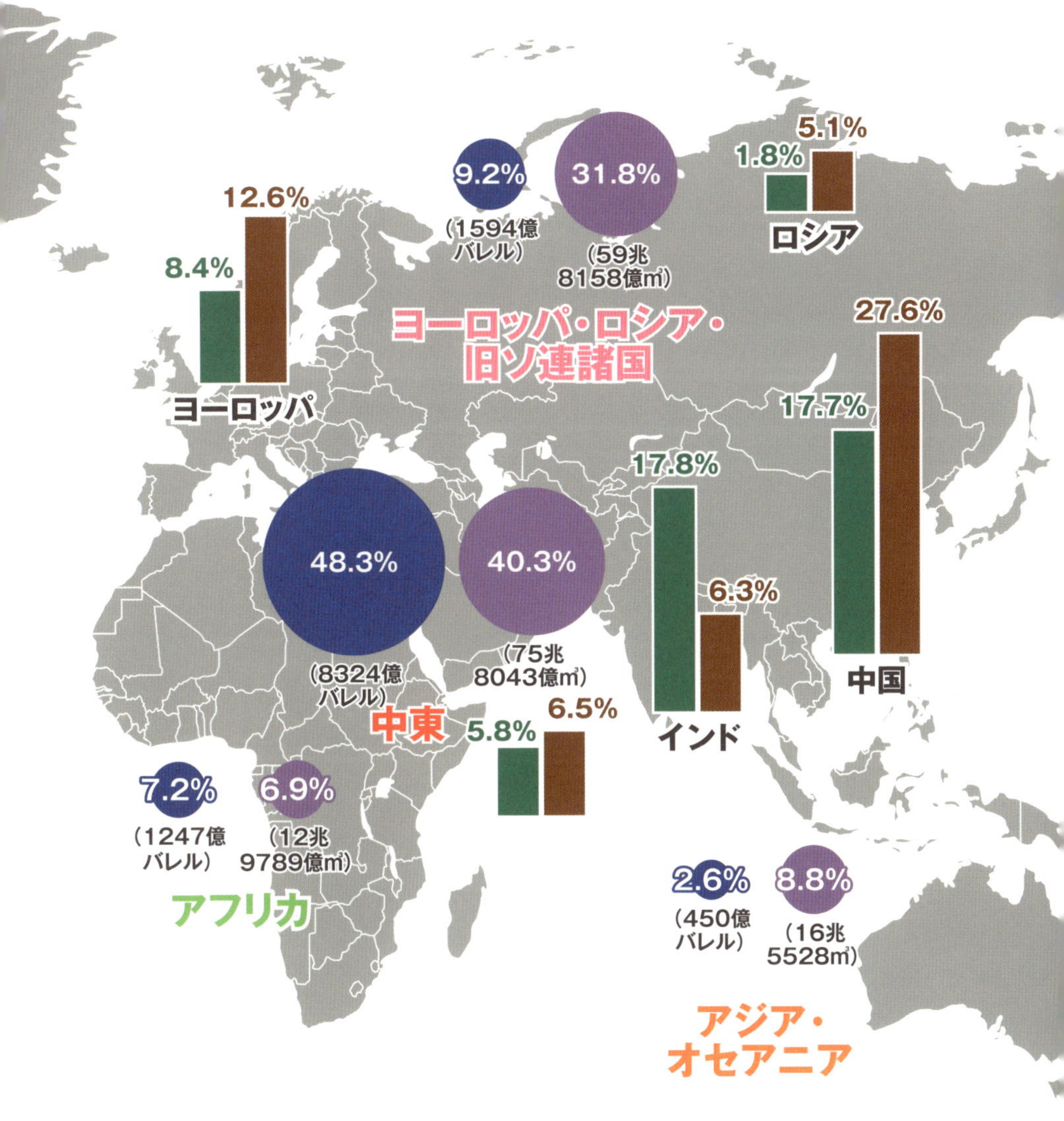


# 世界のエネルギー埋蔵量と消費量

中東は、原油、天然ガスともに埋蔵量が豊富で、原油は世界の埋蔵量の半分近くを占めている。また、人口に対するエネルギー消費の割合は欧米が圧倒しており、世界の人口の約 10 分の 1 強で世界のエネルギーの 3 割近くを消費している。とくにアメリカが突出しており、自国での供給ではまかなえないため、現状では中東との関係を重視している。

出典：BP「Statiscal Review of World Energy 2021」、EI「Statistical Review of World Energy 2024」
※確認埋蔵量は 2020 年末時点のもの、人口割合とエネルギー消費の割合は 2023 年のデータを使用。

# 経済制裁を行うアメリカと反米国家イランの緊張関係

## 資源権益優先の中東政策が緊迫する対立構造を生んだ

現在、北朝鮮とともにアメリカと敵対関係にあるのが、人口8900万人強のイランだ。2020年の原油確認埋蔵量は世界第4位、天然ガス埋蔵量は世界第2位という中東きっての資源大国である。

第二次世界大戦後、アメリカの中東戦略は、ペルシャ湾岸地域の膨大な石油資源の権益確保、産油国との石油ルートの維持、東西冷戦下におけるソ連の影響力拡大の阻止を目的とした。そのため、サウジアラビア（2020年の原油確認埋蔵量世界第2位）、イランとの関係強化が石油資源の安定供給に必須で、東西冷戦時代は両国とも自由主義諸国の盟主として、アメリカの重要な同盟国であった。

しかし、1979年、親米政権であったイランの**パフラヴィ朝**が、宗教指導者**ホメイニ師**の指導のもとで起こったイラン革命によって崩壊する。以降、アメリカとイランの関係は悪化の一途をたどる。

イランとの関係を修復するため、アメリカは2015年にオバマ政権が**核合意を締結**する。しかし、2018年にはトランプ政権が突如この合意からの離脱を宣言。一時は解除されていたイランに対する経済制裁が再開され、イランも対抗措置として核合意の制限を破棄した。長引く経済制裁でイラン国内の経済状況は悪化し、反米強硬派の意見が強まっている。

核合意の立て直しに向けて、2021年から協議が進められているが、両国の主張は対立し、この先も難航することが予測される。

## 中東地域における米軍展開数（2020年）

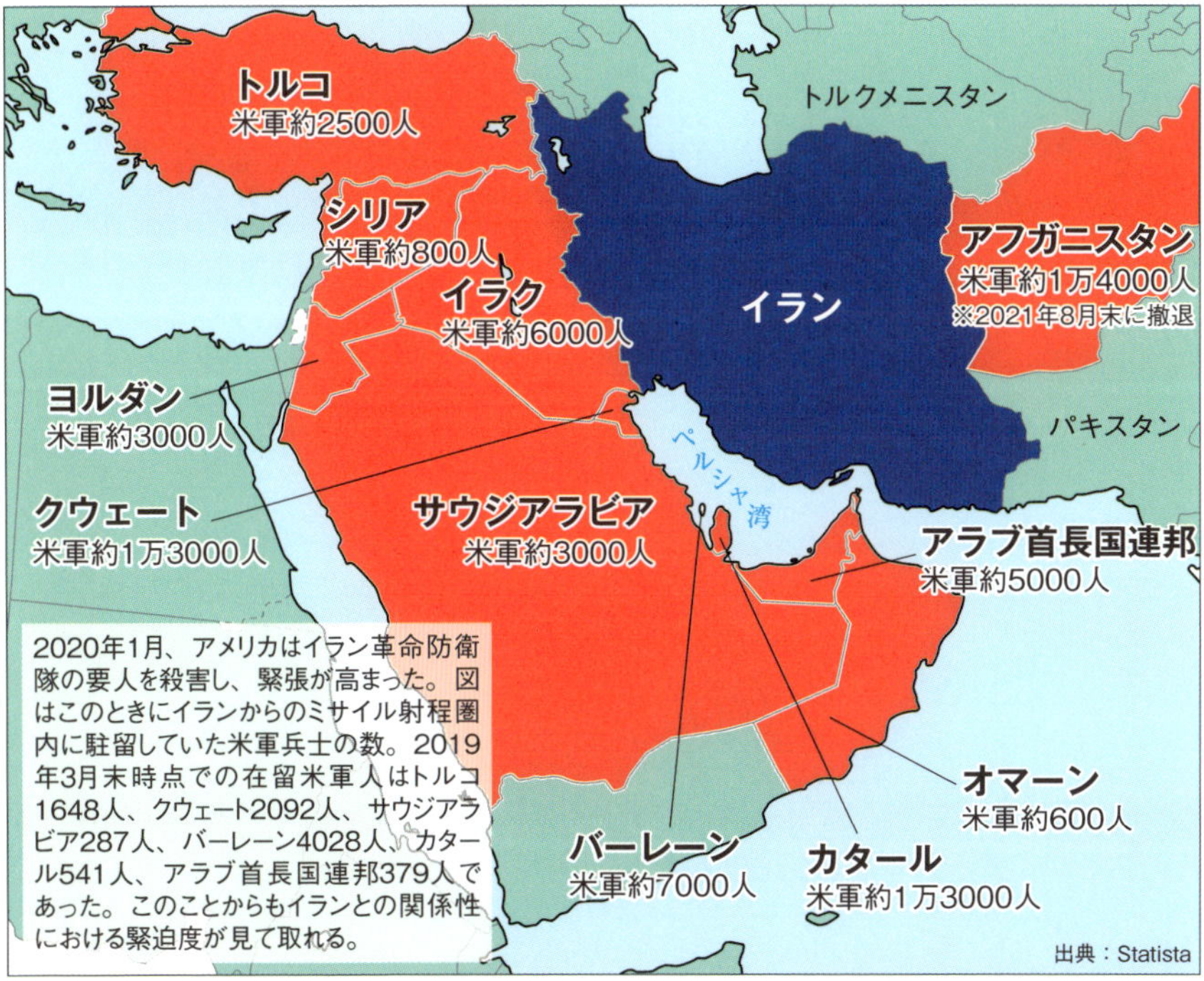
トルコ
米軍約2500人
トルクメニスタン
シリア
米軍約800人
イラク
米軍約6000人
イラン
アフガニスタン
米軍約1万4000人
※2021年8月末に撤退
ヨルダン
米軍約3000人
パキスタン
ペルシャ湾
クウェート
米軍約1万3000人
サウジアラビア
米軍約3000人
アラブ首長国連邦
米軍約5000人
オマーン
米軍約600人
バーレーン
米軍約7000人
カタール
米軍約1万3000人

2020年1月、アメリカはイラン革命防衛隊の要人を殺害し、緊張が高まった。図はこのときにイランからのミサイル射程圏内に駐留していた米軍兵士の数。2019年3月末時点での在留米軍人はトルコ1648人、クウェート2092人、サウジアラビア287人、バーレーン4028人、カタール541人、アラブ首長国連邦379人であった。このことからもイランとの関係性における緊迫度が見て取れる。

出典：Statista

## 用語解説

### パフラヴィ朝

イラン最後の王朝（1925～1979年）。1941年に父の跡を継いだモハンマド・レザー・パフラヴィ（パフラヴィ2世）が即位すると、イギリス・ソ連と対峙するため親米政策をとってアメリカの傀儡政権となる。1963年以降、イギリス・アメリカ・日本への石油輸出の外貨収入をもとに、国王主導で工業化・近代化政策である「白色革命」を進めた。しかし、原油価格下落による経済危機が1979年の民衆蜂起を招き、パフラヴィ朝は崩壊した。

### ホメイニ師

アーヤトッラー・ルーホッラー・ホメイニー。1902～1989年。政治家、法学者であり、シーア派の最大宗派である十二イマーム派の精神的指導者。1979年に「イラン革命」を主導し、国王パフラヴィ2世を国外追放して革命政府を組織した。直後にイラン＝イスラム共和国を樹立すると、終身任期の最高指導者（国家元首）となる。1989年に亡くなるまで、イスラム原理主義と米国への強硬な対立姿勢を貫いた。イランの最高指導者は、ハメネイ師（アリー・ハーメネイー）が継いでいる。

### 核合意を締結

アメリカ、イギリス、フランス、ドイツ、ロシア、中国の6カ国とイランが、2015年に結んだ国際合意。イランが自主的に核兵器開発を中止する見返りとして、1979年から続く欧米による経済制裁（原油の禁輸措置や金融資産の凍結など）を解除する内容だった。2018年、アメリカのトランプ政権が一方的に離脱し、イランへの経済制裁に転じたため、核合意は不完全なものになった。その後、再合意に向けて交渉が進められているが、アメリカとイランの言い分が対立し、進捗は思わしくない。

# アメリカのシェール革命がアジア海域の命運を握る？

## 中国とアメリカで異なるエネルギー需要の中東依存

世界で最も石油を消費し続けるアメリカは、2017年に原油産出量第1位の座をサウジアラビアから奪った。この逆転には原油生産技術の変化が関わっている。

アメリカの国土の地下2000~4000メートルには**シェール層**があり、膨大な石油や天然ガスが眠る。しかし、20世紀までは、これら化石燃料の抽出が技術的に難しく、コストも高額であった。その結果、エネルギー需要は中東に依存せざるを得なかった。

ところが2000年代以降の技術革新により、シェール層からのオイル・ガスの抽出が容易になる（シェール革命）。さらに一時的な原油価格の高騰により、シェール系燃料と原油の価格が逆転する。シェール層からの産出量が飛躍的に増加し、アメリカはエネルギー需要に関し、必ずしも中東依存を必要としない可能性も高まった。

ただし、この状況は原油価格の推移に依存しているため、シェール系燃料への完全な移行にはまだ時間がかかると考えられている。

一方、中国は、中東へのシーレーン確立に向けて、軍事的な海洋進出の圧力を増しつつある。アメリカは日本をはじめとした**アジア地域の同盟国や友好国の安全保障**を担っているため、**インド洋から東シナ海へとつながるシーレーン**を、中国の動きに対抗して防衛しなければならない。エネルギーコストや経済・軍事面のバランスが絡むため、アメリカにとって大きなジレンマとなっている。

## シェール系化石燃料（石油・天然ガス）の可採埋蔵量分布

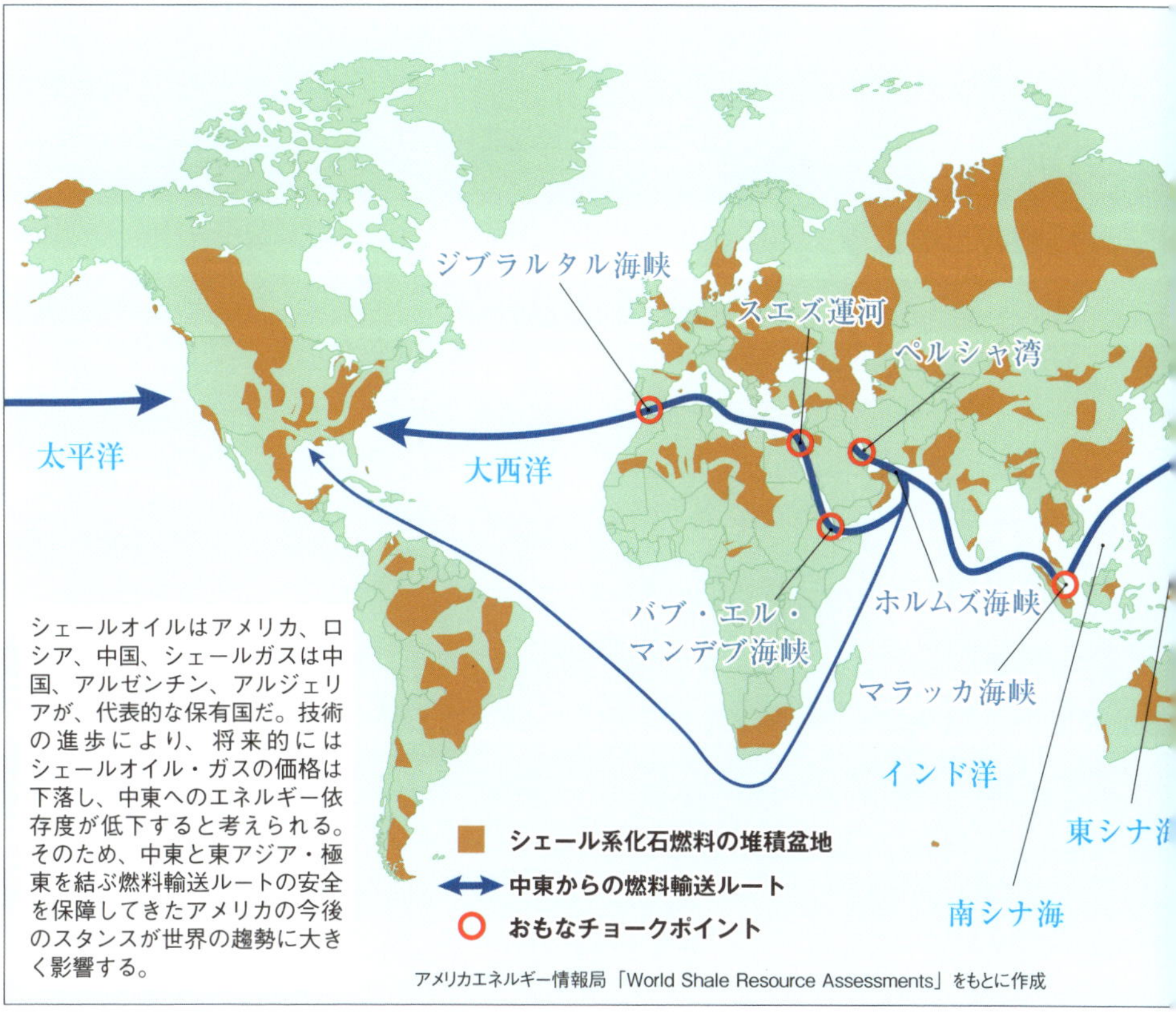
ジブラルタル海峡
スエズ運河
ペルシャ湾
太平洋
大西洋
バブ・エル・マンデブ海峡
ホルムズ海峡
マラッカ海峡
インド洋
東シナ
南シナ海
シェール系化石燃料の堆積盆地
中東からの燃料輸送ルート
おもなチョークポイント

シェールオイルはアメリカ、ロシア、中国、シェールガスは中国、アルゼンチン、アルジェリアが、代表的な保有国だ。技術の進歩により、将来的にはシェールオイル・ガスの価格は下落し、中東へのエネルギー依存度が低下すると考えられる。そのため、中東と東アジア・極東を結ぶ燃料輸送ルートの安全を保障してきたアメリカの今後のスタンスが世界の趨勢に大きく影響する。

アメリカエネルギー情報局「World Shale Resource Assessments」をもとに作成

## 用語解説

### シェール層

頁岩（けつがん）という堆積岩の層に含まれる天然ガスをシェールガス、同様に石油をシェールオイルという。アメリカはシェールガス・オイルの抽出に成功し、それにより利用可能な化石燃料の推定埋蔵量を格段に増やして、中東に対するエネルギー資源の依存度を下げている。

### アジア地域の同盟国や友好国の安全保障

アメリカは、日本と日米安全保障条約、韓国と米韓相互防衛条約、フィリピンと米比相互防衛条約を締結し、タイとは相互防衛義務を交わしている。さらに、台湾、インドネシア、マレーシア、シンガポール、ベトナムなどの安全保障も担っており、その範囲はアジア太平洋地域全体に広がる。

### インド洋から東シナ海へとつながるシーレーン

ホルムズ海峡とマラッカ海峡、南シナ海を経て、東シナ海を通るルートは、中東からの石油を極東地域へ運ぶ最短ルートである。しかし海賊・海洋テロ問題に加え、中国の積極的な海洋進出によって生じる軋轢など、防衛上の課題が山積みになっている。

シコ湾
キューバ
カリブ海
パナマ
ガイアナ
スリナム
ベネズエラ
ギアナ
コロンビア
エクアドル
ブラジル
ペルー
ボリビア
パラグアイ
ウルグアイ
チリ
アルゼンチン

| ブラジルの基本データ（2023年） | |
|---|---|
| 面積 | 851 万 2000㎢ |
| 人口 | 2 億 1640 万人 |
| 名目 GDP | 2 兆 1737 億ドル |
| 貿易輸出額 | 3397 億ドル |
| 貿易輸入額 | 2527 億ドル |

メキシコ

# 中南米の概要

覇権国家・アメリカの影響を強く受けている中米は、カリブ海を含めて「アメリカの裏庭」と呼ばれる。しかし、アメリカの威勢は2001年9月11日に発生したアメリカ同時多発テロ以来弱まっている。アメリカの外交などに不満を持っていた中南米の国々では、反米左派政権が次々と誕生している。この状況に目を付けたのが、アメリカと覇権争いをしている中国だ。融資や貿易を行うことで中南米への影響力を強め、中南米は「中国の裏庭」になりつつある。

### メキシコの基本データ（2023年）

| | |
|---|---|
| 面積 | 196万㎢ |
| 人口 | 1億2850万人 |
| 名目GDP | 1兆7889億ドル |
| 貿易輸出額 | 5930億ドル |
| 貿易輸入額 | 6215億ドル |

### キューバの基本データ（2023年）

| | |
|---|---|
| 面積 | 10万9884㎢ |
| 人口 | 1120万人 |
| 名目GDP | 1472億ドル |
| 貿易輸出額 | 19億ドル |
| 貿易輸入額 | 89億ドル |

※キューバの名目GDPは、2022年の国連統計を使用。

### アメリカとメキシコの国境の壁

アメリカとメキシコの国境にある壁は不法移民の流入だけでなく、野生動物の移動も制限することになり、環境にも影響する。

### キューバ危機で配備したミサイル

キューバのハバナにあるカバーニャ要塞には、キューバ危機の際にソ連が配備したミサイルが現在も残されている。

太平洋

### 周辺関連諸国軍事データ

| | 軍事費 | 現役軍人数 | 軍事費対GDP |
|---|---|---|---|
| メキシコ | 148億ドル | 41.2万人 | 0.83% |
| キューバ | 25億ドル | 4.6万人 | 1.72% |
| ブラジル | 248億ドル | 36万人 | 1.14% |

# フロリダから約１５０キロ「キューバ危機」と雪解け

## 史上初の核戦争の危機から半世紀を経て国交を正常化

２０１５年にオバマ政権は、半世紀以上にわたって断絶されていたキューバとの国交を正常化させた（**キューバの雪解け**）。

キューバが位置する**カリブ海**は、世界有数のチョークポイントであるパナマ運河を通じて、大西洋と太平洋をつないでいる。アメリカはパナマ運河の安全保障、海域の権益を守るため、カリブ海に点在する国々への軍事介入も辞さない方針を貫いてきた。その代表例が１９６２年の「キューバ危機」だ。

アンティル諸島のひとつであるキューバは、フロリダ半島から約１５０キロに位置する。１９０２年にスペインから独立したが、この際にアメリカは、自国の干渉権をキューバに認めさせた。１９５２年には、クーデターにより親米路線のバティスタ政権が誕生する。

１９５９年、政権独裁への反発と反米感情の高まりから、社会改革を目指す**カストロ**によるキューバ革命が起こり、同政権は後にこの海域初の社会主義政権となった。アメリカはキューバとの国交を断絶し、カストロ政権はソ連からの支援を受ける。ソ連はキューバでのミサイル基地建設計画を進め、米ソの対立はキューバ危機となって、核戦争一歩手前まで悪化した。瀬戸際の交渉により最悪の事態は回避されたが、社会主義政権下で財産を奪われたキューバ富裕層の多くがアメリカへと移住した。

その後、半世紀の時間が両国の軋轢をやわらげ、キューバの雪解けへと至っている。

## キューバ危機におけるアメリカとキューバの位置関係

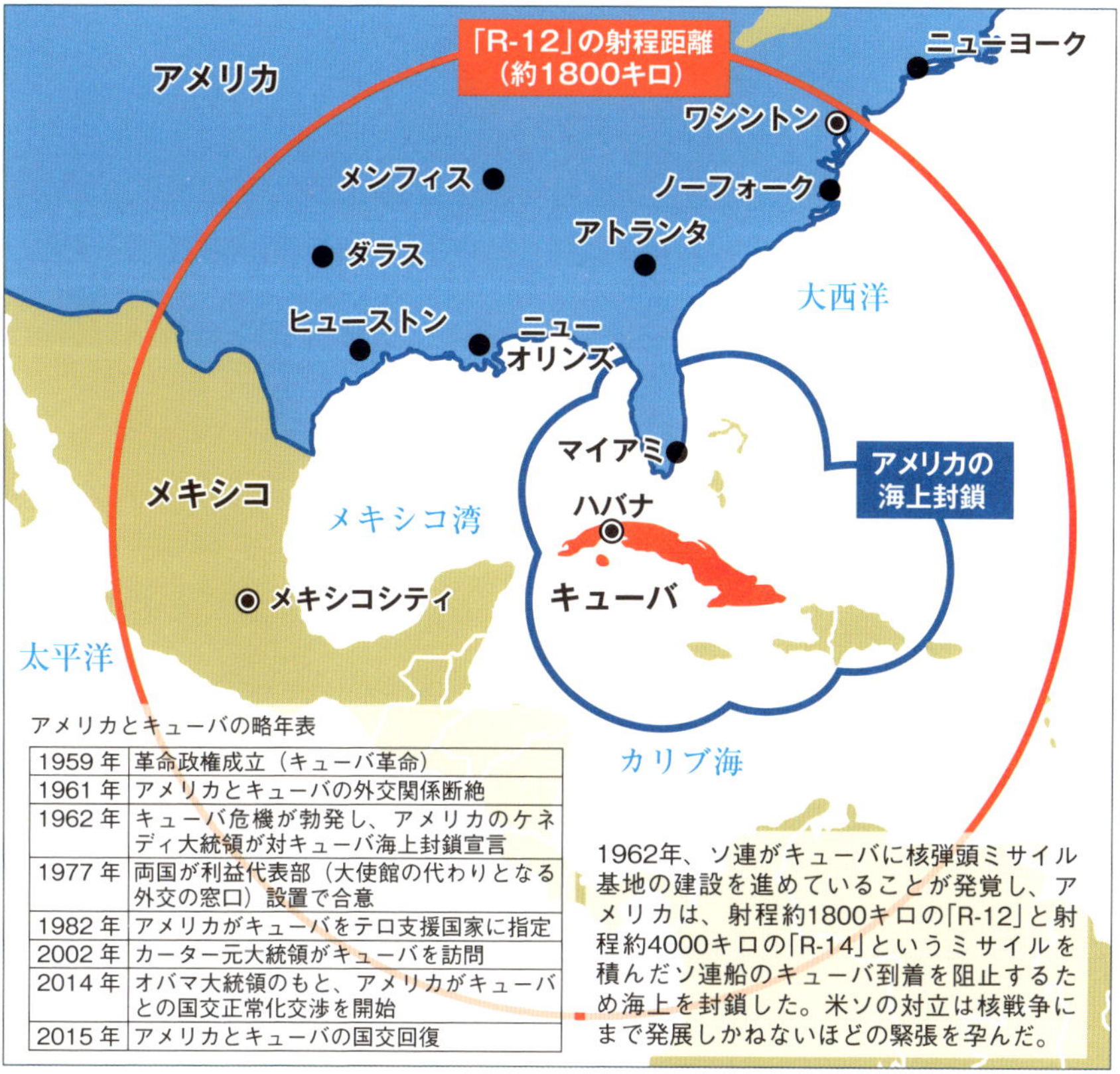


アメリカとキューバの略年表

| | |
|---|---|
| 1959 年 | 革命政権成立（キューバ革命） |
| 1961 年 | アメリカとキューバの外交関係断絶 |
| 1962 年 | キューバ危機が勃発し、アメリカのケネディ大統領が対キューバ海上封鎖宣言 |
| 1977 年 | 両国が利益代表部（大使館の代わりとなる外交の窓口）設置で合意 |
| 1982 年 | アメリカがキューバをテロ支援国家に指定 |
| 2002 年 | カーター元大統領がキューバを訪問 |
| 2014 年 | オバマ大統領のもと、アメリカがキューバとの国交正常化交渉を開始 |
| 2015 年 | アメリカとキューバの国交回復 |

1962年、ソ連がキューバに核弾頭ミサイル基地の建設を進めていることが発覚し、アメリカは、射程約1800キロの「R-12」と射程約4000キロの「R-14」というミサイルを積んだソ連船のキューバ到着を阻止するため海上を封鎖した。米ソの対立は核戦争にまで発展しかねないほどの緊張を孕んだ。

## 用語解説

### キューバの雪解け

2015年、アメリカは1982年から続くキューバに対する「テロ支援国家」の指定を解除し、1961年の国交断絶以来の関係回復へと動いた。ロシアとの関係悪化で足元を固めたいアメリカの思惑と、ベネズエラとの関係悪化で生じた石油の輸入減少を補完したいキューバの思惑とが一致したことによる。

### カリブ海

カリブ海と大西洋を区切るように並ぶアンティル諸島など、多数の島嶼に多数の国や自治領が点在する多島海。この領域への影響力が強いアメリカは、敵対勢力の侵食に過敏な反応を示すことが多い。

### カストロ

フィデル・カストロ。1926 ～ 2016年。1959年にキューバ革命を主導してバティスタ政権を打倒し、首相に就任した。政権奪取後、砂糖を巡るアメリカの莫大な権益を排除するため、アメリカ資本の企業を国有化し、両国間の関係は悪化した。1961年にはアメリカとの国交を断絶して、社会主義革命を宣言する。1976年から2006年まで国家評議会議長（国家元首）に就いている。

## 地政学の気になる話 ❷

# メキシコの麻薬組織とアメリカ

メキシコは、世界における麻薬密売の温床として知られる。

人口は日本とほぼ同数の約1億2850万人で、国土面積は日本の約5倍の196万平方キロでありながら、名目GDPは1兆7889億ドル（2023年）と日本の4割程度でしかない。長期にわたる不安定な経済状況がもたらす貧困と、教育機会の不平等さによる雇用不安にさらされている。銃器の所持率も高く、殺人や強盗などの暴力的な犯罪が多い。治安情勢は年々悪化の度合いを深めているといえる。

地形としては、山岳地帯が多く、広い海岸線を有しており、隣国のアメリカとは3000キロ以上にも及ぶ国境線で接している。そのため、南米各地から麻薬を運び入れやすく、アメリカへと持ち出しやすい。このような理由から、麻薬運搬の中継地になり、麻薬カルテルが国内全土にはびこる麻薬密売の温床になっているというわけだ。

南北アメリカ大陸における麻薬の一大供給地は一貫して中南米である。アメリカで最初に麻薬が大規模に広がった1960〜70年代は、中米からカリブ海を越えた密輸ルートが主流であった。しかし、1981年に大統領となったロナルド・レーガンが強力な麻薬掃討作戦を実施したため、空路や海路での密輸は壊滅的な打撃を受けた。それに代わって登場したのが、長大な国境を通じてアメリカと地続きの地勢的メリットを持つメキシコであった。

さらにメキシコは、1994年の北米自由貿易協定（NAFTA）により輸入が急増し、国内産業が崩壊してしまう。財政悪化に伴う公共教育サービスの低下によって教育機会を奪われ、国民は生活のために麻薬を代表とした非合法就労へと流れることとなった。国家的貧困へと転落したメキシコにとって、麻薬カルテルは闇マネーによる最大のビジネスと化してしまったのだ。メキシコの経済環境改善の道筋が未だ見えないなか、治安の改善もまだまだ遠いといわざるを得ない。

Chapter3

# 経済の急成長を背景に海洋進出する大陸国家

# 中国

「一帯一路」の実現を目的とした他国への攻勢と現在の状況、台湾や香港に対する姿勢、内包する少数民族の問題など、2000年代以降に急発展を遂げた中国の情勢を掘り下げる。

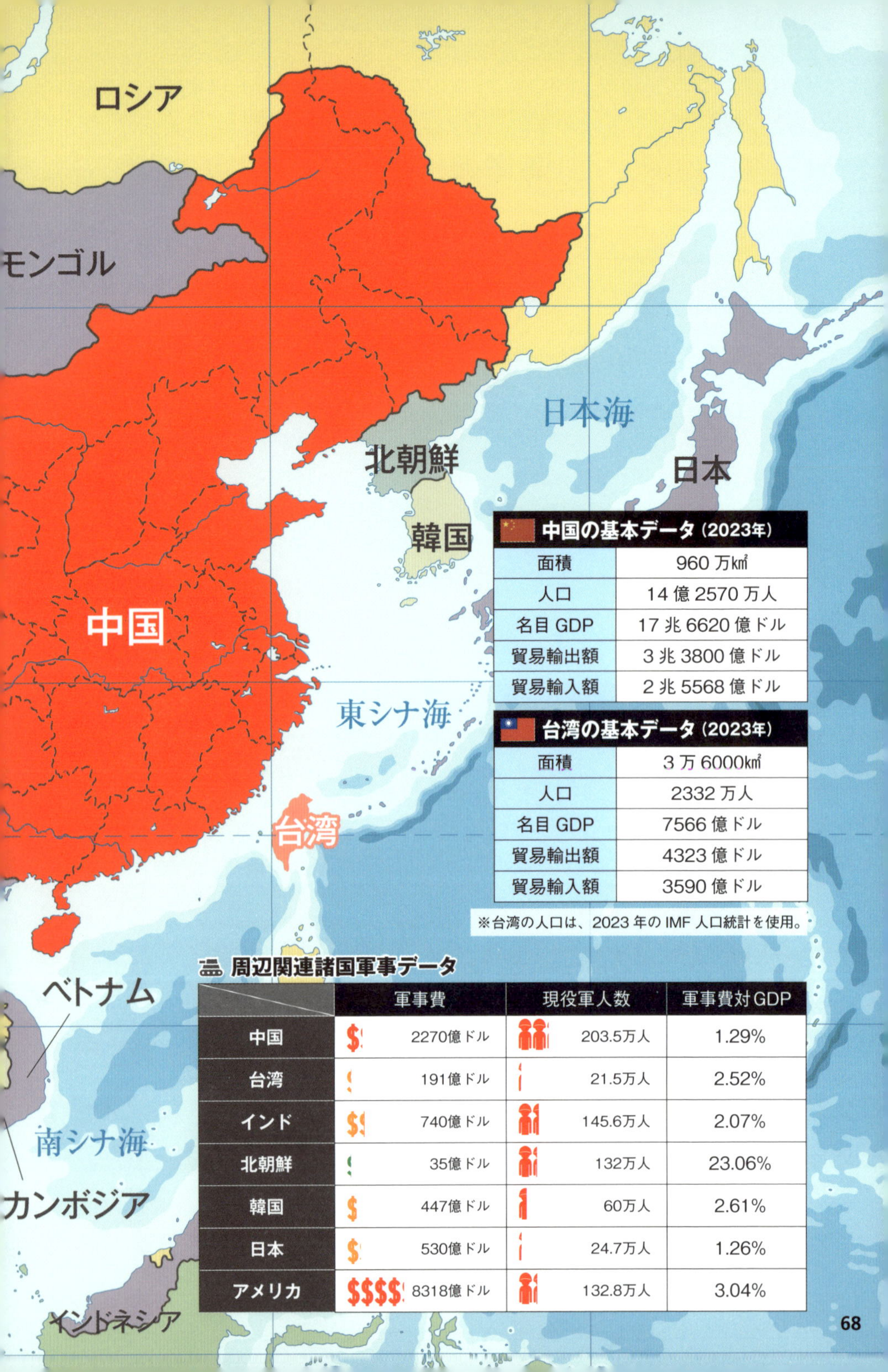
ロシア
モンゴル
北朝鮮
日本海
日本
韓国
中国
東シナ海
台湾
ベトナム
南シナ海
カンボジア
インドネシア

### 中国の基本データ（2023年）

| | |
|---|---|
| 面積 | 960万㎢ |
| 人口 | 14億2570万人 |
| 名目GDP | 17兆6620億ドル |
| 貿易輸出額 | 3兆3800億ドル |
| 貿易輸入額 | 2兆5568億ドル |

### 台湾の基本データ（2023年）

| | |
|---|---|
| 面積 | 3万6000㎢ |
| 人口 | 2332万人 |
| 名目GDP | 7566億ドル |
| 貿易輸出額 | 4323億ドル |
| 貿易輸入額 | 3590億ドル |

※台湾の人口は、2023年のIMF人口統計を使用。

### 周辺関連諸国軍事データ

| | 軍事費 | 現役軍人数 | 軍事費対GDP |
|---|---|---|---|
| 中国 | 2270億ドル | 203.5万人 | 1.29% |
| 台湾 | 191億ドル | 21.5万人 | 2.52% |
| インド | 740億ドル | 145.6万人 | 2.07% |
| 北朝鮮 | 35億ドル | 132万人 | 23.06% |
| 韓国 | 447億ドル | 60万人 | 2.61% |
| 日本 | 530億ドル | 24.7万人 | 1.26% |
| アメリカ | 8318億ドル | 132.8万人 | 3.04% |

# 中国の概要

中国は大陸国でありながら、近年は「一帯一路」政策をはじめ、海洋進出に積極的でシーパワー国家へと転換した。また、国内の治安維持や言論の統制に関する公共安全支出が、2010 年頃から国家防衛予算を上回っている。2019 年は公安支出が約 1 兆 3900 億元（約 23 兆 6300 億円）、国防費が 1 兆 1899 億元（約 20 兆 2279 億円）であった。これは、人口の 9 割を占める漢民族の他に 55 もの少数民族が存在することが理由だ。2009 年のウイグル騒乱、2011 年以来増加するチベット族による抗議自殺など、2010 年前後に起こったさまざまな少数民族問題がきっかけとなった。

カザフスタン
タジキスタン
アフガニスタン
パキスタン
ネパール
ブータン
インド
バングラデシュ
ミャンマー
ラオス
タイ
インド洋
スリランカ
シンガポール
マレーシア


**新疆ウイグル自治区**

自治区首府であるウルムチは、ウイグル族、漢族、回族など、さまざまな民族が暮らす新疆ウイグル自治区の経済・文化の中心地だ。

# 陸路と海路で経済圏を構築 中国による「一帯一路」構想

## 巨額の資本を途上国に投下 中国が主導する世界貿易

2013年、中国の**国家主席**に就任した**習近平**がその就任演説で「一帯一路」という広域経済圏構想を提唱した。現代のシルクロードとして、中国から中東を経てヨーロッパへと至る陸路と海路の巨大物流ルートを構築し、中国主導での世界貿易の促進を目的とする。

陸路である「一帯」は、「シルクロード経済ベルト」と称される。中核に位置付けられるのが「**中欧班列**」という貨物鉄道網だ。ユーラシア大陸を横断し、中央アジアやロシアを経由してシベリア鉄道などにも乗り入れつつ、大きく3つのルートから中国とヨーロッパの25カ国200都市以上を結ぶ。

海路である「一路」は、「21世紀海上シルクロード」と称される。南シナ海からマラッカ海峡を抜けてインド洋を通り、ヨーロッパへと向かうルートが大動脈である。中国は、ミャンマーやバングラデシュ、パキスタンなどの開発途上国に巨額の資本を投下し、電力・通信インフラの整備や港湾の開発を支援することで、寄港地を増やして新しいルートも開拓している。

なお、経済支援を受け入れた国は大きなリスクも抱える。例えば、スリランカは中国の国有企業から融資を受けて南部のハンバントタ港を開発したが、その債務を返済できず、2017年には中国企業が同港の運営権を99年間にわたって租借することになった。2022年には同港に中国軍傘下の組織に所属する調査船が入港し、軍事活動と思われる調査を行っている。

## 「一帯一路」のルート

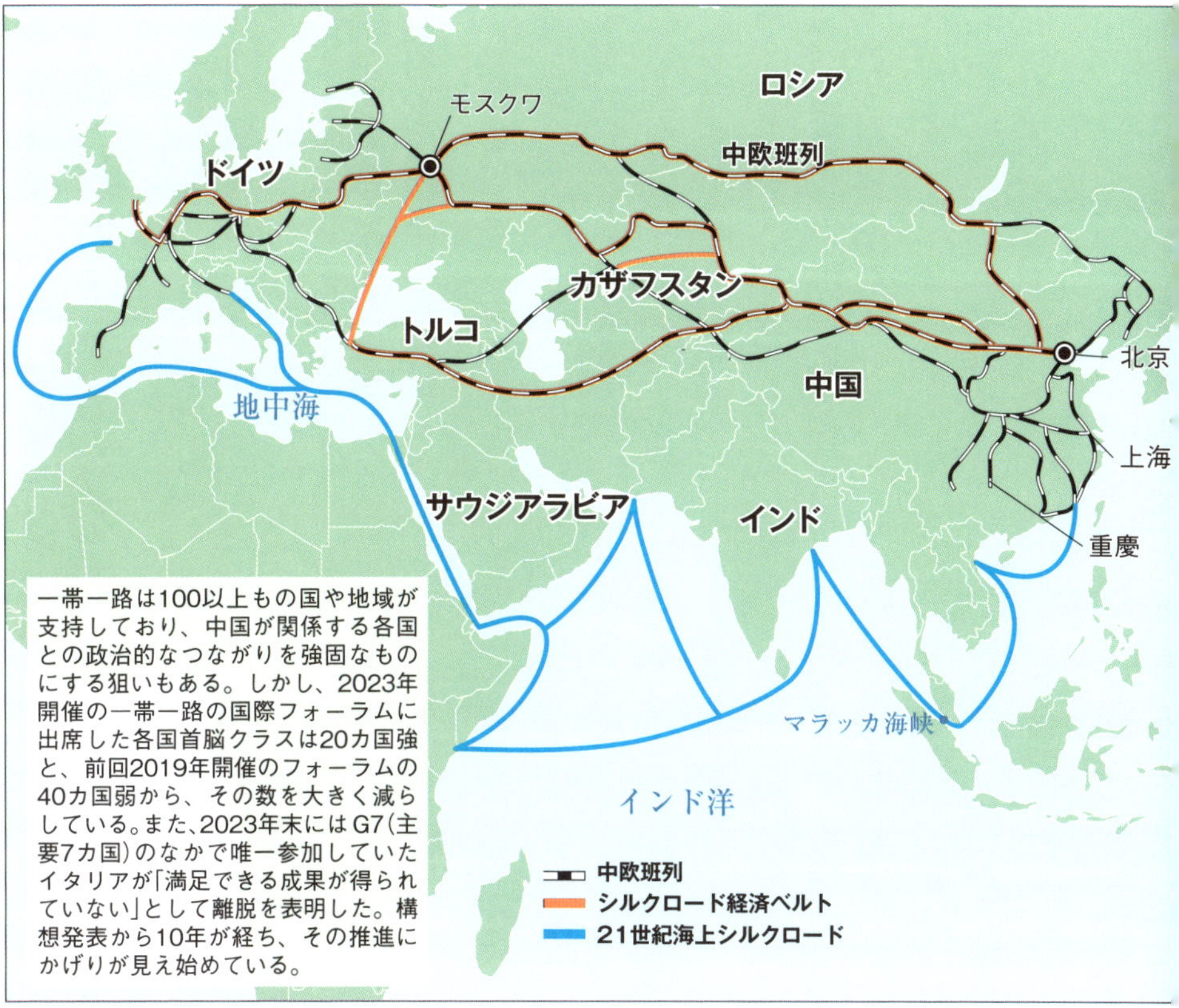
ロシア
モスクワ
中欧班列
ドイツ
カザフスタン
トルコ
中国
北京
地中海
上海
サウジアラビア
インド
重慶
マラッカ海峡
インド洋
中欧班列
シルクロード経済ベルト
21世紀海上シルクロード

一帯一路は100以上もの国や地域が支持しており、中国が関係する各国との政治的なつながりを強固なものにする狙いもある。しかし、2023年開催の一帯一路の国際フォーラムに出席した各国首脳クラスは20カ国強と、前回2019年開催のフォーラムの40カ国弱から、その数を大きく減らしている。また、2023年末にはG7(主要7カ国)のなかで唯一参加していたイタリアが「満足できる成果が得られていない」として離脱を表明した。構想発表から10年が経ち、その推進にかげりが見え始めている。

## 用語解説

### 国家主席

中華人民共和国の国家機関における最高位の役職。1993年以降、中国の最高指導者は慣例として、この国家主席、中国共産党の最高位である中央委員会総書記、中国人民解放軍の最高位である中央軍事委員会主席という3つの役職を兼任している。

### 習近平

1953年～。2013年、第7代国家主席に選出されて中国の最高指導者となった。2018年に憲法を改正して、2期10年という国家主席任期制限を撤廃する。2022年には、党指導部の68歳定年という不文律も破り、政権3期目へと突入した。権力の集中を強化し、4期目も視野に入れているとされる。

### 中欧班列

トランス・ユーラシア・ロジスティクス。ユーラシア大陸を横断して、中国各地からカザフスタンやロシアを経由し、ドイツなどのヨーロッパ諸国へと至る貨物鉄道。2011年の開業以降、急激に拡大する。現在は、ヨーロッパの約200の都市に乗り入れ、年間1万本以上が運行している。

# 南シナ海の海洋権益のため中国が独自に定めた九段線

## 周辺国と対立してまで主張中国のシーパワー化の理由

東アジアとインド洋をつなぐ南シナ海は、一帯一路の重要な海上ルートで、世界の海上輸送総量の約3分の1が通過する。また、石油や天然ガスなどの豊富なエネルギー資源が存在し、例えば海域南部に位置する南沙諸島周辺の海底には、石油が20億〜２０００億バレルも埋蔵していると推測される。

この南シナ海の領有権を巡っては、中国、台湾（中華民国）、ベトナム、フィリピン、マレーシア、ブルネイの6カ国が長年にわたり対立している。

中国は、１９５０年頃から独自に「九段線《きゅうだんせん》」と呼ばれる境界線を地図上に設定しており、南シナ海はほぼ全域がその範囲に含まれる。しかし、同海域には岩礁しかなく、国連海洋法上の島が存在していない。そこで、中国は岩礁を拡張して人工島を建設し、軍事拠点化を進めた。ベトナムやフィリピン、マレーシアなど、他のアジア諸国は九段線の存在を一切認めておらず、２０１6年にはハーグの**常設仲裁裁判所**が、中国の主張に法的根拠はないとの判決を出している。

アメリカは、中国の一方的な進出に対して、２０１４年以降、南シナ海にて**空母打撃群**の演習を何度も実施し、定期的に中国を牽制している。一方の中国は同海域に**弾道ミサイル**を発射するなど、対決姿勢を鮮明にする。

シーパワーのプレゼンスを強める中国を中心として、近隣のアジア諸国による南シナ海の領有権争いに解決の糸口は見えない。

## 南シナ海を取り囲む「九段線」

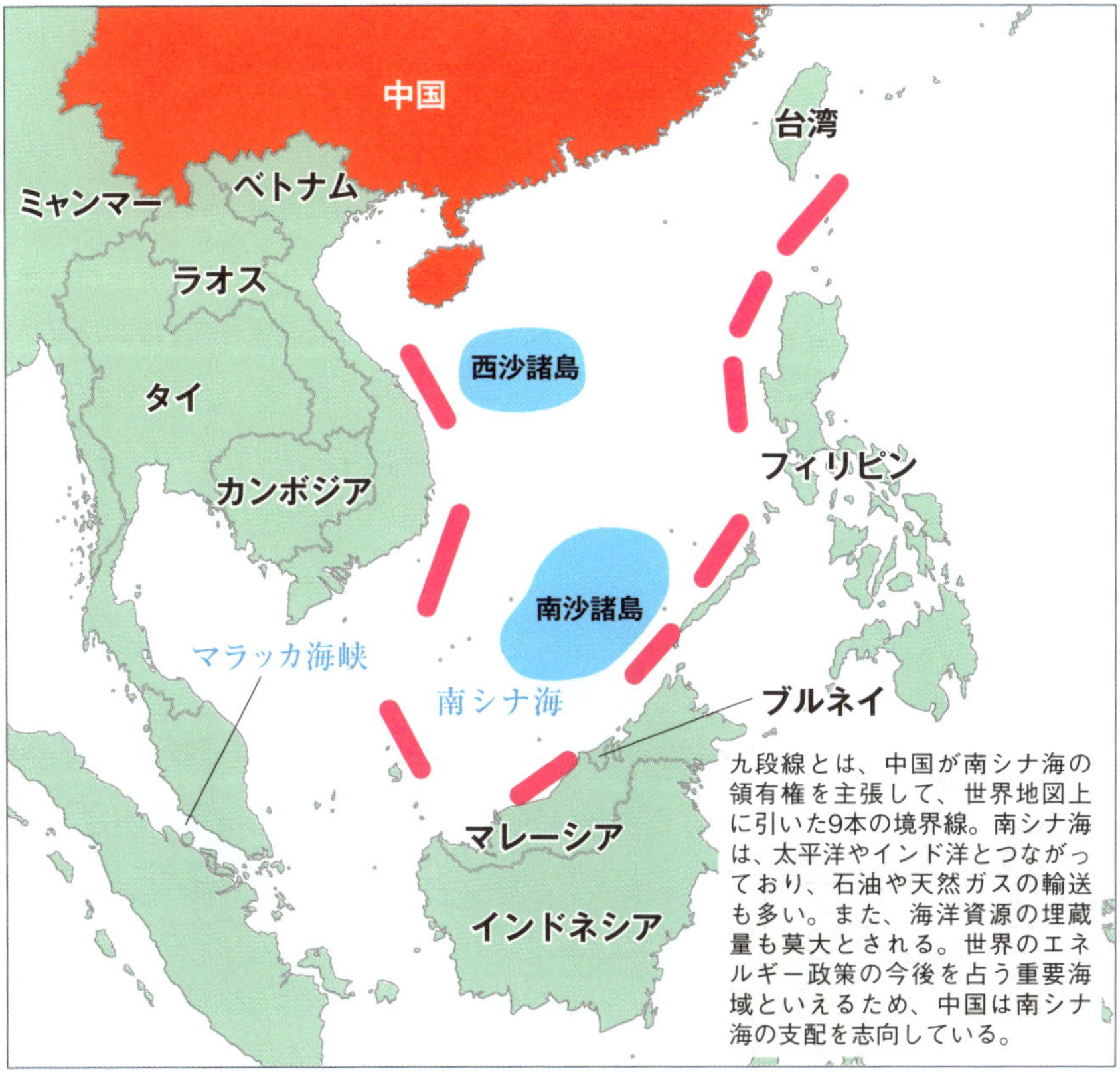


九段線とは、中国が南シナ海の領有権を主張して、世界地図上に引いた9本の境界線。南シナ海は、太平洋やインド洋とつながっており、石油や天然ガスの輸送も多い。また、海洋資源の埋蔵量も莫大とされる。世界のエネルギー政策の今後を占う重要海域といえるため、中国は南シナ海の支配を志向している。

## 用語解説

### 常設仲裁裁判所

外交上の手段によって処理できない国際紛争の仲裁を目的とした機関。事務局はオランダのハーグにあり、現在の締約国数は日本を含む121カ国。1899年のハーグ平和会議で締結された国際紛争平和的処理条約に基づき、1901年に設立された。なお、国際連合の国際司法裁判所とは別の機関である。

### 空母打撃群

Carrier Strike Group。航空母艦(空母)を中心に、それを護衛する巡洋艦や駆逐艦などで編成された海洋における戦術単位。アメリカ海軍では以前は空母戦闘群(Carrier Battle Group)と称したが、空対空や海上での戦闘から地対空や陸上への攻撃へと戦術の重点が変化したため、2004年に改称した。

### 弾道ミサイル

ロケットエンジンで推進し、弾道軌道(放物線)を描いて飛翔するミサイル。遠距離から発射され、大気圏や宇宙空間といった高々度を超高速で飛行するため、着弾精度は低いが探知は困難とされる。中国の保有は2000発近くともいわれ、2019年や2020年には中国本土から南シナ海に向けて発射された。

# インド洋を結ぶ経済回廊でエネルギールートを確保

## 脆弱なシーレーンを補完 ミャンマーのパイプライン

中国はエネルギーの供給に弱点を抱えている。近年のエネルギー自給率は80％強だが、石油自給率に限っては30％強に留まる。ロシアやサウジアラビア、イラクがおもな輸入元であり、２０２３年はロシアが首位の座に立った。

世界的にも石油輸送の要所であるインド洋～マラッカ海峡～南シナ海のルートは、アメリカ海軍の勢力下にある。米中関係が大きく影響するため、同海域でのプレゼンスを高める目的で中国は一帯一路のシーレーン確保（海上交通路）を推進してきた。その一環として、ジブチ、パキスタン、スリランカ、ミャンマー、カンボジアなどの港は整備が進んでいる。他にギリシャなど、中国が関連する港湾プロジェクトは、世界で40以上にのぼる。

また、ロシアをはじめとする内陸からの調達や、チョークポイントのマラッカ海峡を避けるため、中国西南部とインド洋とを直接つなぐルートの開拓にも注力する。ミャンマーでは、西部のチャウピュ港と雲南省昆明を結ぶパイプラインが２０１３年から稼働した。それに沿うように「**経済回廊**」の計画も進められており、同様の計画はパキスタンでも展開されている。

天然ガスのおもな輸入元には、**オーストラリア**やロシアが名を連ねる。ただし、オーストラリア政府は**ヴィクトリア州による一帯一路構想の参加表明を破棄**するなど、中国の太平洋地域への進出は、着々と実績を積みつつあるインド洋への進出と様相が異なっている。

## 中国が開発を進めるエネルギー資源の輸送路

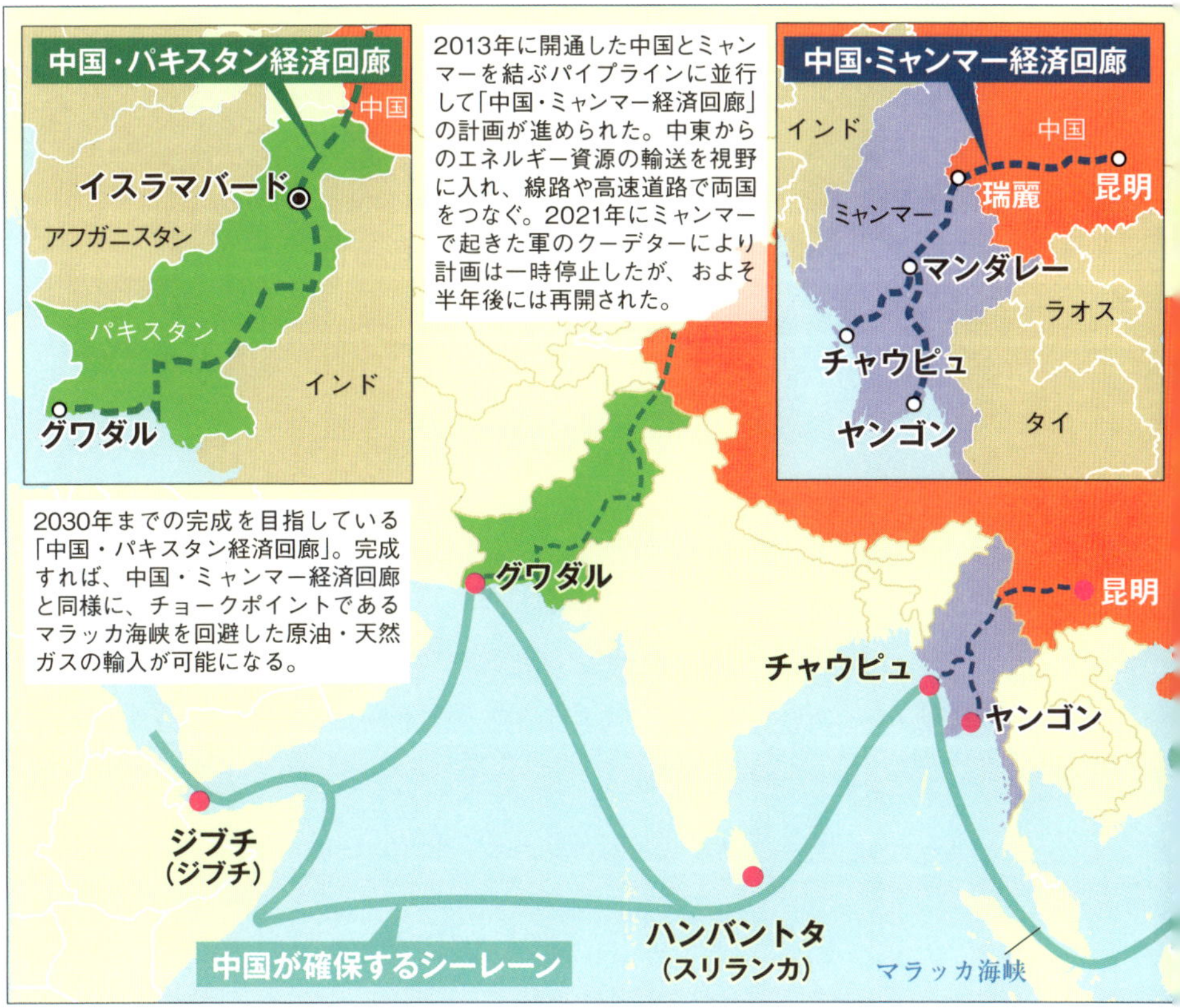
中国・パキスタン経済回廊
中国
イスラマバード
アフガニスタン
パキスタン
インド
グワダル
2013年に開通した中国とミャンマーを結ぶパイプラインに並行して「中国・ミャンマー経済回廊」の計画が進められた。中東からのエネルギー資源の輸送を視野に入れ、線路や高速道路で両国をつなぐ。2021年にミャンマーで起きた軍のクーデターにより計画は一時停止したが、およそ半年後には再開された。
中国・ミャンマー経済回廊
インド
中国
瑞麗
昆明
ミャンマー
マンダレー
ラオス
チャウピュ
ヤンゴン
タイ
2030年までの完成を目指している「中国・パキスタン経済回廊」。完成すれば、中国・ミャンマー経済回廊と同様に、チョークポイントであるマラッカ海峡を回避した原油・天然ガスの輸入が可能になる。
グワダル
昆明
チャウピュ
ヤンゴン
ジブチ
(ジブチ)
ハンバントタ
(スリランカ)
中国が確保するシーレーン
マラッカ海峡

### 用語解説

**経済回廊**

複数の国を跨いで物資運輸や人流を加速させる、道路や鉄道などのインフラを整備する構想。中国はインド洋と本国を直接結ぶため、ミャンマーとパキスタンの2系統の経済回廊開設を推進している。

**オーストラリア**

中豪関係は、1972年の国交樹立以降、2015年の豪中FTA(自由貿易協定)の成立など、経済面では順調に推移していた。2020年には、オーストラリアの輸出先の4割が中国であった。しかし、中国による内政干渉などでオーストラリア国内での経済上の懸念が高まり、関係が悪化。一時、中国は輸入制限などの貿易制裁を加えたが、現在は回復しつつある。

**ヴィクトリア州による一帯一路構想の参加表明を破棄**

オーストラリアの南東に位置するヴィクトリア州は、2018年に一帯一路構想へ参画する覚書を交わし、翌年に中国と協定を結んだ。しかし、2020年にオーストラリアで、州や準州が外国政府と締結した合意を連邦政府が無効にできる「外交関係法」が成立。翌年、中国との協定は破棄されることとなった。

# ランドパワー国家・中国の国境地帯と少数民族の問題

## 56の民族が構成する国での中央集権と民族自立の矛盾

2023年の中国の人口は約14億人。56の民族で構成されているが、人口の9割以上が漢族で、55は少数民族である。その代表が**ウイグル族**と**チベット族**で、それぞれ新疆《しんきょう》ウイグル自治区、チベット自治区にて自治を認められている。

この**民族区域自治**は5つ存在する。その面積は国土の45%を占め、うち4つが国境に位置している。つまり、少数民族問題はランドパワー国家・中国にとって、国家の安全保障に関わるといえる。

中国は19世紀のアヘン戦争以降、世界の帝国主義の草刈り場となった。第二次世界大戦後は、国家の独立を確固としたものにするため、「中華」の名のもとに民族をひとつにまとめ、末端までを中国共産党が厳格に指導する中央集権体制ができた。一方で、ソ連共産党にならい「諸民族の発展段階に応じて社会主義化を進める」という方針を立て、表面上の民族自立を掲げた。

しかし、これに大きな矛盾が生じる。1948～1951年のチベット併合後の圧政と弾圧や、ウイグル族に対する近年の強制労働や産児制限などがその代表事例だ。世界的に人権問題として非難の声が上がるが、中国は内政干渉としてこれに強く反発している。

また、新疆ウイグル自治区の首府ウルムチは、一帯一路構想の「一帯」の出発点で、中国の巨大経済圏構想の一大拠点となった。経済やエネルギー問題で周辺国に拡大圧力を強める中国にとって、少数民族問題は重要性を増している。

## おもな少数民族の分布と5つの民族区域自治

各民族区域自治の人口は、内モンゴル自治区が約2400万人（モンゴル族の割合は約17％）、新疆ウイグル自治区が約2600万人（ウイグル族の割合は約45％）、広西チワン族自治区が約5000万人（チワン族の割合は約33％）、寧夏回族自治区が約720万人（回族の割合は約20％）、チベット自治区が約360万人（チベット族の割合は約93％）となっている。

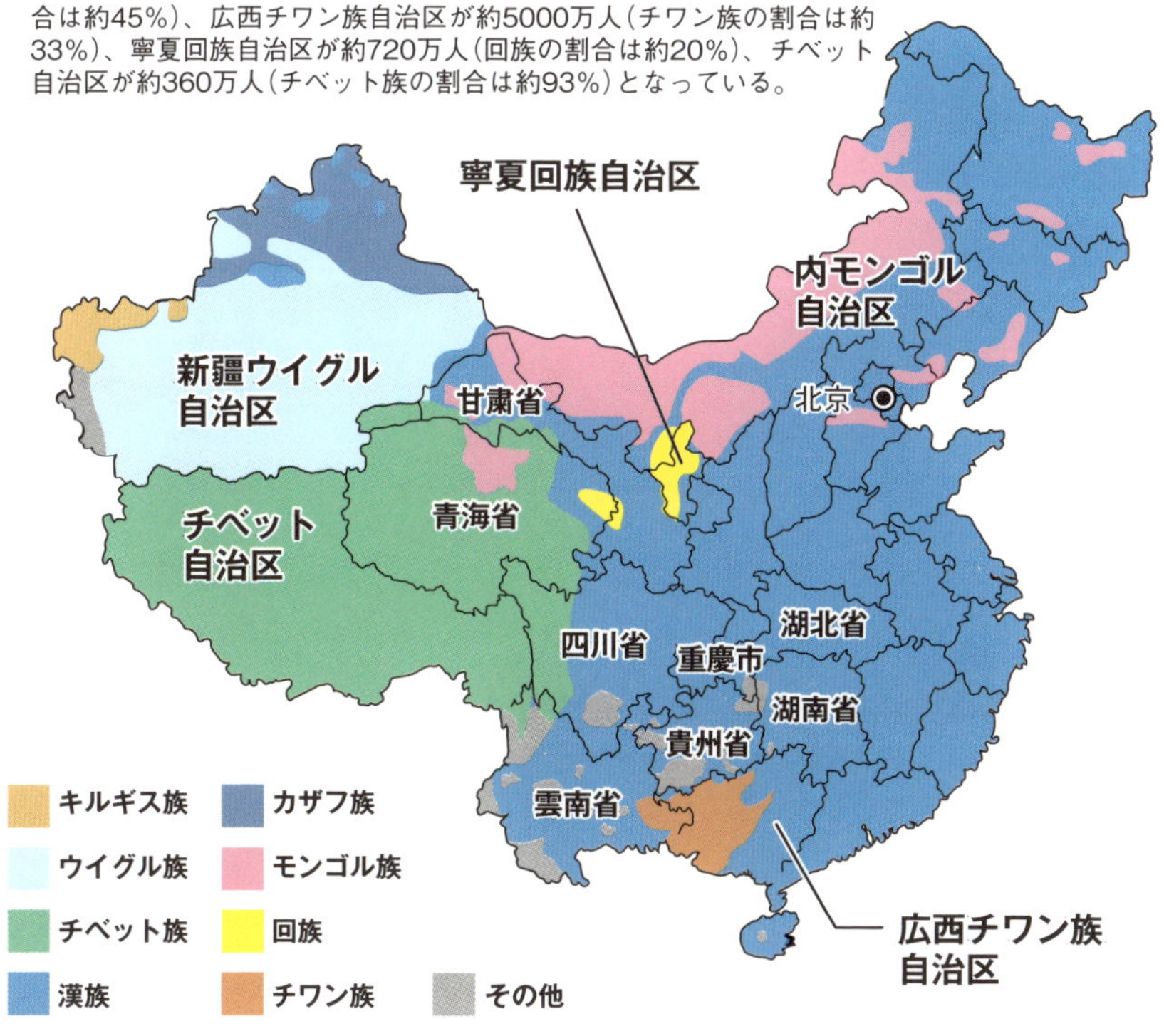
寧夏回族自治区
内モンゴル自治区
新疆ウイグル自治区
甘粛省
北京
青海省
チベット自治区
湖北省
四川省
重慶市
湖南省
貴州省
雲南省
広西チワン族自治区
キルギス族
カザフ族
ウイグル族
モンゴル族
チベット族
回族
漢族
チワン族
その他

## 用語解説

### ウイグル族

テュルク系の遊牧民族。多くがイスラム教を信仰する。タリム盆地のウイグル族は18世紀中頃までに清の支配下に入った。現在、新疆ウイグル自治区では中国政府がテロ対策と称し、数十万人のイスラム教徒の少数民族を非人道的な扱いで拘束・収監しているとして、国際的な問題となっている。

### チベット族

中国、ブータン、ネパール、インドに分布しているチベット語を話す民族。ブータンというチベット族の独立国家があるが、他国では少数民族として支配を受けている。中国ではチベット自治区で、2008年に大規模な暴動が起きたことにより監視の目が強まり、宗教や言語の自由が奪われている。

### 民族区域自治

漢民族以外で人口の多い少数民族の自治を認めるために設けられた政策。現在、内モンゴル自治区、新疆ウイグル自治区、広西チワン族自治区、寧夏回族自治区、チベット自治区の5つの自治区が設けられている。自治区内では、民族の文字や言語の使用、民兵部隊の組織などが認められている。

# 台湾には強硬姿勢を崩さず 香港には統制を強める中国

## 台湾とは海を挟んで対峙し 香港の一国二制度は形骸化

中国（中華人民共和国）と**台湾（中華民国）**は、ともに「自国こそが正統な中国」と主張している。1949年、国共内戦で勝利を収めて大陸を掌握した中国共産党と、台湾へ逃れた中国国民党が、それぞれ政府を樹立した。以来、最狭部で約130キロしかない台湾海峡を挟んで対峙している。

国土や人口、軍事力に至るまで圧倒的に中国が優位に立ちながらも、「二つの中国」は絶妙に均衡を保ってきたが、近年の中国は「一つの中国」の主張を強めている。

中国は21世紀に入って、シーパワーに注力している。その中国にとって、台湾は太平洋や南シナ海への航路に立ちはだかる障害物といえる。逆に統一がなされれば、台湾は海への重要な出口となる。

2022年、5年に一度の中国共産党大会にて、最高指導者である習近平は、今後の台湾政策について、最大限の平和的な統一への努力とともに「決して武力の使用を放棄することはしない」と述べ、中国の強い意志を示した。

その意志は**香港**に対して強権発動されている。中国は、香港が1997年にイギリスから返還された際、「**一国二制度**」を適用した。ところが、2020年に香港国家安全維持法を制定して言論の自由を制限。香港の議会・立法会の選挙制度も変更し、民主派を排除した。2024年3月には、国家反逆行為や破壊工作などの罰則を定めた国家安全条例も施行。実質的に「一国二制度」を骨抜きにした。

## 2022年8月に行った中国の軍事演習

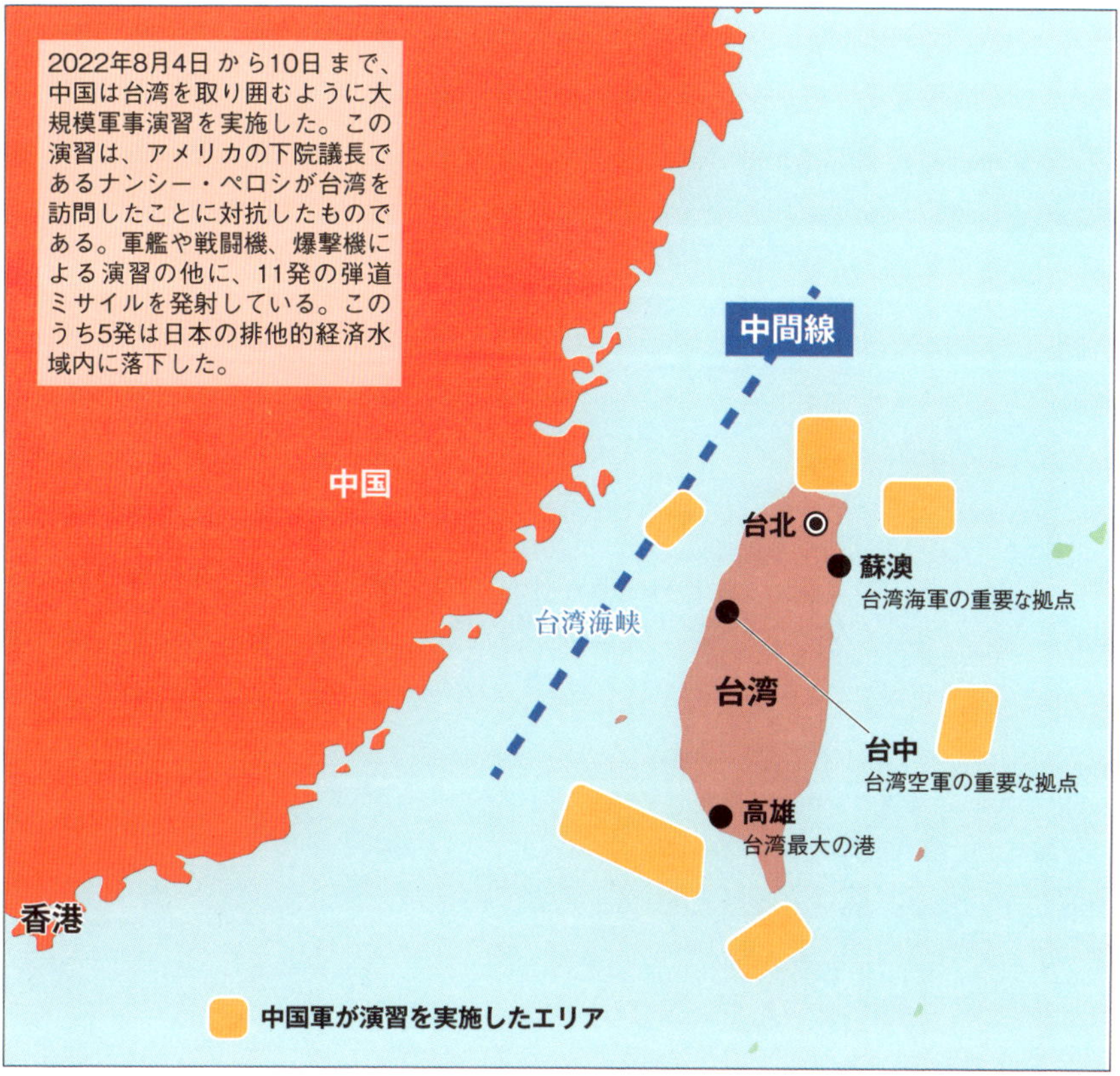
2022年8月4日から10日まで、中国は台湾を取り囲むように大規模軍事演習を実施した。この演習は、アメリカの下院議長であるナンシー・ペロシが台湾を訪問したことに対抗したものである。軍艦や戦闘機、爆撃機による演習の他に、11発の弾道ミサイルを発射している。このうち5発は日本の排他的経済水域内に落下した。
中間線
中国
台北
蘇澳
台湾海軍の重要な拠点
台湾海峡
台湾
台中
台湾空軍の重要な拠点
高雄
台湾最大の港
香港
中国軍が演習を実施したエリア

## 用語解説

### 台湾（中華民国）

蒋介石率いる中国国民党が、中国共産党との大陸での主導権争いに敗れ、1949年に台湾へと逃れて実効支配し、翌年までに政府を再編した。「正統なる中国」を掲げ、中華民国として独立を堅持している。以来、現在まで台湾・中国ともに正統性を主張し、両国は対立関係にある。

### 香港

清とイギリスによるアヘン戦争の結果、1842年から150年以上も香港はイギリスに統治された。1997年に返還されると、中国は香港に50年間は特別行政区として独自の行政と法律を維持することを認めた。しかし、2020年に中国は香港国家安全維持法を発効して反体制運動を禁止し、統制を強めている。

### 一国二制度

中国が自国の一部とする地域に対して、高度な自治を認める制度。台湾を統一するための仕組みとして構想され、社会主義と資本主義の併存を容認している。現在は、1997年にイギリスから返還された香港と、1999年にポルトガルから返還されたマカオに適用されている。

## 中国の水不足リスク予想（2050年）

中国では、南部を流れる長江流域は降雨量が多く水に恵まれているのに対し、北部を流れる黄河流域は降雨量が少なく慢性的な水不足に陥っている。そのため、中華人民共和国建国初期から長年にわたり、さまざまな大規模治水事業を行っている。2013年には、長江の水を黄河へと引いて、南部から北部へと通水する治水事業が完工した。しかし、水不足の解決には至っておらず、2030年には北部に位置する首都・北京を含む30の大都市が、水不足に陥るとされる。さらに2050年には、北京周辺で一段と水不足が進行するとの予測もある。

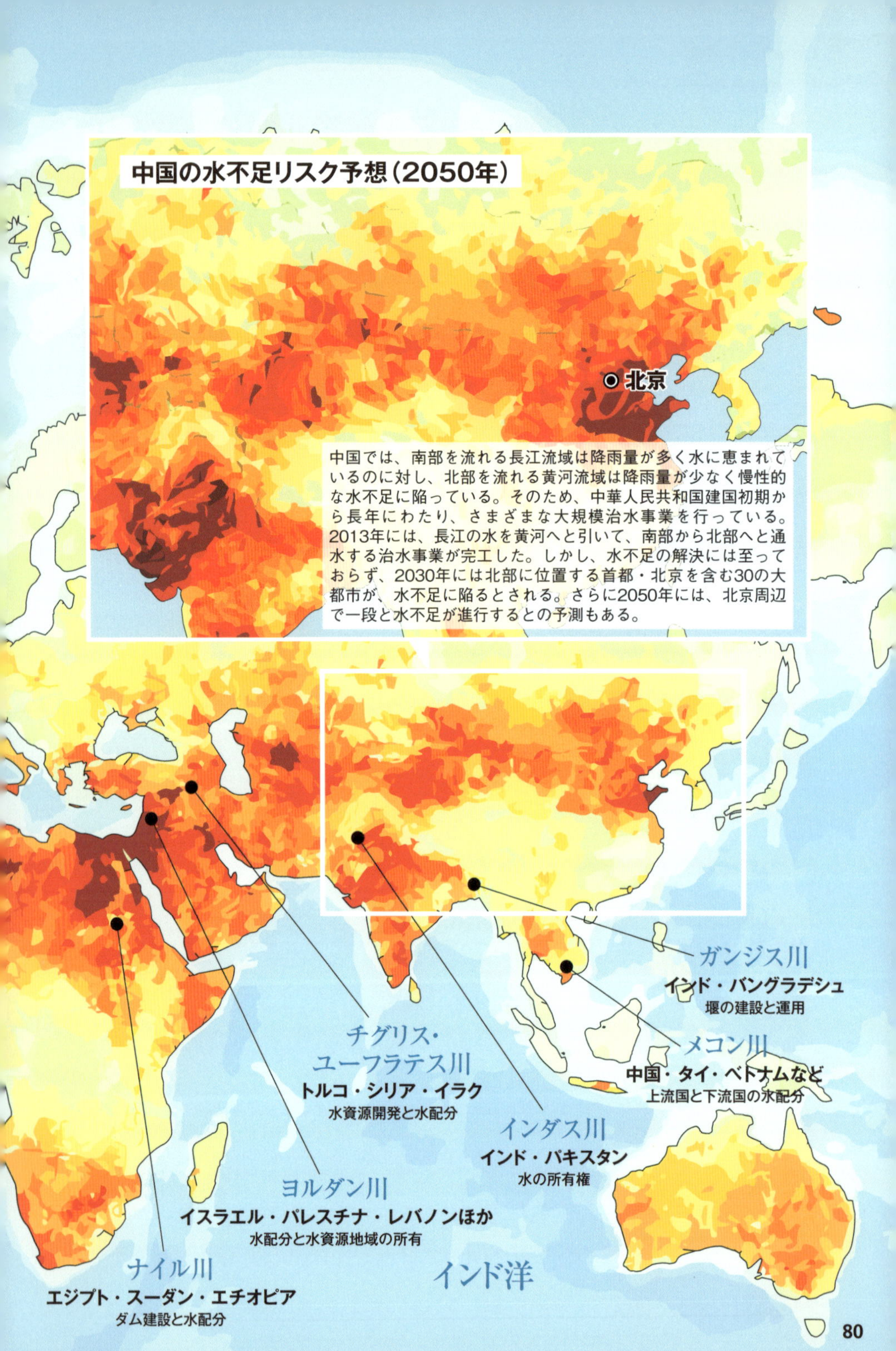
北京
ガンジス川
インド・バングラデシュ
堰の建設と運用
メコン川
中国・タイ・ベトナムなど
上流国と下流国の水配分
チグリス・
ユーフラテス川
トルコ・シリア・イラク
水資源開発と水配分
インダス川
インド・パキスタン
水の所有権
ヨルダン川
イスラエル・パレスチナ・レバノンほか
水配分と水資源地域の所有
ナイル川
エジプト・スーダン・エチオピア
ダム建設と水配分
インド洋

# 世界の水不足リスク予想（2030年）

世界では水資源の７割が農業用水であり、水不足は食糧危機に直結する。今後、人口増加や、気候変動による大雨・干ばつにより水不足が深刻化し、2030年には世界のふたりにひとりが水不足のストレス状態になると予想される。すでに中国では、ひとりあたりの水資源量が約2000立方メートルと、世界平均の４分の１である。原因は、人口の多さに加え、水質汚染と考えられる。急激な経済発展により工業廃水の処理が間に合わず、河川に流れ出しているのだ。

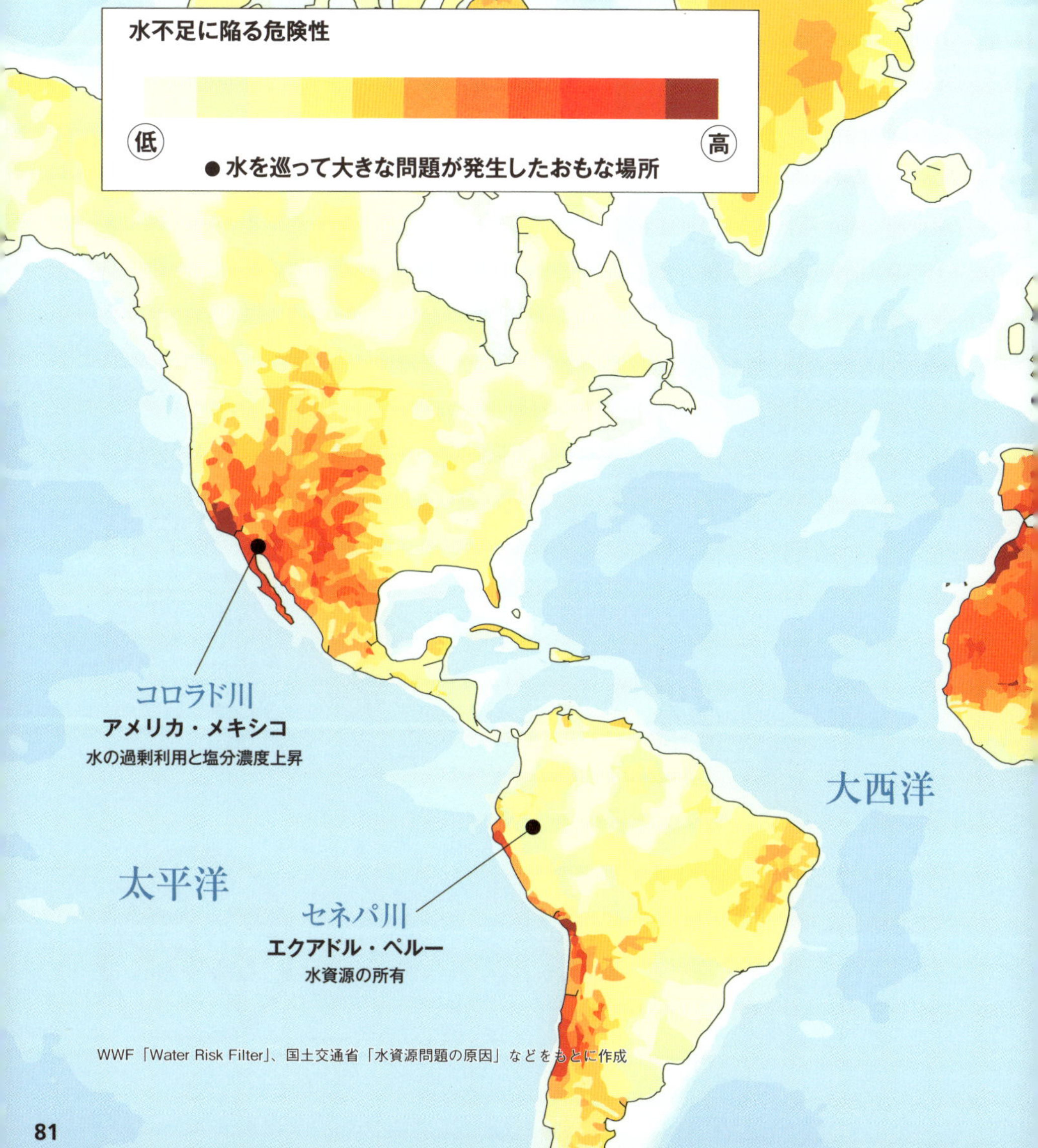

水不足に陥る危険性
低
高
● 水を巡って大きな問題が発生したおもな場所
コロラド川
アメリカ・メキシコ
水の過剰利用と塩分濃度上昇
大西洋
太平洋
セネパ川
エクアドル・ペルー
水資源の所有


WWF「Water Risk Filter」、国土交通省「水資源問題の原因」などをもとに作成

# 中国が直面する水問題と国際河川上流へのダム建設

## チベット地域での開発が国際紛争へ発展する火種に

中国の水資源総量はブラジル、ロシア、アメリカ、カナダに次ぐ世界第5位である。農業灌漑や工業用水に大量の水資源を活用することで、ＧＤＰ世界第2位の経済大国に急成長したといえる。ただし、深刻な水問題に直面している。

中国では10万基ものダムが建設されているといわれ、慢性的な水不足は解消された。しかし、多数のダム建設で水量が激減した黄河流域では、地下水源汲み上げによる地盤沈下や砂漠化が進む。また、２００９年、長江中流域に世界最大級の三峡ダムが完成したが、世界一の水力発電量と引き換えに、流域は水質汚濁や地盤崩落、水質低下による下流域都市部の飲料水不足に見舞われた。

「**水ストレス**」を評価する指標として、「人口ひとりあたりの最大利用可能水資源量」がある。中国のこの数値は、２０３０年には世界平均の4分の1以下の１７６０立方メートルにまで低下するとの予想がある。最低基準とされる１７００立方メートルに近い数値だ。

そのため、中国はチベット地域の標高７０００メートル級の山脈がもたらす豊富な水源の確保を企図し、同地域から東南アジアと南アジアへ流れる**メコン川**や**ブラマプトラ川**にダムを建設。しかし、流域に複数の国を擁する国際河川の開発は、下流諸国に水不足や水害、生態系破壊による漁獲量の減少、農作物への悪影響をもたらしかねない。チベット地域の開発は国際紛争の火種も抱えている。

## メコン川とブラマプトラ川のダム

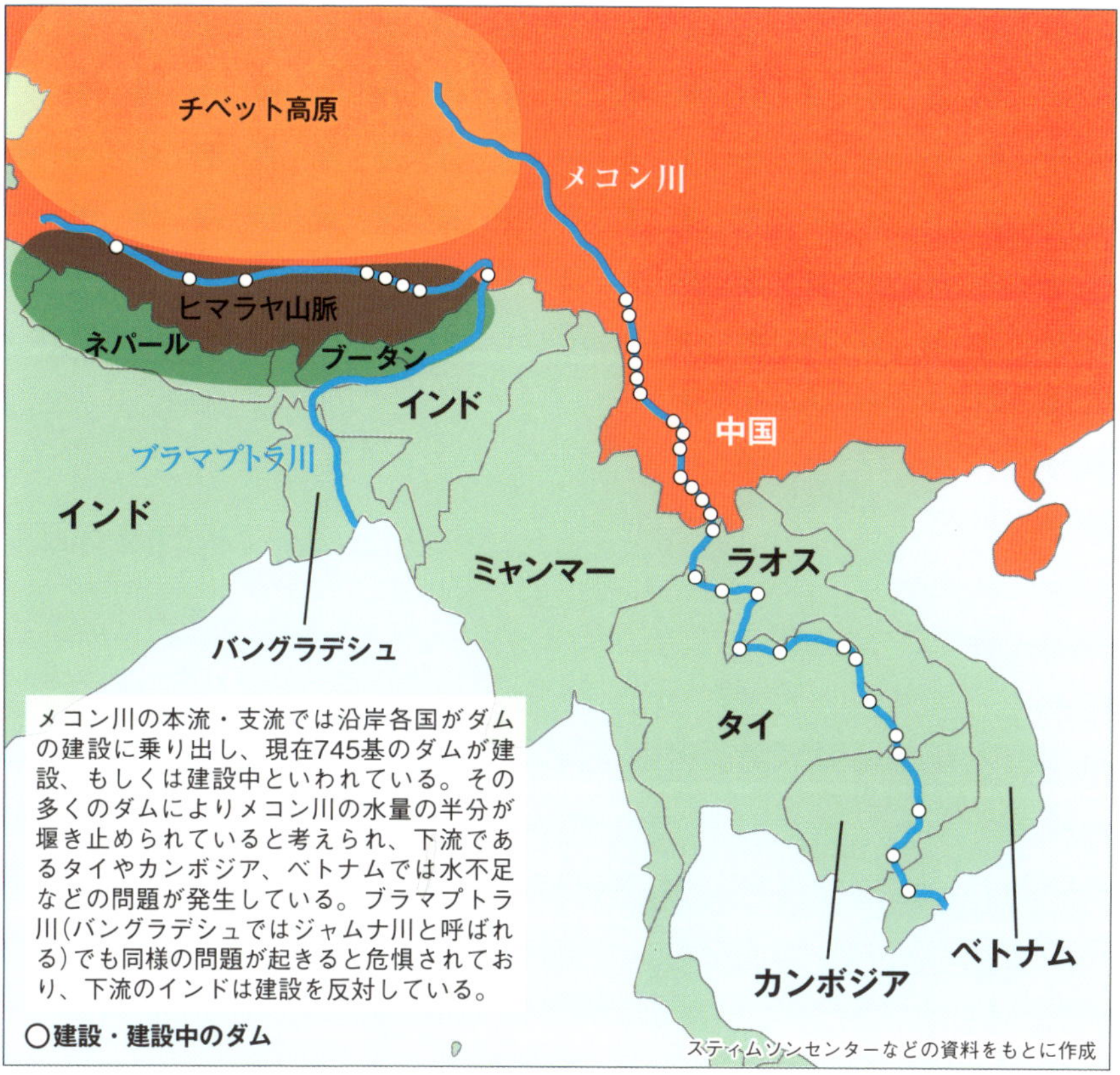
チベット高原
メコン川
ヒマラヤ山脈
ネパール
ブータン
インド
中国
ブラマプトラ川
インド
ミャンマー
ラオス
バングラデシュ
タイ
メコン川の本流・支流では沿岸各国がダムの建設に乗り出し、現在745基のダムが建設、もしくは建設中といわれている。その多くのダムによりメコン川の水量の半分が堰き止められていると考えられ、下流であるタイやカンボジア、ベトナムでは水不足などの問題が発生している。ブラマプトラ川(バングラデシュではジャムナ川と呼ばれる)でも同様の問題が起きると危惧されており、下流のインドは建設を反対している。
カンボジア
ベトナム
○建設・建設中のダム
スティムソンセンターなどの資料をもとに作成

## 用語解説

### 水ストレス

水需給に関する逼迫の程度のこと。これを評価する指標として、「人口ひとりあたりの(年間の)最大利用可能水資源量(AWR:Annual Water Resource)」がよく用いられる。AWRの基準では、利用可能な水の量が1700立方メートルを下回る場合は「水ストレス下にある」、1000立方メートルを下回る場合は「水不足」、500立方メートルを下回る場合は「絶対的な水不足」の状態とされる。

### メコン川

中国南西部のチベット高原を源流とし、中国、ミャンマー、ラオス、タイ、カンボジア、ベトナムの6カ国を流れる。全長およそ4800キロの東南アジアで最長の河川でもある。下流には、メコンデルタと呼ばれる穀倉地帯があり、稲作が盛ん。

### ブラマプトラ川

ヒマラヤ山脈を源流とし、中国、インド、ブータン、バングラデシュの4カ国を流れる。全長2900キロで、バングラデシュにてガンジス川に合流する。中国は世界最大級のダム建設を計画している。

地政学の気になる話 ③

# 中国の人口増加が鈍化
# 急激な経済成長が頭打ちに

第二次世界大戦後の東西冷戦体制下では、アメリカとソ連が二大大国として世界を牽引していたが、1991年のソ連崩壊とともに世界はアメリカ一強時代に突入した。その後、21世紀に入ると、急激な経済成長を遂げた中国が、かつてのソ連のようにアメリカを脅かす存在として台頭する。

中国は2000年代に名目GDPで主要各国を次々と抜き去り、2010年には日本も抜いてアメリカに次ぐ世界第2位となった。ただし、この年の中国の人口は約13.5億人、日本の人口は約1.3億人だったので、ひとりあたりの名目GDPとしては日本の10分の1程度でしかない。このことから、中国の経済成長には、20世紀の後半から一貫して世界最大であった人口の増加が欠かせないということがわかる。

ところが近年、中国の人口増加に急ブレーキがかかり、国連によれば2023年半ばにはインドの人口が中国を上回ったという。

この中国の人口増加の鈍化は、1979年から2014年までの「計画生育政策」、いわゆる「一人っ子政策」が原因だ。これにより、1970年に2.6%を超えていた人口増加率は、1994年に1%を割り込む。そして2022年、中国政府はついに人口が減少に転じたと発表した。現在の中国の人口ピラミッドは30年前の日本を踏襲しており、超高齢社会へと突き進んでいる。

かつては「21世紀半ばにアメリカを抜き去る」とまでいわれていた中国経済の未来予想にも黄信号が灯っている。2010年には10.61% であった経済成長率は、2019年には5.95%へと急速に低下。労働人口が減少し、生産性の鈍化につながっているといえる。

中国の人口を抜いて世界最大の人口を有することになったインドは、2060年をピークとして人口ボーナス（人口増加による利益）を享受すると予測されている。そのインドが、人口とともに経済成長も頭打ちになる中国を逆転する可能性も大きい。

Chapter4

# 21世紀に入り勢力を伸張するハートランド

# ロシア

経済の発展によって近隣諸国へのかつてのような影響力を取り戻しつつあるロシア。大陸国家の強みを活かして周辺への勢力伸張や周辺国との権益争いを展開している様子を紹介する。

オホーツク海
モンゴル
北朝鮮
日本海
太平洋
韓国
日本
中国

# ロシアの概要

ユーラシア大陸の中心部を占めるロシアは、総輸出額の半分を鉱物性燃料が占める天然資源大国で、世界最大の国土面積を有するランドパワー国家である。1991 年までは 14 の共和国とともにソビエト連邦を構成していた。1991 年 12 月、ロシアはバルト三国とグルジア（現ジョージア）を除く 10 カ国とともにゆるやかな共同体である独立国家共同体（CIS：Commonwealth of Independent States）を創設する（グルジアは 1993 年に加盟）。これによりソ連は崩壊した。なお、2005 年にトルクメニスタンが準加盟国となり、2009 年にはグルジアが、2018 年にはウクライナが正式に脱退しており、現在の加盟国は 9 カ国である。

## 周辺関連諸国軍事データ

| | 軍事費 | 現役軍人数 | 軍事費対GDP |
|---|---|---|---|
| ロシア | 1090億ドル | 132万人 | 5.46% |
| ウクライナ | 420億ドル | 90万人 | 23.70% |
| ベラルーシ | 9億ドル | 6.3万人 | 1.26% |
| 中国 | 2270億ドル | 203.5万人 | 1.29% |

北極海
ロシア
ノルウェー
スウェーデン
フィンランド
エストニア
ラトビア
リトアニア
ベラルーシ
ポーランド
ウクライナ
モルドバ
ルーマニア
黒海
ブルガリア
ジョージア
カスピ海
トルコ
アルメニア
アゼルバイジャン
イラン
カザフスタン
ウズベキスタン
キルギス
トルクメニスタン
タジキスタン
アフガニスタン
パキスタン
ネパール
インド

ソビエト連邦を構成していた15カ国の現在の国名は、ロシア、エストニア、ラトビア、リトアニア、ベラルーシ、ウクライナ、モルドバ、ジョージア、アルメニア、アゼルバイジャン、カザフスタン、ウズベキスタン、トルクメニスタン、キルギス、タジキスタンで、このうちエストニア、ラトビア、リトアニアがバルト三国である。

**ロシアの基本データ（2023年）**

| | |
|---|---|
| 面積 | 1709 万㎢ |
| 人口 | 1 億 4440 万人 |
| 名目 GDP | 1 兆 9970 億ドル |
| 貿易輸出額 | 4239 億ドル |
| 貿易輸入額 | 3038 億ドル |

**ベラルーシの基本データ（2023年）**

| | |
|---|---|
| 面積 | 20 万 7600㎢ |
| 人口 | 950 万人 |
| 名目 GDP | 718 億ドル |
| 貿易輸出額 | 402 億ドル |
| 貿易輸入額 | 433 億ドル |

**ウクライナの基本データ（2023年）**

| | |
|---|---|
| 面積 | 60 万 3700㎢ |
| 人口 | 3670 万人 |
| 名目 GDP | 1772 億ドル |
| 貿易輸出額 | 360 億ドル |
| 貿易輸入額 | 635 億ドル |

# ロシアの従来の南下政策と21世紀に開拓された北回り

ロシア

## 凍らない航路・港を求めて勢力を伸ばし続ける大国

ロシアの最奥部は「難攻不落の安全地帯（ハートランド）」と呼ばれる。極寒の土地ゆえに他国からの侵略が不可能だからである。

その一方、極寒の地は、永久凍土に阻まれて作物が育たず、開発も困難なので、経済面でのデメリットも大きい。そのため、交易に活路を見出したロシアは、18世紀頃から**不凍港**を求めて南下。バルト海ルート、ヨーロッパルート、黒海ルート、インド・アフガニスタンルート、シベリア・ウラジオストクルートを開拓する。

1904年にはシベリア・ウラジオストクルートと、ヨーロッパルートを結ぶシベリア鉄道も開通。1853年の**クリミア戦争**と1904年の日露戦争は、南下し、拠点を求める過程で勃発した。

ところが近年、地球温暖化で海氷が融け、北極海に航路が開かれたことで、帝政ロシア時代から一貫していた南下傾向は変化する。

この地政学的変化を利用するのがロシアのプーチン大統領だ。1991年の**ソ連崩壊**後、次々と独立を果たした旧ソ連時代の諸共和国への影響力復活のため、シベリア北岸と資源の開発を武器に、北極海沿岸国（アメリカ、カナダ、デンマーク、ノルウェーなど）へのプレゼンスを強めつつある。

## ロシアのおもな拡張方向

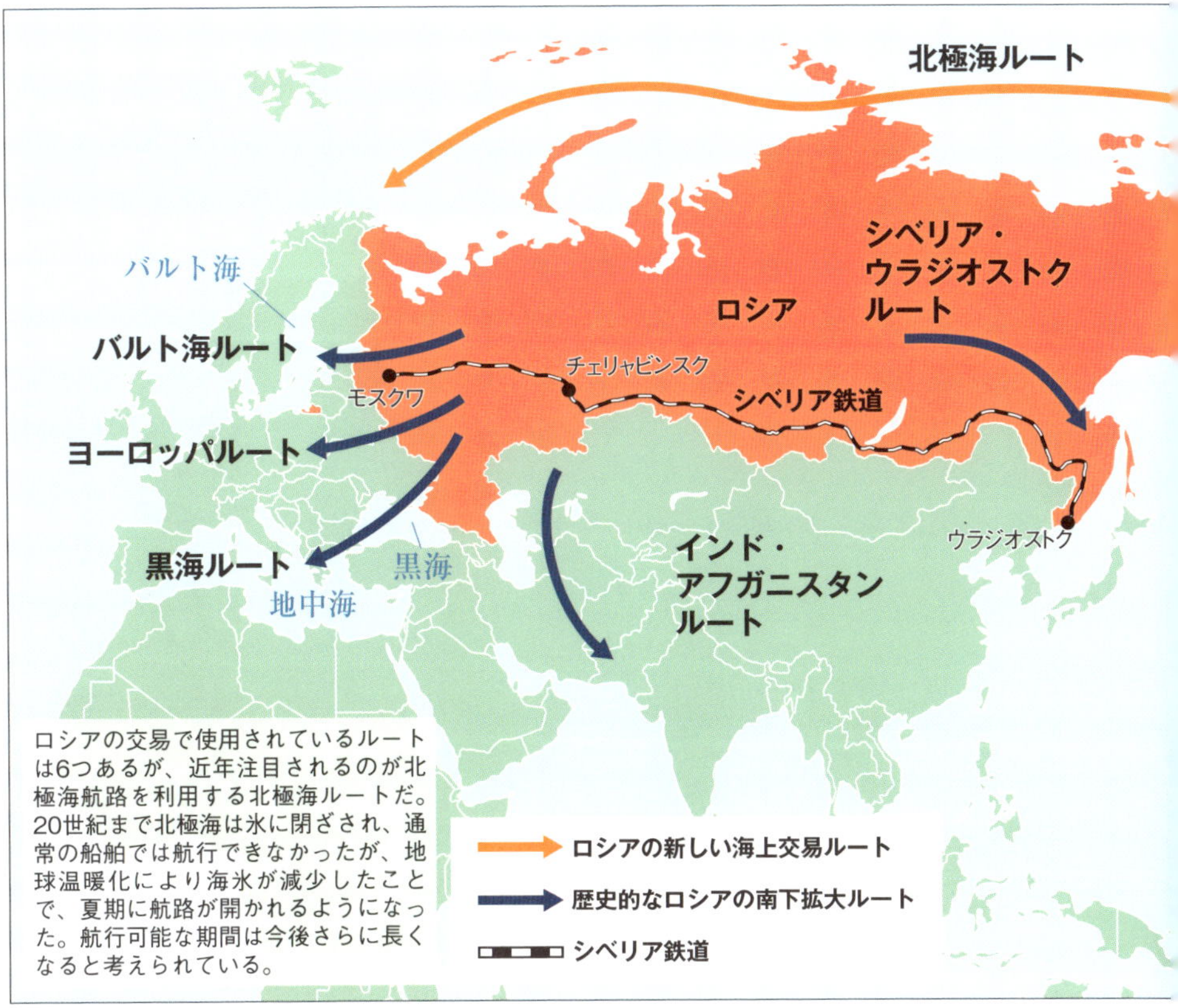
北極海ルート
シベリア・
ウラジオストク
ルート
ロシア
バルト海
バルト海ルート
モスクワ
チェリャビンスク
シベリア鉄道
ヨーロッパルート
黒海ルート
黒海
地中海
インド・
アフガニスタン
ルート
ウラジオストク
ロシアの新しい海上交易ルート
歴史的なロシアの南下拡大ルート
シベリア鉄道

ロシアの交易で使用されているルートは6つあるが、近年注目されるのが北極海航路を利用する北極海ルートだ。20世紀まで北極海は氷に閉ざされ、通常の船舶では航行できなかったが、地球温暖化により海氷が減少したことで、夏期に航路が開かれるようになった。航行可能な期間は今後さらに長くなると考えられている。

## 用語解説

### 不凍港

極寒の高緯度地域でありながら、暖流の関係などで海面が氷結せず1年中船舶の航行に支障のない港。冬でも砕氷船を必要とせずに通航できるため、経済的にも軍事的にも価値が大きいとされる。ロシアのウラジオストクをはじめ、ノルウェーのナルビクなどがこれにあたる。

### クリミア戦争

クリミア半島を舞台とする1853～1856年の戦争。18世紀、不凍港を求めて南下したロシアは、地中海進出の足掛かりにオスマン帝国の属国だったクリミア半島を併合した。さらに黒海から地中海へと勢力を伸ばそうとするロシアに、オスマン帝国を支援するイギリスやフランスなどの連合国が勝利した。

### ソ連崩壊

1922年に成立したソビエト社会主義共和国連邦は、ロシアを中心に15の共和国で構成された。1991年8月、ゴルバチョフ大統領の改革に反対する軍部がクーデターを起こすが失敗する。しかし、これにより大統領の影響力が低下。同年12月にゴルバチョフが大統領を辞任し、すべての共和国が独立した。

# 地球温暖化がもたらした北極海航路の将来性と期待

## スエズ運河に代わる重要性 東西諸国を結ぶシーレーン

北極海は20世紀までは氷に閉ざされ、航路として利用されることが少なかった。しかし、地球温暖化により海氷が減少したことで、夏期のみではあるが航路が開かれた。この「**北極海航路（NSR）**」は、**ベーリング海峡**を通ってヨーロッパと東アジアとを結ぶ最短の海上ルートであるため、日本を含む各国から関心を集めている。

現在、ヨーロッパと東アジアを結ぶのは、スエズ運河や南シナ海を通る「**南回り航路**」が一般的である。しかし、南回り航路には、イスラエルやエジプトをはじめとしたスエズ運河周辺の政情不安、チョークポイントであるマラッカ海峡やソマリア沖での海賊の出没、インド洋や南シナ海への中国海軍進出など、問題となる要素が多い。

北極海には重要なチョークポイントがないため、航行を脅かす存在もなく、安全な航行が可能だ。さらに、ＮＳＲは約1万３０００キロと、南回り航路より30〜40％も短い。そのため、政情不安や海賊に翻弄されず、航行時間の大幅な短縮や燃料費のカットが望める。特殊な船舶やロシアの砕氷船との連携などの追加コスト、情報が不足している海氷の影響といった懸念は残るが、コストの削減は大きな魅力である。

ＮＳＲでの航行は、２０２１年2月、ロシアの運搬船が初めて冬期の北極海往復に成功した。今後温暖化がさらに進むことで、一年を通しての航行に向けた動きへの期待が広がる。

## 北極海航路と南回り航路の距離

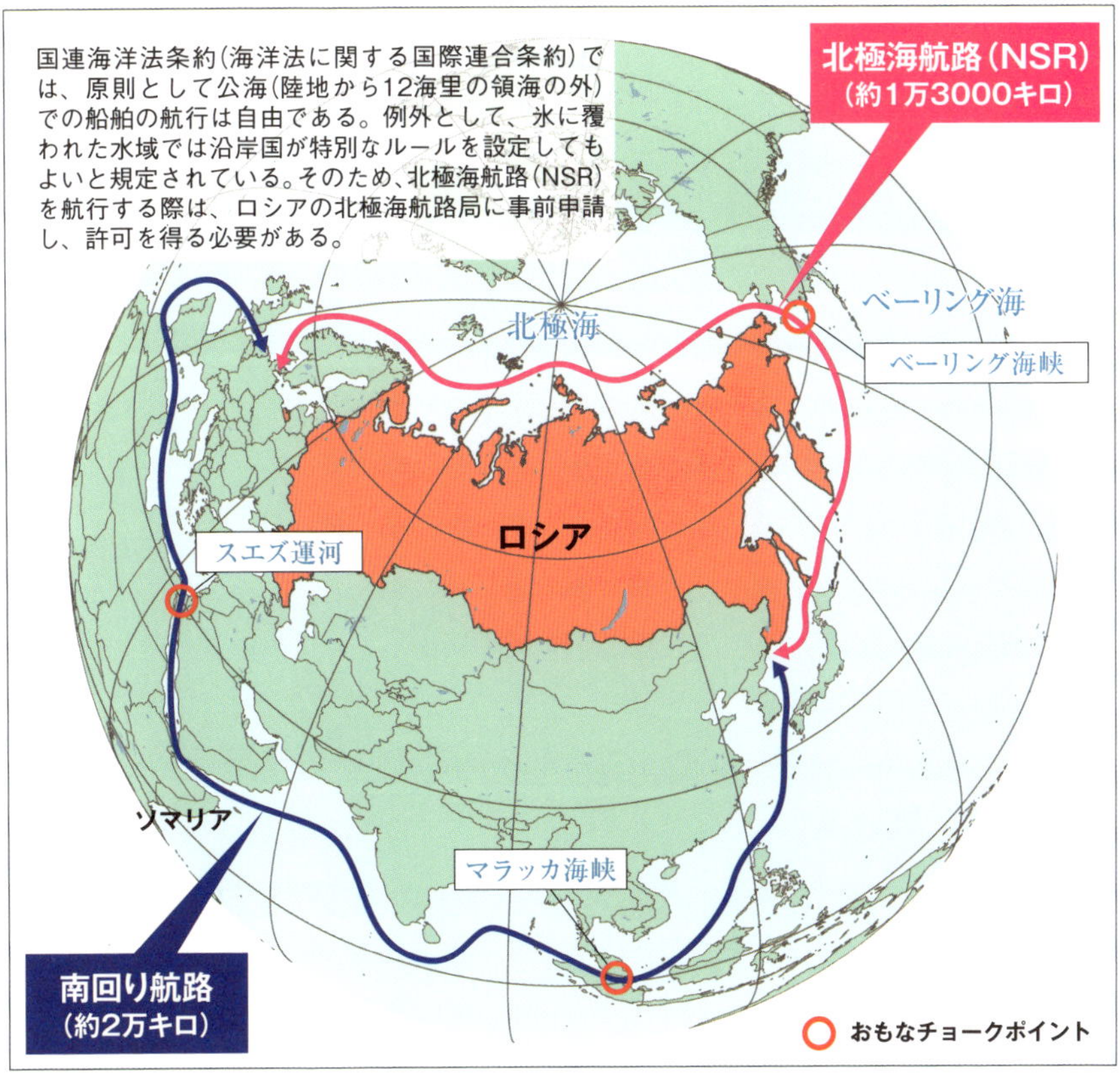
国連海洋法条約（海洋法に関する国際連合条約）では、原則として公海（陸地から12海里の領海の外）での船舶の航行は自由である。例外として、氷に覆われた水域では沿岸国が特別なルールを設定してもよいと規定されている。そのため、北極海航路（NSR）を航行する際は、ロシアの北極海航路局に事前申請し、許可を得る必要がある。
北極海航路（NSR）
（約1万3000キロ）
ベーリング海
北極海
ベーリング海峡
ロシア
スエズ運河
ソマリア
マラッカ海峡
南回り航路
（約2万キロ）
おもなチョークポイント

## 用語解説

### 北極海航路（NSR）

北極海を航行するルートには、ロシア沿岸を航行する「北東航路」とカナダ沿岸を航行する「北西航路」のふたつがある。北東航路は、ロシア政府により「北極海航路（NSR：Northern Sea Route）」と名付けられた。ルートの開発にはロシアのほか、日本や中国などが関わっている。

### ベーリング海峡

シベリアとアラスカの間にある海峡。ロシアとアメリカの国境でもある。北極海とベーリング海を結び、全長は約96キロ、最狭部は約86キロ、最深部は約42メートル。1728年にロシア人の探検家ベーリングが、ユーラシア大陸とアメリカ大陸に挟まれていることを発見し、その名が付けられた。

### 南回り航路

東南アジアのマラッカ海峡、中東・アフリカ間のスエズ運河を経由し太平洋と大西洋を結ぶヨーロッパ・アジア間の航路として一般的に利用される。ソマリア周辺海域では海賊が出没し、マラッカ海峡は浅瀬で幅が狭いなど、航行の安全を脅かす要素も多い。

# ロシアを中心とする軍事同盟

1709万平方キロと、世界第1位の国土面積を有するロシアは、多数の国と隣接する。そのため、他国からの侵略を抑えて、軍事・貿易面での利を図ることを目的に、CISや集団安全保障条約機構（CSTO：Collective Security Treaty Organization）などを主導し、周辺国を緩衝地帯として利用してきた。CSTOは1992年に署名された多国間での安全保障を目的とする軍事同盟。集団安全保障条約が前身であり、2002年に国際地域組織として現在の形に改変することが決定した。2024年9月現在、ロシア、ベラルーシ、アルメニア、カザフスタン、キルギス、タジキスタンの6カ国が加盟している。

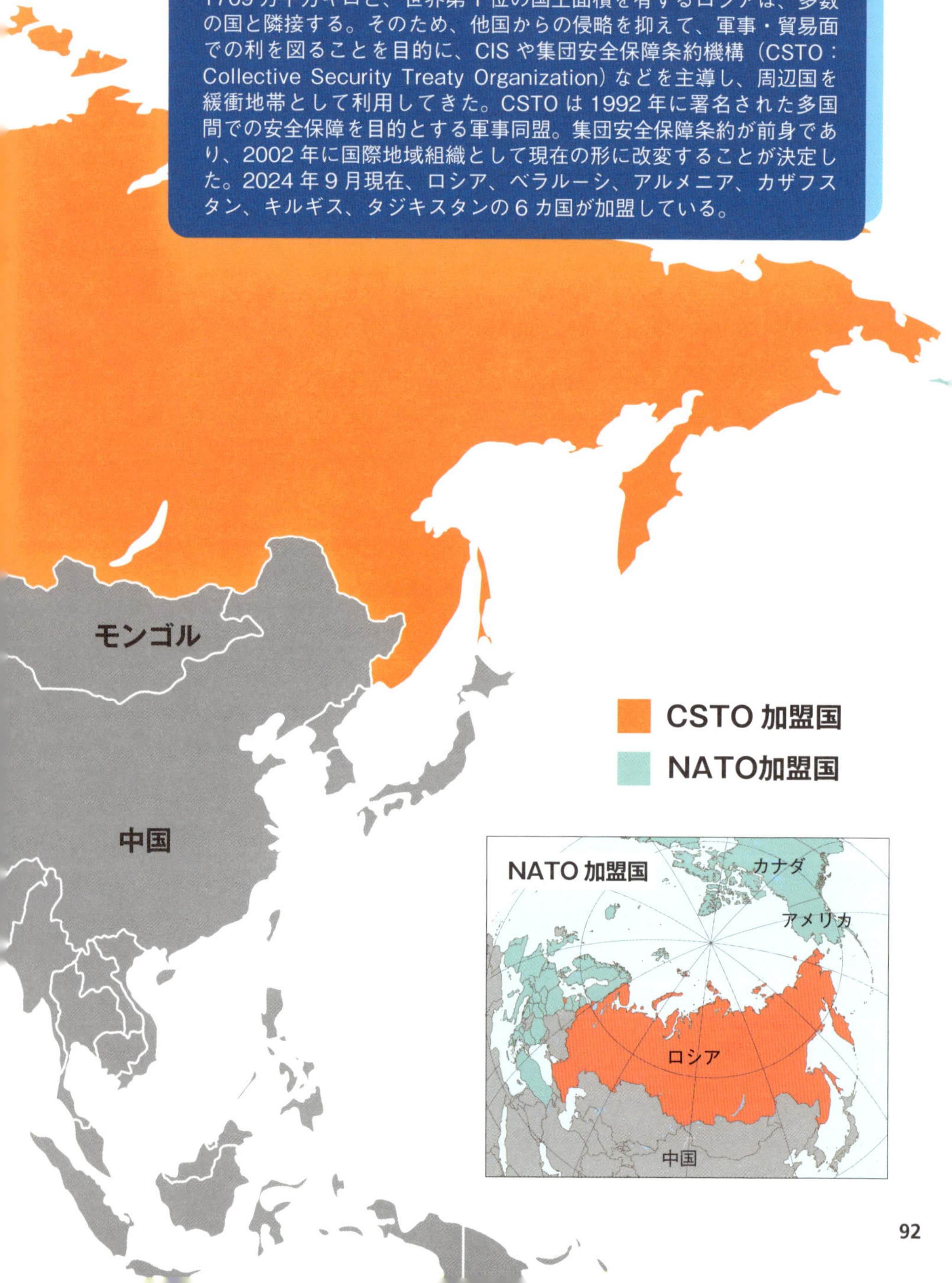

## CSTO 加盟国と NATO 加盟国の軍事力比較

| | 加盟国 | 軍事費 | 現役軍人数 |
|---|---|---|---|
| CSTO加盟国 | 6か国 | 1190億ドル | 158万人 |
| NATO加盟国 | 32か国 | 1兆2570億ドル | 344万人 |

ロシアと陸続きで接している国は、ノルウェー、フィンランド、エストニア、ラトビア、ベラルーシ、ウクライナ、ジョージア、アゼルバイジャン、カザフスタン、中国、モンゴル、北朝鮮。海や湖を挟んで接している国は、ブルガリア、ルーマニア、トルコ、イラン、トルクメニスタン、日本、アメリカである。ロシアの飛び地であるカリーニングラードも含めると、リトアニアとポーランドも隣接することになる。

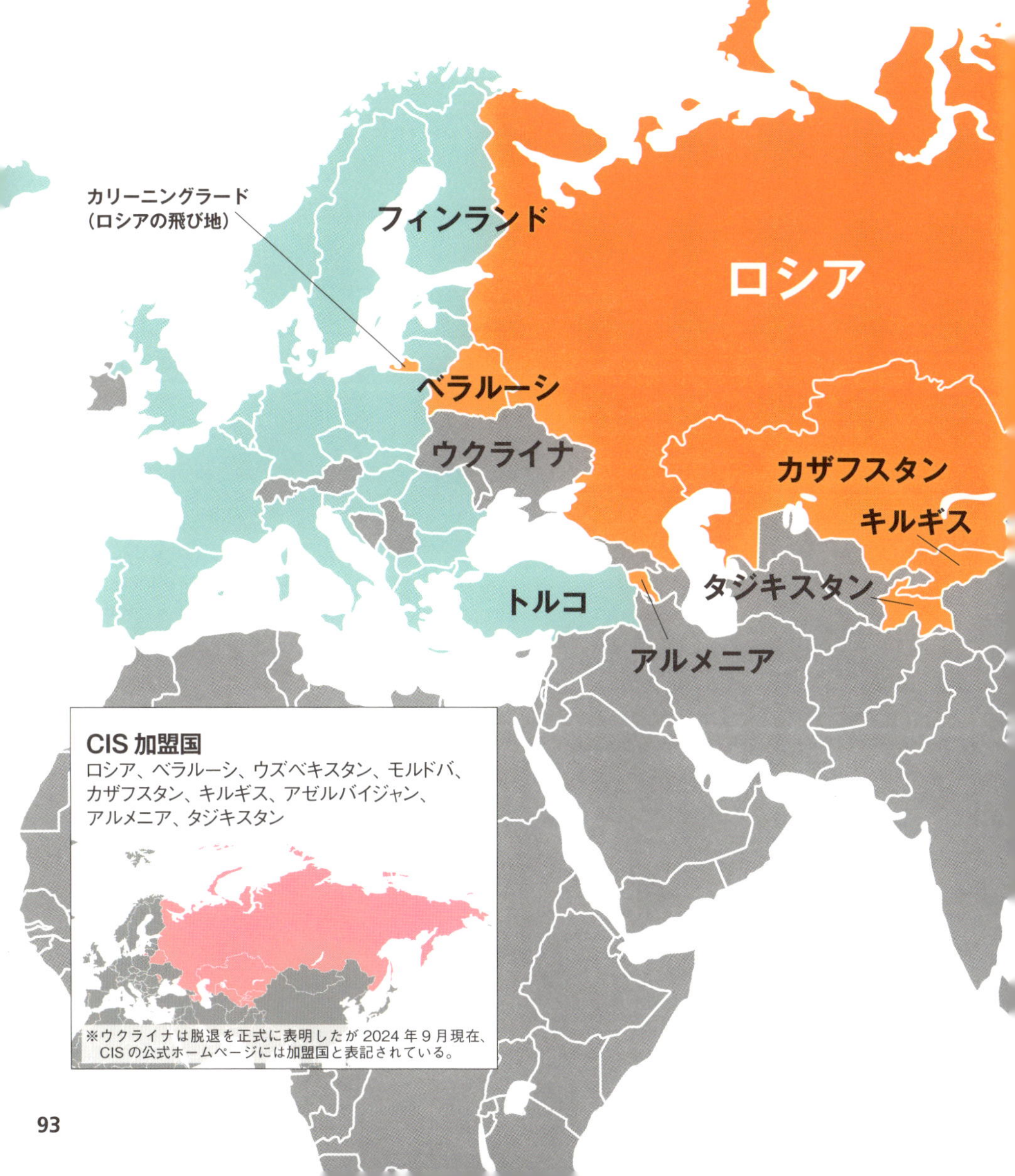


### CIS 加盟国

ロシア、ベラルーシ、ウズベキスタン、モルドバ、カザフスタン、キルギス、アゼルバイジャン、アルメニア、タジキスタン

※ウクライナは脱退を正式に表明したが 2024 年 9 月現在、CIS の公式ホームページには加盟国と表記されている。

# ＮＡＴＯ加盟国に対抗する ロシアのウクライナ侵攻

## 西側との衝突を避けるため 緩衝地帯を欲するロシア

地政学にはその創始者のひとり、イギリスのマッキンダーが考案した「緩衝地帯」という用語がある。対立する勢力（国家）同士の直接衝突を回避する地域のことだ。**東西冷戦**時代には東欧や東南アジア、極東地域などがその代表だった。

緩衝地帯は完全中立とは限らず、むしろ強国の影響下にある。東西冷戦時代の東欧諸国は、ソ連にとって理想的な緩衝地帯だった。ソ連崩壊後、旧ソ連を構成した各共和国は独立するが、バルト三国を除く12カ国でＣＩＳ（独立国家共同体）を創設するなど、ロシアの影響はゆるやかに持続され、各共和国はロシアの緩衝地帯となった。

２０２０年代、ヨーロッパにおいて、ロシアにとっての緩衝地帯と考えられていたのは、欧米の軍事安全保障体制である**ＮＡＴＯ（北大西洋条約機構）**に未加盟であったベラルーシとウクライナの2カ国だ。そのウクライナが新たにＮＡＴＯへ加盟する意志を示したことが、ロシアによる２０２２年の**ウクライナ侵攻**につながった。ロシアはＮＡＴＯ加盟国と国境を接することに、大きな恐怖と嫌悪感を抱いているとされる。

歴史を振り返ると、緩衝地帯なしに他の強国と直接向き合う状況は、帝政ロシア・ソ連を戦争へと導いてきた。クリミア戦争や日露戦争、二度の世界大戦などがその例だ。ロシアにとって、旧ソ連時代の各共和国を再び勢力下に置く拡大方針は、旧西側勢力との衝突を避ける意味でも重要といえる。

## ロシア周辺のNATO加盟国

フィンランド
ノルウェー
スウェーデン
エストニア
ラトビア
デンマーク
リトアニア
NATO加盟国との緩衝地となっていたウクライナへ侵攻したロシア。プーチン大統領はNATOからロシアと国民を守るための「正当防衛」と主張している。なお、東西分断線は、東西冷戦時代の東欧諸国と西欧諸国の境である。
ベラルーシ
ロシア
オランダ
ドイツ
ポーランド
ベルギー
チェコ
ルクセンブルク
ウクライナ
スロバキア
オーストリア
フランス
スイス
ハンガリー
モルドバ
スロベニア
クロアチア
ルーマニア
クリミア半島
ボスニア・
ヘルツェゴビナ
旧ソ連国境
セルビア
黒海
イタリア
モンテネグロ
ブルガリア
冷戦期の
東西分断線
ジョージア
北マケドニア
アルバニア
ギリシャ
トルコ
NATO 加盟国

## 用語解説

### 東西冷戦

第二次世界大戦後、世界はソ連を筆頭とした社会主義国（東側）とアメリカを中心とした資本主義国（西側）に分かれ、対立した。両陣営が直接的に武力で争う（熱戦）のではなく、情報戦や代理戦争が中心だったため「冷たい戦争」と呼ばれた。

### NATO（北大西洋条約機構）

東西冷戦時の1949年にアメリカと西欧諸国が、ソ連を中心とした東欧諸国への対抗するために結成。「集団防衛」「危機管理」「協調的安全保障」の3つを任務の中核とし、加盟国の領土および国民を防衛することを最大の目的としている。ソ連崩壊後に急拡大し現在は、欧米の32カ国が加盟する。

### ウクライナ侵攻

ロシアが2022年2月開始したウクライナに対する軍事侵攻。その意図はNATOとの緩衝地帯確保や歴史的につながりの深い地域併合などにあるとされる。欧米などはロシアに対して輸入輸出を制限し、経済的に孤立させることで侵攻を防ごうとした。しかし、2024年夏時点でも終結の目処が立たない。

# 対露感情が悪化したことで グルジアからジョージアに

ロシア・ジョージア

## 南オセチア自治州を巡って衝突したロシアとグルジア

２０１５年、日本はコーカサス地方に位置する「グルジア」の国名を「ジョージア」へと変更した。

黒海とカスピ海に挟まれ、東西１０００キロほどに広がる南コーカサス地方のジョージア、アルメニア、アゼルバイジャンの３カ国は、民族や宗教が異なるだけでなく、国内に民族紛争などの問題を抱えている。この３カ国は、19世紀前半に帝政ロシアの南下政策で併合され、ソ連を構成する共和国となった後、１９９１年12月のソ連崩壊で独立した。このうちグルジアは独立時、ソ連崩壊直後に創設された「独立国家共同体（ＣＩＳ）」に加盟しなかった。ただし、１９９３年に加盟している。

その後、グルジアとロシアの関係は、ロシアがグルジア領内の南オセチア自治州の分離独立運動を支援することで悪化の一途をたどる。２００８年、グルジアが南オセチア領内へ軍事攻撃を仕掛けるとロシアも参戦。両国は戦争状態に入った（**南オセチア紛争**）。

この軍事衝突はフランスなどの仲介により数日で休戦する。ロシアは、アゼルバイジャンに位置するカスピ海沿岸のバクー油田からグルジアを経由し、黒海へ抜ける輸送ルートの確保を意図したとされる。なお、グルジアはこの紛争と同時にＣＩＳ脱退を通告し、翌年８月、正式に脱退した。

南オセチア紛争以降、グルジア国内の対露感情は一気に悪化し、**ロシア語由来の旧国名の変更**を日本などに対して要請するに至った。

## ジョージアの立ち位置

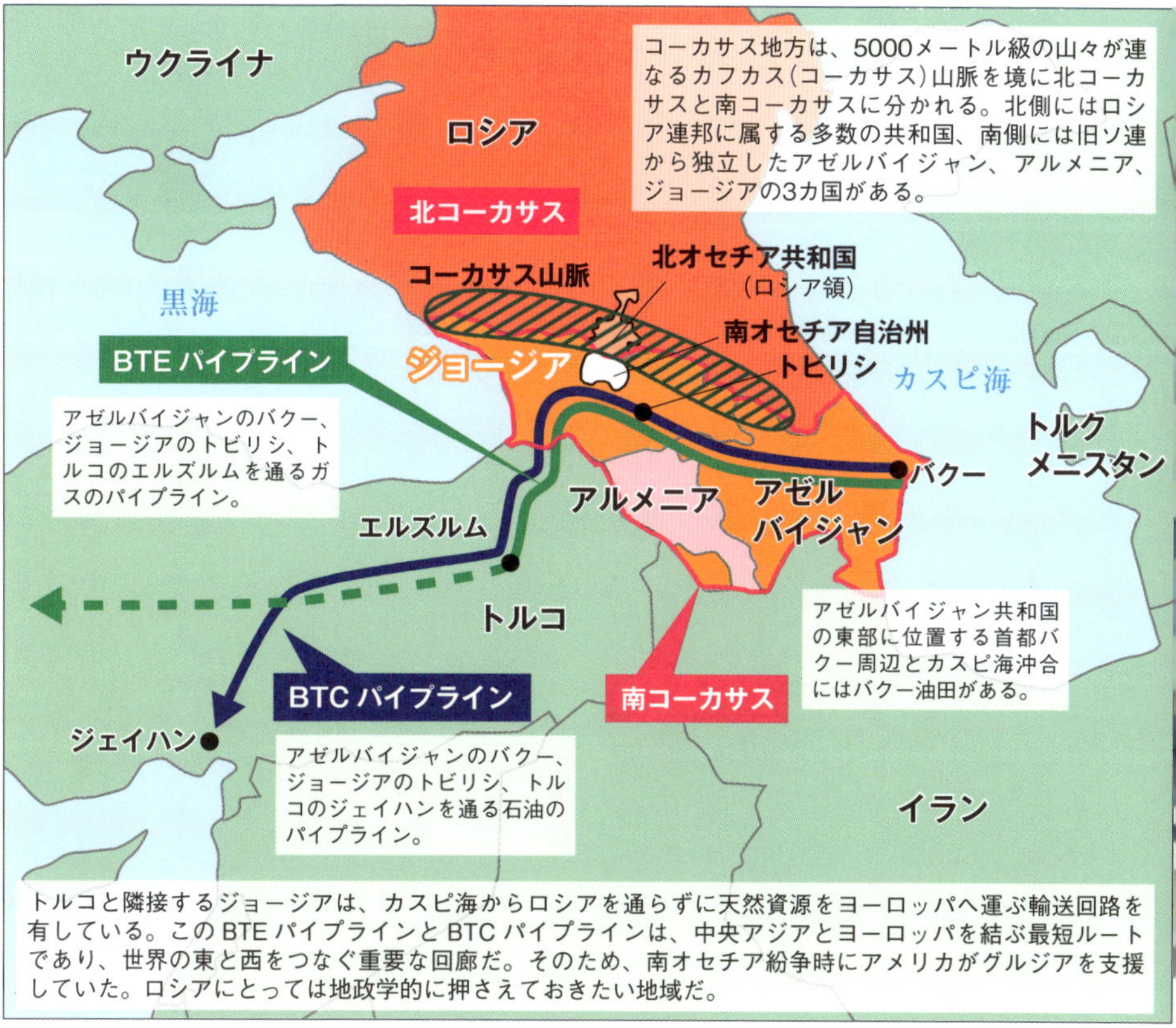
ウクライナ
ロシア
コーカサス地方は、5000メートル級の山々が連なるカフカス(コーカサス)山脈を境に北コーカサスと南コーカサスに分かれる。北側にはロシア連邦に属する多数の共和国、南側には旧ソ連から独立したアゼルバイジャン、アルメニア、ジョージアの3カ国がある。
北コーカサス
コーカサス山脈
北オセチア共和国
(ロシア領)
黒海
南オセチア自治州
BTE パイプライン
ジョージア
トビリシ
カスピ海
トルク
メニスタン
アゼルバイジャンのバクー、ジョージアのトビリシ、トルコのエルズルムを通るガスのパイプライン。
バクー
アルメニア
アゼル
バイジャン
エルズルム
トルコ
アゼルバイジャン共和国の東部に位置する首都バクー周辺とカスピ海沖合にはバクー油田がある。
BTC パイプライン
南コーカサス
ジェイハン
アゼルバイジャンのバクー、ジョージアのトビリシ、トルコのジェイハンを通る石油のパイプライン。
イラン
トルコと隣接するジョージアは、カスピ海からロシアを通らずに天然資源をヨーロッパへ運ぶ輸送回路を有している。この BTE パイプラインと BTC パイプラインは、中央アジアとヨーロッパを結ぶ最短ルートであり、世界の東と西をつなぐ重要な回廊だ。そのため、南オセチア紛争時にアメリカがグルジアを支援していた。ロシアにとっては地政学的に押さえておきたい地域だ。

## 用語解説

### 南オセチア紛争

ソ連崩壊以降、グルジア(当時)では、イラン系の少数民族であるオセット人(オセチア人)が居住する北部の南オセチア自治州が、同じくオセット人が居住するロシア領の北オセチア共和国との統合を要求し、しばしば武力衝突が起こっていた。2008年8月7日にグルジアが南オセチア自治州の中心都市ツヒンバリへの攻撃を開始するとロシアが参戦。5日間の激しい戦闘後、8月12日にロシアが停戦に合意すると、8月15日にグルジア、8月16日にロシアが和平案に調印した。ロシアは南オセチアの独立を承認し、現在に至るまで南オセチアにはジョージア政府の実効支配が及んでおらず、実質的に南オセチア共和国として成り立っている。

### ロシア語表記の旧国名の変更

公用語であるジョージア語での国名は「サカルトベロ」。「グルジア」はロシア語、「ジョージア」は英語での呼称。もともと「グルジア」と呼ぶ国は、ロシア、日本、中国、韓国などに限られており、国連加盟国の大半は「ジョージア」と呼んでいた。ちなみに、21世紀に入ってから、ジョージアでは第一外国語をロシア語から英語に切り替えており、英語を使いこなす国民が増えている。

# ソ連時代末期から再三勃発 ナゴルノ・カラバフ紛争

アルメニア・アゼルバイジャン

## 自治州を巡るアルメニアとアゼルバイジャンの対立

ロシアの南に位置し、コーカサス地方で隣り合うキリスト教国のアルメニアとイスラム教国のアゼルバイジャンは、アゼルバイジャン領内の**ナゴルノ・カラバフ**という地域の帰属を巡って、ソ連時代を含め30年以上も敵対していた。

ソ連時代、ナゴルノ・カラバフは、アゼルバイジャン・ソビエト社会主義共和国の自治州であったが、アルメニア系住民が多数を占めているため、長年アルメニア・ソビエト社会主義共和国への帰属を求めていた。１９８８年からは帰属運動が民族間の騒乱事件へと発展し、アゼルバイジャンとアルメニアの対立が激化。１９９１年夏にソ連の崩壊が始まると両国は軍事衝突へと突入し、アルメニアの支持を受けたナゴルノ・カラバフ自治州は共和国として独立を宣言した。

１９９４年、アルメニアの勝利で停戦合意に至り、アルメニアはナゴルノ・カラバフ共和国を実効支配下に置く。１９８８〜１９９４年のこの一連の係争は、第一次ナゴルノ・カラバフ紛争と呼ばれる。

争いはその後も絶えず、２０２０年には**第二次ナゴルノ・カラバフ紛争**が勃発。数度の調停の末、ロシアが仲介した四度目の調停で停戦合意に至った。この紛争でアゼルバイジャンは旧地を奪還した。

両国はこの停戦後も衝突を繰り返し、２０２３年9月にアゼルバイジャンは軍事作戦を展開してナゴルノ・カラバフ共和国を1日で完全に制圧する。同共和国は国際的な承認を得られぬまま消滅した。

## ナゴルノ・カラバフの変遷

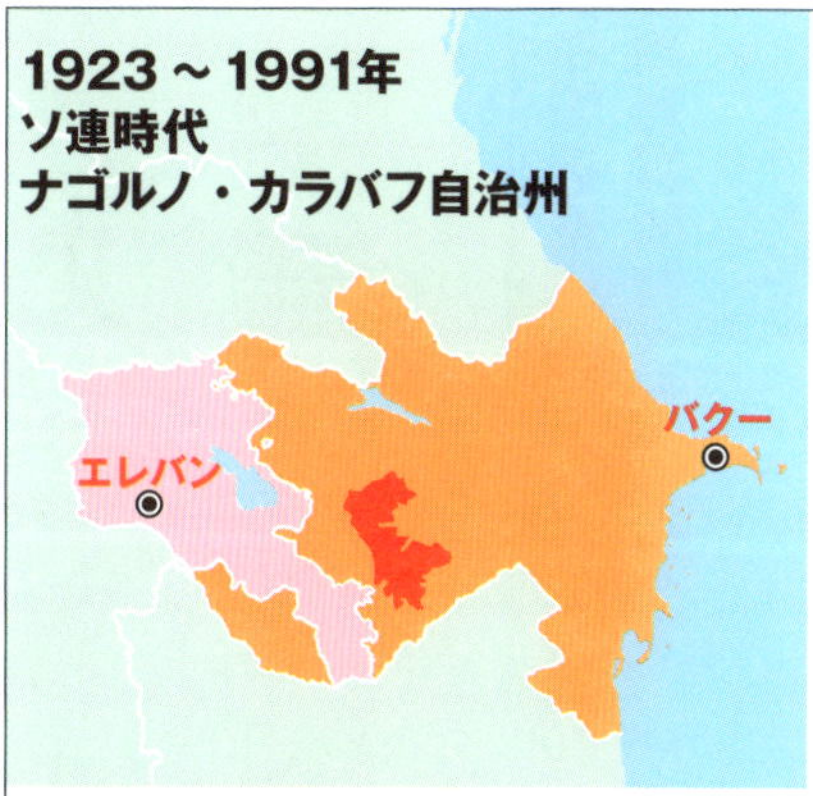
1923～1991年
ソ連時代
ナゴルノ・カラバフ自治州
バクー
エレバン

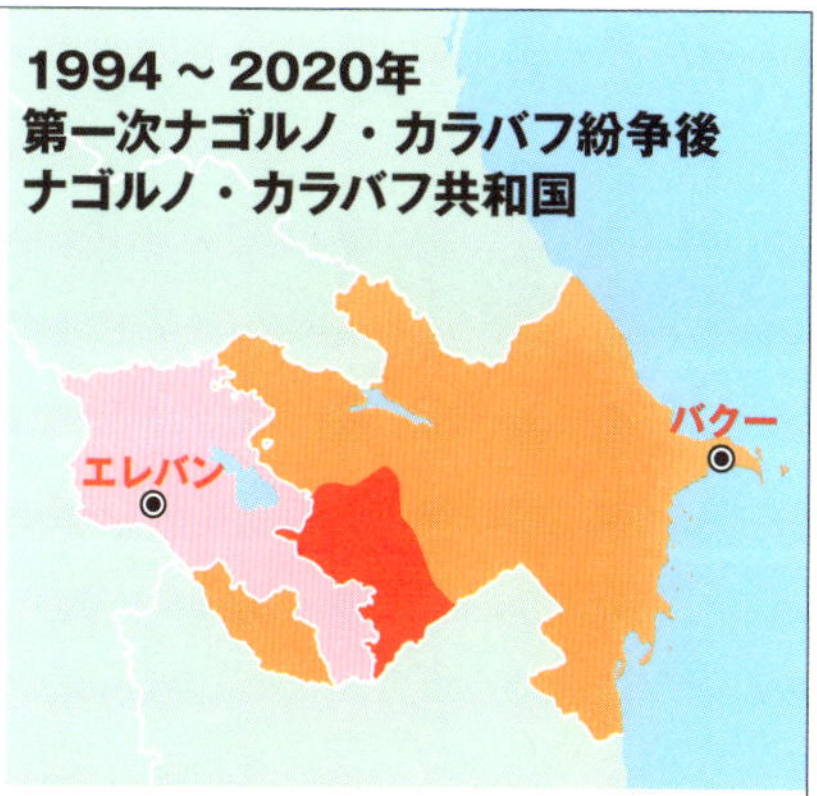
1994～2020年
第一次ナゴルノ・カラバフ紛争後
ナゴルノ・カラバフ共和国
バクー
エレバン

2020～2023年
第二次ナゴルノ・カラバフ紛争後
ナゴルノ・カラバフ共和国
バクー
エレバン
2024年に消滅

1990年初頭まではアゼルバイジャンのナゴルノ・カラバフ自治州であったが、第一次ナゴルノ・カラバフ紛争の勃発後、アルメニアがナゴルノ・カラバフとその周辺地域を実効支配した(アゼルバイジャンの領土の14%にあたる)。第二次ナゴルノ・カラバフ紛争では、アゼルバイジャンが領土の大半を掌握する。その際、ナゴルノ・カラバフの帰属は保留されたが、2023年のアゼルバイジャンによる制圧で、アゼルバイジャンが主権を回復し、2024年1月1日を以てナゴルノ・カラバフ共和国は消滅することになった。

- ナゴルノ・カラバフ
- アゼルバイジャン
- アルメニア

## 用語解説

### ナゴルノ・カラバフ

アルメニア語では「アルツァフ」と呼称される。ソ連時代のナゴルノ・カラバフの民族構成は、アルメニア人が7割強、アゼルバイジャン人が2割程度であった。1922年のソ連成立前後の時期に、アルメニアとアゼルバイジャンはナゴルノ・カラバフの帰属を主張し合い、最終的にアゼルバイジャンの自治州に定められた。1991年、自治州は「ナゴルノ・カラバフ(アルツァフ)共和国」の創設を宣言するも、国連加盟国から国家としての承認を得られないまま2024年1月に共和国は消滅する。

### 第二次ナゴルノ・カラバフ紛争

2020年9月に勃発したアルメニアとアゼルバイジャンの44日間の軍事衝突。アゼルバイジャンが勝利した要因として、アメリカとロシアのスタンスの変化も挙げられる。1990年代半ば、欧米企業の資本でロシアを通らずにアゼルバイジャンのバクー油田からトルコへ石油を輸送するBTCパイプラインが整備された。これにより、アメリカが支援してアゼルバイジャンは軍事力を増強する。また、ロシアは同じCSTO加盟国でキリスト教国のアルメニアを支持していたが、2018年に誕生したアルメニアの政権が欧米との関係強化を進めたため、距離を置いて軍事支援を控えている。

# カスピ海は海か？ 湖か？
# 沿岸5カ国が権益を分割

## 30年間近くに及ぶ論争の末共同資源開発へと動きだす

カスピ海は世界最大の塩湖（淡水でなく塩分濃度の高い水域）で、面積は約37万4000平方キロと、日本の国土の約37万8000平方キロに匹敵する。広大な水域は天然の国境となり、20世紀に入ると、沿岸線の約6分の5がソ連領、残りがイラン領に分かれた。

1991年にソ連が崩壊すると、カスピ海に接している旧ソ連のアゼルバイジャン、ロシア、カザフスタン、トルクメニスタンにイランを加えた5カ国は、その領有権を巡って論争を繰り広げる。海と湖とでは得られる権益が異なるため、それぞれにカスピ海が「海」、あるいは「湖」だと主張した。

国際法では、「海」なら領海など海岸線とその長さに応じた権利が認められるのに対し、「湖」の権利は沿岸諸国に等分される（地下資源は共同管理）。カスピ海の地下資源の推定埋蔵量は膨大で、各国は権益に影響する「海」「湖」問題で対立したのだ。

結果的には、2018年の5カ国首脳会談で、「海」とも「湖」とも規定しないことが決まる。ただし、「海」に準じて沿岸から15海里の領海と、その10海里先までの排他的漁業権を設定した。その先の公海に準ずる水域でも、5カ国以外は一切の軍事活動が禁じられた。また、領海外の地下資源やパイプライン設置などは、関係国間で協議する運びとなった。

カスピ海は沿岸5カ国の共同管理となり、20年以上停滞していた資源開発への道筋が付いた。

## 沿岸5カ国によるカスピ海の領有権問題

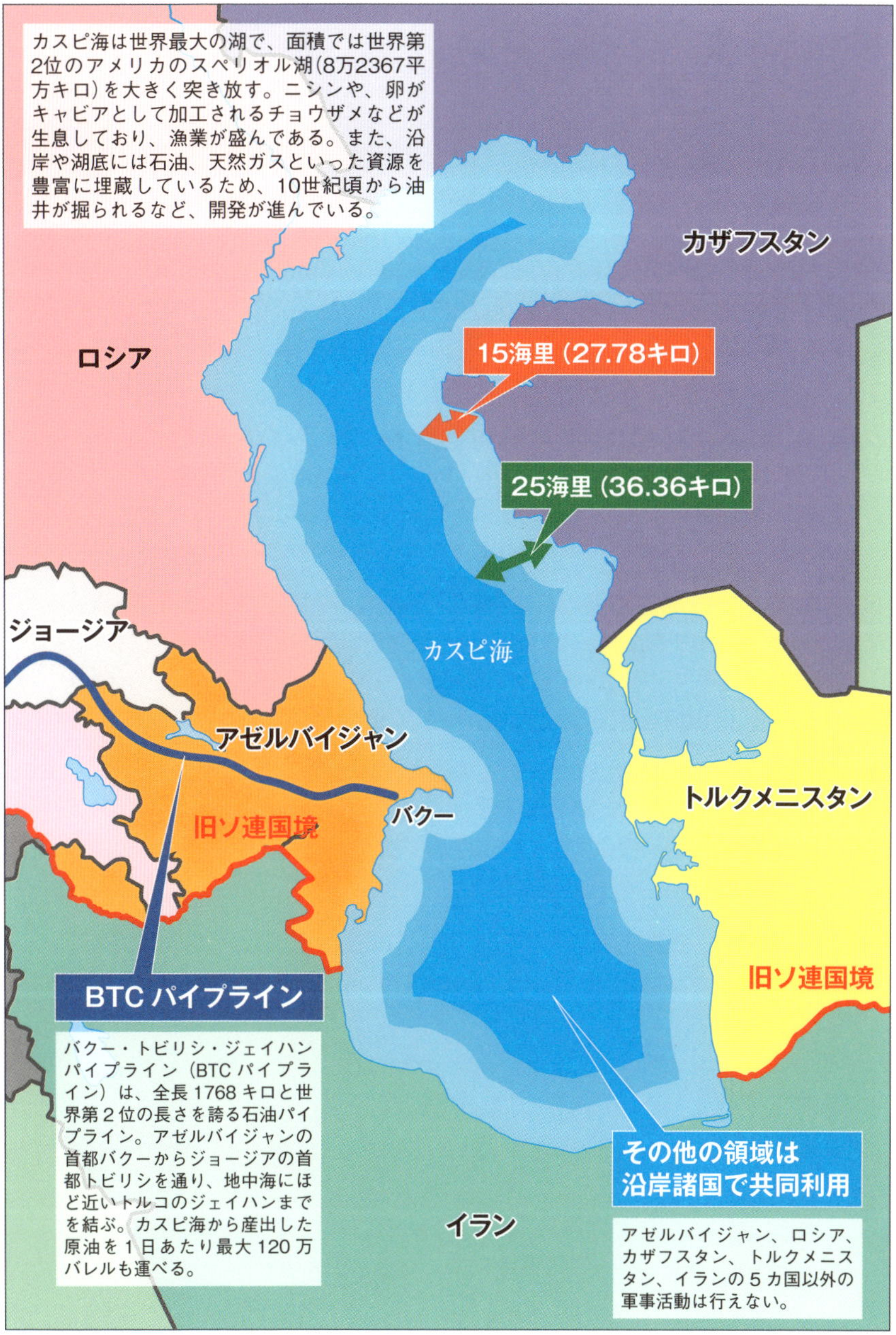
カスピ海は世界最大の湖で、面積では世界第2位のアメリカのスペリオル湖(8万2367平方キロ)を大きく突き放す。ニシンや、卵がキャビアとして加工されるチョウザメなどが生息しており、漁業が盛んである。また、沿岸や湖底には石油、天然ガスといった資源を豊富に埋蔵しているため、10世紀頃から油井が掘られるなど、開発が進んでいる。
カザフスタン
ロシア
15海里（27.78キロ）
25海里（36.36キロ）
ジョージア
カスピ海
アゼルバイジャン
トルクメニスタン
バクー
旧ソ連国境
旧ソ連国境
BTC パイプライン
バクー・トビリシ・ジェイハンパイプライン（BTC パイプライン）は、全長 1768 キロと世界第 2 位の長さを誇る石油パイプライン。アゼルバイジャンの首都バクーからジョージアの首都トビリシを通り、地中海にほど近いトルコのジェイハンまでを結ぶ。カスピ海から産出した原油を 1 日あたり最大 120 万バレルも運べる。
その他の領域は
沿岸諸国で共同利用
アゼルバイジャン、ロシア、カザフスタン、トルクメニスタン、イランの 5 カ国以外の軍事活動は行えない。
イラン

## 地政学の気になる話 ④

# 世界各地の紛争に影響を与える地球の温暖化

2015年、国連気候変動枠組条約締約国会議（COP21）で「パリ協定」が採択された。パリ協定とは、2020年以降の温室効果ガス排出削減に向けた国際的な枠組みで、世界の平均気温の上昇を産業革命以前と比べて2℃より十分に低く抑え、1.5℃に抑える努力を追求することを目的とする。

また、2024年には世界気象機関（WMO）が、2023年の世界の平均気温は観測史上最高を記録したと発表した。産業革命以後の1850～1900年と比べて、1.45℃前後も上昇したという。WMOは2023年に、今後5年の間に世界の平均気温の上昇が1.5℃を超える確率は66%とも予測している。

こうした気候変動によってグリーンランドや南極の氷床は溶解し、海面は約30センチ上昇するといわれる。海面が約30センチ上昇すれば、日本の海岸線の56%が失われるという研究もある。また、2℃上昇すると、南極をはじめ、地球上のほとんどの氷床が崩壊し、海面の上昇は10メートルに達して、多くの陸地が失われると考えられている。

じつは、世界各地で頻発する武力衝突や紛争も温暖化問題と関連している。例えば、カシミール紛争やパレスチナ紛争がそうだ。カシミール紛争は、カシミール地方の領有を巡って、インド、パキスタン、中国の間で長く続いているが、カシミール地方は、パキスタンやインドにとっては重要な水源で、インドにとっては水力発電の要所のひとつである。また、パレスチナ紛争では、ヨルダン川に連なってイスラエルとパレスチナが対峙している。ヨルダン川はこの地域最大の水資源であるが、その水利がパレスチナ紛争の原因のひとつでもある。どちらの紛争も、気象変動による水量の変化や降雨量の変化に、その行方が左右されるのは間違いない。

なお、ロシア・ウクライナ戦争が温暖化問題に投げかける影響も大きい。この戦役によって、全世界が共同して解決に当たらなければならない$CO_2$削減問題の進捗が、大きく後退せざるを得ないからである。

Chapter5

## シーパワーとランドパワーの バッファゾーン

# 韓国と北朝鮮

半島国家である韓国と北朝鮮は、シーパワー国家のアメリカと、ランドパワー国家の中国・ロシアの緩衝地帯になっている。両国の日本に対する姿勢から各国のスタンスを見てみる。

ロシア
中国
遼河
鴨緑江
平壌
北朝鮮
日本海
ソウル
仁川
韓国
黄海
釜山
日本
上海
東シナ海

# 朝鮮半島の概要

韓国と北朝鮮は、1953年に調印された朝鮮戦争の休戦協定に基づき、国境線でなく軍事境界線で分断されている。軍事境界線は北緯38度付近にあることから38度線とも呼ばれる。両国が位置する朝鮮半島は、中国とロシアという大国と陸続きで三方を海に囲まれているため、ランドパワーとシーパワーの双方から侵略・支配される歴史を繰り返してきた。朝鮮戦争以降、アメリカは韓国と同盟を結んで軍事基地を置き、中国は北朝鮮の後ろ盾となった。対立する米中は朝鮮半島で均衡を保っているが、ウクライナ侵攻に北朝鮮が武器を供与するなど、近年は北朝鮮とロシアが急接近しており、米中関係を波立たせている。

北京

海河

### 北朝鮮と韓国の軍事境界線

朝鮮戦争の休戦協定が結ばれた板門店は、南北の共同警備区域（JSA）となった。奥の建物は北朝鮮の施設。

### 北朝鮮の軍事パレード

北朝鮮では男女とも実質的に兵役の義務が課されており、2024年の兵役期間は男性8年、女性5年とされる。

黄河

### 韓国の基本データ（2023年）

| | |
|---|---|
| 面積 | 10万㎢ |
| 人口 | 5180万人 |
| 名目GDP | 1兆7128億ドル |
| 貿易輸出額 | 6322億ドル |
| 貿易輸入額 | 6426億ドル |

### 北朝鮮の基本データ（2023年）

| | |
|---|---|
| 面積 | 12万㎢ |
| 人口 | 2620万人 |
| 名目GDP | 152億ドル |
| 貿易輸出額 | 3億ドル |
| 貿易輸入額 | 27億ドル |

※北朝鮮の名目GDPは、2022年の国連統計による。

### 周辺関連諸国軍事データ

| | 軍事費 | 現役軍人数 | 軍事費対GDP |
|---|---|---|---|
| 韓国 | 447億ドル | 60万人 | 2.61% |
| 北朝鮮 | 35億ドル | 132万人 | 23.06% |
| 中国 | 2270億ドル | 203.5万人 | 1.29% |
| ロシア | 1090億ドル | 132万人 | 5.46% |
| 日本 | 530億ドル | 24.7万人 | 1.26% |

長江

韓国、北朝鮮

# 大陸／海洋国家に挟まれた半島国家が抱えるリスク

## 緩衝地帯の朝鮮半島にある韓国と北朝鮮の関係と宿命

大陸から海に突き出す半島は、ランドパワーの膨張限界である一方、シーパワーに必要な寄港地でもある。また、双方がせめぎ合う緩衝地帯にもなり得る。

ユーラシア大陸の東に位置する朝鮮半島はその典型である。三方を海に囲まれており、ランドパワーである中国との国境の川・鴨緑江は浅瀬が多くて防壁にはなりづらい。そのため、近代以降、大陸からの勢力伸張とそれを阻む海からの勢力が朝鮮半島を舞台に戦争を繰り返している。

１９０４年に勃発した日露戦争は、南下政策を行って海への出口を朝鮮半島で確立しようとするロシアと、その影響力を恐れた日本の争いだ。日露両軍は、鴨緑江から遼東半島にかけての地域や、日本海、満州南部で激戦を繰り広げ、翌年、日本の勝利で決着した。

その結果、１９１０年に日本は「**韓国併合ニ関スル条約（韓国併合条約）**」を締結し、朝鮮半島を日本に併合して統治下に置いた。第二次世界大戦が終結すると、アメリカとソ連が朝鮮半島を占領する。朝鮮半島は**38度線**を境として南北に分断され、１９４８年、アメリカを後ろ盾にした韓国と、ソ連を後ろ盾にした北朝鮮が建国された。

１９５０年には、北朝鮮が韓国へ侵攻したことで**朝鮮戦争**が勃発する。これは両国を支援するアメリカとソ連・中国の代理戦争ともいえた。１９５３年に休戦協定が締結されたが、現在まで戦争終結には至っていない。

## 朝鮮半島を狙うランドパワーとシーパワー勢力

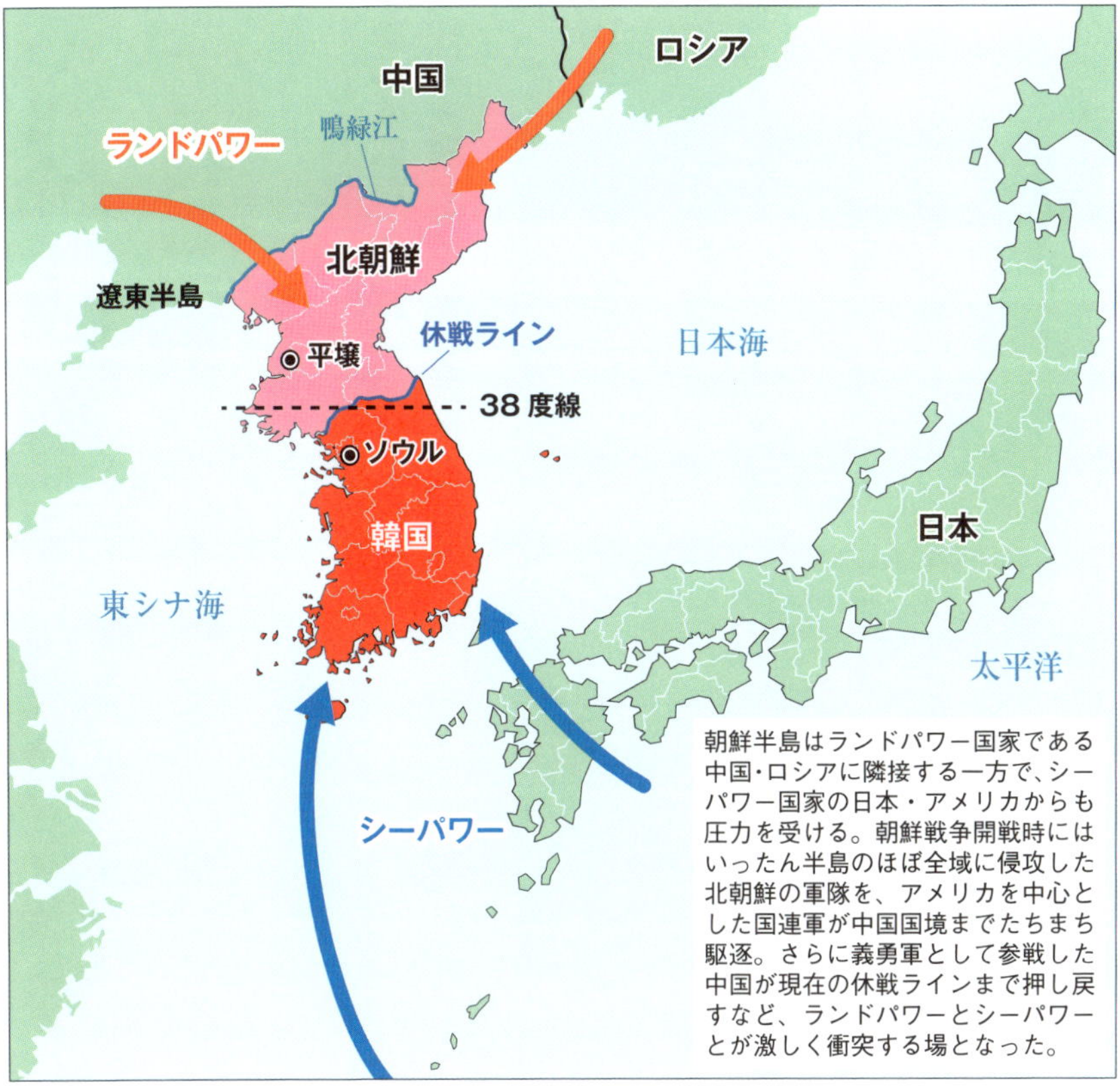


朝鮮半島はランドパワー国家である中国・ロシアに隣接する一方で、シーパワー国家の日本・アメリカからも圧力を受ける。朝鮮戦争開戦時にはいったん半島のほぼ全域に侵攻した北朝鮮の軍隊を、アメリカを中心とした国連軍が中国国境までたちまち駆逐。さらに義勇軍として参戦した中国が現在の休戦ラインまで押し戻すなど、ランドパワーとシーパワーとが激しく衝突する場となった。

## 用語解説

### 韓国併合ニ関スル条約（韓国併合条約）

1910年に調印された条約。韓国皇帝が韓国の一切の統治権を完全かつ永久に日本に譲与することと、日本国皇帝（天皇）が韓国を日本に併合することを承諾することなどが規定された。これにより実質的に朝鮮半島は植民地化され、日本の支配は第二次世界大戦が終結する1945年8月まで維持された。

### 38度線

朝鮮半島を米ソが分割し占領するため、第二次世界大戦終結直前に北緯38度線上に定められたライン。アメリカが南側、ソ連が北側を占領した。1948年にはこれを境として韓国と北朝鮮が成立した。

### 朝鮮戦争

1950年6月に半島統一を図った北朝鮮が突如韓国に侵攻して勃発。アメリカや中国を巻き込んで半島全域が戦場となる。1953年7月に休戦協定が成立し、休戦ラインが定められた。それから70年以上も休戦状態を継続しているが、戦争終結には至ってない。休戦ラインは軍事境界線として韓国と北朝鮮の実質的な国境となった。もともとの38度線と位置が変わっているが、38度線とも呼ばれる。

# 対外政策転換の大きな要因
# 韓国国内における地域対立

## 中国の属国だった朝鮮半島 現在は大国との関係に変化

韓国が位置する朝鮮半島は、比較的なだらかな地形で、険しい山脈や急流などにより大陸と分かたれていない。地理的な障害がないため、長らくランドパワーに隷属する歴史を重ねた。しかし、19世紀末以降はシーパワーの影響を受ける。最初は**日本の統治下**に置かれ、南北分断後には韓国はアメリカの勢力下に取り込まれた。

一方、隷属下で繰り返されたのは深刻な地域対立だ。紀元前1世紀から7世紀頃までの百済（ほぼ韓国南西部の全羅道）、新羅（ほぼ韓国東部の慶尚道）、高句麗（北朝鮮）の三国による相克は、今日まで引き継がれている。

韓国には、親米系統の慶尚道（朴正熙～保守政権）と対抗する北朝鮮や中国寄りの全羅道（金大中～民主政権）という色分けが存在する。１９６１年のクーデターで軍事独裁政権を樹立し、１９６３年から１９７９年まで大統領を務めた朴正熙が、出身地の慶尚道を優遇し、全羅道を冷遇したことで地域対立が深まったとされる。全羅道は、１９９８年に全羅道出身の民主派・金大中が大統領になるまで、他地域に比べてインフラ整備が遅れ、経済的にも劣っていた。

中国と直接国境を接しない韓国は、極東での米中勢力均衡のバランサーとなり得る。しかし、韓国の対外政策は**時の政権（大統領）**に大きく左右されるので、地域対立に根ざした政策の路線によっては、アメリカの世界戦略からは除外されかねない。

## 朝鮮八道と三国時代

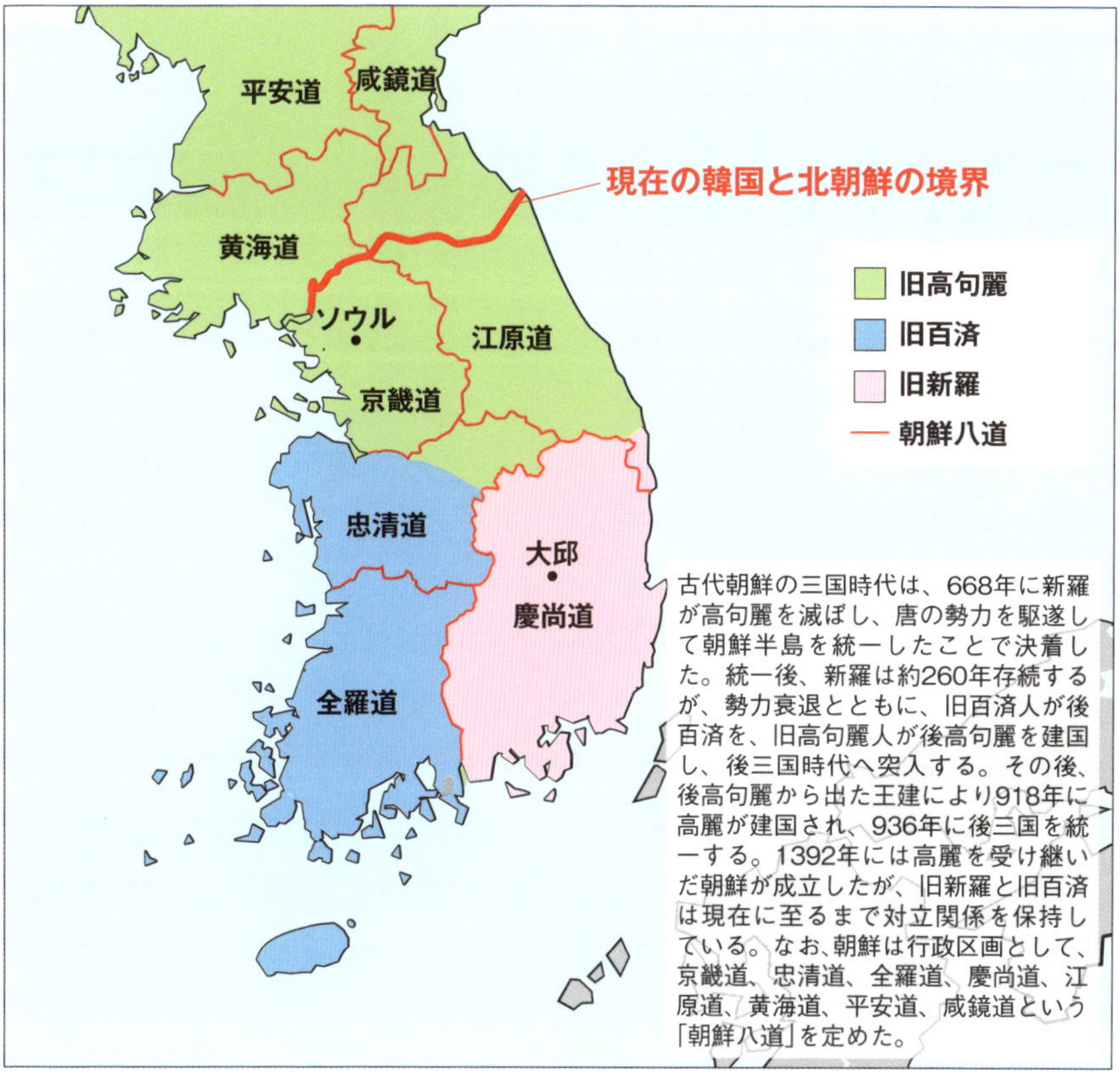
平安道
咸鏡道
現在の韓国と北朝鮮の境界
黄海道
ソウル
江原道
京畿道
忠清道
大邱
慶尚道
全羅道
旧高句麗
旧百済
旧新羅
朝鮮八道

古代朝鮮の三国時代は、668年に新羅が高句麗を滅ぼし、唐の勢力を駆逐して朝鮮半島を統一したことで決着した。統一後、新羅は約260年存続するが、勢力衰退とともに、旧百済人が後百済を、旧高句麗人が後高句麗を建国し、後三国時代へ突入する。その後、後高句麗から出た王建により918年に高麗が建国され、936年に後三国を統一する。1392年には高麗を受け継いだ朝鮮が成立したが、旧新羅と旧百済は現在に至るまで対立関係を保持している。なお、朝鮮は行政区画として、京畿道、忠清道、全羅道、慶尚道、江原道、黄海道、平安道、咸鏡道という「朝鮮八道」を定めた。

## 用語解説

### 日本の統治下

朝鮮半島の権益を巡る日清戦争（1894 ～ 1895年）後、朝鮮は清による冊封体制からは独立するが、勝利した日本の支配のもと、1897年に大韓帝国と名称を改め、1910年には「韓国併合ニ関スル条約」に基づき日本に併合された。

### 時の政権（大統領）

朴正熙（大統領在任期間は1963 ～ 1979年）と全斗煥（同1980 ～ 1988年）という軍事政権を経て、韓国は1988年に民主化した。以降の大統領の任期は5年で、各大統領の出身地は次のとおり。1988年就任の盧泰愚は大邱広域市出身。1993年就任の金泳三は慶尚南道出身。1998年就任の金大中は全羅南道出身。2003年就任の盧武鉉は慶尚南道出身。2008年就任の李明博は慶尚北道にルーツを持つ（出身は日本の大阪）。2013年就任の朴槿恵は慶尚北道出身。2017年就任の文在寅は慶尚南道出身。2022年就任の尹錫悦はソウル特別市出身。政権が交代すると旧政権関係者は排除され、政策の方針が大幅に転換する。なお、旧百済系の全羅道は地域差別の対象となっていた歴史がある。この差別は、高麗の太祖（初代国王）である王建が現在の全羅道にあたる後百済出身者の登用を戒めたことに始まる。

# テロ支援国家に指定される北朝鮮の核とミサイル開発

## 核を含む大量破壊兵器で世界に対して存在感を誇示

東西冷戦当初、北朝鮮はソ連と中国を後ろ盾にしていた。しかし、中ソ関係が悪化するにつれ、中国との関係を深め、中国というランドパワーの緩衝地帯としての役割を担うようになる。ところが、１９９０年代に中国が社会主義市場経済に移行し、西側諸国と経済面での結び付きを強めると、緩衝地帯としての存在意義は低下。北朝鮮は軍事力を強化する。

同時期、アメリカは、核開発を含む大量破壊兵器を開発しているとして、**「テロ支援国家」**に北朝鮮や**イラク**、**リビア**、**イラン**などを指定していた。このうちイラクはイラク戦争により体制が崩壊し、リビアは２００３年に大量破壊兵器の放棄を宣言した。北朝鮮とイランは変わらず核開発に邁進。北朝鮮は２００５年に核保有を宣言して、翌年に核実験を成功させた。

核の実用手段となる弾道ミサイルの開発は１９８０年代から行われているとされており、２０１０年代にはＩＣＢＭ（大陸間弾道ミサイル）を保有するまでになった。現在、射程範囲にヨーロッパ全土、アメリカ本土を収め、中露に対しても強力な圧力となっている。

一方、韓国では２０２２年5月に5年ぶりの保守政権が誕生した。これにより、再び日米韓の連携体制が強固となることを北朝鮮は恐れている。現に２０２２年のミサイル発射は31回59発にも及んだ。

体制維持を第一とする北朝鮮は、ミサイルを発射することで世界に対して存在感をアピールしている。

## 北朝鮮の大陸間弾道ミサイルの射程範囲

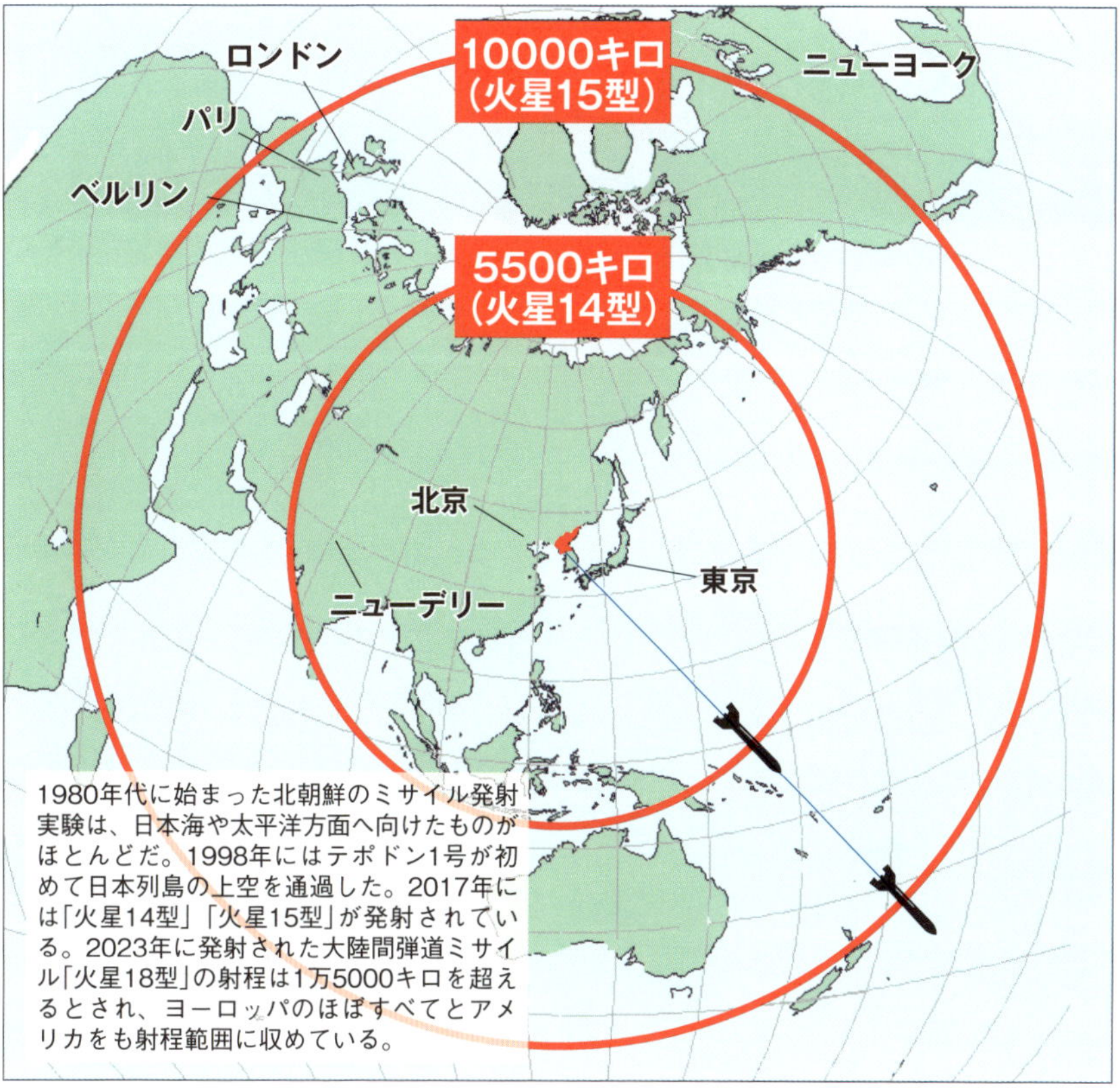
10000キロ
（火星15型）
5500キロ
（火星14型）
ロンドン
パリ
ベルリン
ニューヨーク
北京
ニューデリー
東京

1980年代に始まった北朝鮮のミサイル発射実験は、日本海や太平洋方面へ向けたものがほとんどだ。1998年にはテポドン1号が初めて日本列島の上空を通過した。2017年には「火星14型」「火星15型」が発射されている。2023年に発射された大陸間弾道ミサイル「火星18型」の射程は1万5000キロを超えるとされ、ヨーロッパのほぼすべてとアメリカをも射程範囲に収めている。

## 用語解説

### テロ支援国家

アメリカは1979年から、テロを行っている国、テロ組織に資金・物資を援助する国をテロ支援国家に指定し、経済制裁を課している。2024年時点では、シリア、イラン、キューバ、北朝鮮を指定する。

### イラク、リビア、イラン

イラクについてアメリカは、2003年3月、大量破壊兵器を開発・保有しているとして首都バクダッドを爆撃し、イラク戦争へと発展。イラクの大統領サダム＝フセインは逃亡して政権は崩壊した。2011年にアメリカが撤収して戦争は終結するが、イラクによる大量破壊兵器や核兵器の開発・保有の事実は確認されていない。リビアは、1969年からカダフィ大佐による独裁が敷かれ、1979年にテロ支援国家に指定されて経済制裁の対象となった。2003年12月に核開発を含む大量破壊兵器の放棄を宣言し、経済制裁は解除された。2011年、リビア内戦が勃発してカダフィは殺害され、独裁政権に終止符が打たれている。イランは、パフラヴィ朝時代にアメリカの支援で核開発を開始。1979年のイラン革命後も核開発は継続され、同年にテロ支援国家に指定された。2015年の核合意締結で核開発を中止するが、2018年にアメリカが核合意から離脱してイランに再度経済制裁を行うと、翌年に核開発を再開した。

## 地政学の気になる話 5

# 韓国と北朝鮮の南北統一を阻む経済格差と政治体制の隔絶

本来はひとつの国であるが、なんらかの理由でふたつの国に分かれている国を「分断国家」という。第二次世界大戦後には、おもにイデオロギーの対立からいくつかの分断国家が生まれた。代表的な例として、西ドイツと東ドイツ、南ベトナムと北ベトナムなどが挙げられる。ただし、1990年に再統一されたドイツのように、東西冷戦の終結などにより多くの分断が1990年代までに解消されている。

一方で、朝鮮半島では未だに統一への道筋が見えない。

韓国と北朝鮮はどちらも憲法に「祖国統一」を明記しており（なお、北朝鮮は韓国を敵対国と規定する憲法改正を行ったと2024年10月に報じられた）、1948年までひとつの国であった両国にとって統一は悲願ともいえる。ところが、1969年に韓国で実施された調査では国民の9割が統一を支持すると答えていたものの、2018年の調査ではその割合が6割以下に低下している。50年間でそれぞれの国内外の状況が大きく変わり、悲願だけでは統一を進められないと感じ始めているのである。

例えば、国連が発表した2022年の名目GDPを見ると、韓国は1兆6739億ドルと世界13位の経済大国である一方、北朝鮮は152億ドルと推測され、国民ひとりあたりの所得ではおよそ30倍もの近い差がある。1990年のドイツの統一には巨額の費用が投入されたが、これを韓国と北朝鮮に当てはめて試算すると、最大5兆ドルに達するという。南北統一となれば、この費用のほとんどを負担するのは韓国とならざるを得ない。

他に南北統一の障害となるのは、政治体制の隔絶だ。1987年の盧泰愚大統領候補による民主化宣言以来、韓国は民主主義の歴史を重ねてきた。一方の北朝鮮は建国以来、金日成、金正日、金正恩の三代にわたって一族支配による絶対的な独裁体制を敷き、世界でも類を見ない軍事国家・警察国家となった。経済格差以上に、長年に及ぶ政治体制の違いは両国の統一を試みる際に重くのしかかるのは間違いない。

Chapter6

## シーレーンや海域の領有権を軸に大国と対抗

# 東南アジアとインド

中東と極東とを結ぶシーレーンを擁する東南アジアからインドにかけては、海洋進出に乗り出す大国にとって抑えるべき拠点となる。この海域における各国の思惑を読み解いていく。

# 東南アジアとインドの概要

ASEAN（東南アジア諸国連合）は、日本など他のアジア諸国と同様に、経済や安全保障の面で中国やアメリカといった大国に依存する傾向にある。ASEANのうち、シンガポールとベトナムは親アメリカ派で南沙諸島を巡って中国と対立し、ラオスとカンボジアは中国寄りでベトナムと対立、タイはアメリカ・中国とのバランス外交を行っている。また、インドは伝統的に非同盟、全方位外交を志向しているが、石油タンカーの海洋ルートであるインド洋を巡って中国と対立する。

ASEANは東南アジア諸国連合（Association of Southeast Asian Nations）の略称で、政治・安全保障や経済、社会・文化の協力強化を目的とした地域共同体。1967年「バンコク宣言」に基づき、タイ、フィリピン、マレーシア、インドネシア、シンガポールの5カ国にて設立された。その後、ブルネイ、ベトナム、ラオス、ミャンマー、カンボジアが順次加盟し、現在は東南アジアの10カ国で構成されている。近年は加盟各国とも高い経済成長率を示しており、世界の「開かれた成長センター」となる潜在力が注目されている。

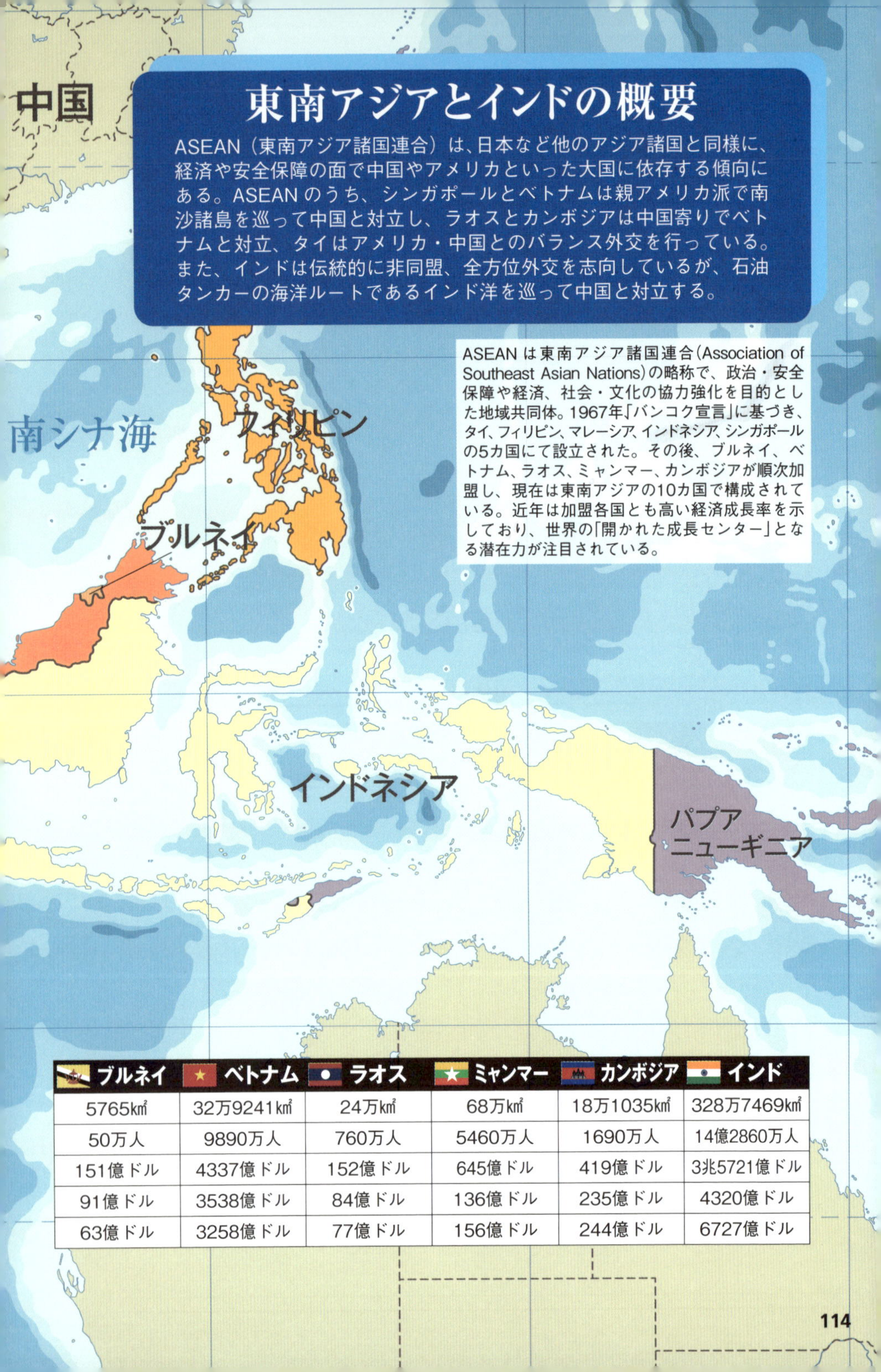
中国
南シナ海
フィリピン
ブルネイ
インドネシア
パプア
ニューギニア

| ブルネイ | ベトナム | ラオス | ミャンマー | カンボジア | インド |
|---|---|---|---|---|---|
| 5765㎢ | 32万9241㎢ | 24万㎢ | 68万㎢ | 18万1035㎢ | 328万7469㎢ |
| 50万人 | 9890万人 | 760万人 | 5460万人 | 1690万人 | 14億2860万人 |
| 151億ドル | 4337億ドル | 152億ドル | 645億ドル | 419億ドル | 3兆5721億ドル |
| 91億ドル | 3538億ドル | 84億ドル | 136億ドル | 235億ドル | 4320億ドル |
| 63億ドル | 3258億ドル | 77億ドル | 156億ドル | 244億ドル | 6727億ドル |

### 周辺関連諸国軍事データ

| | 軍事費 | 現役軍人数 | 軍事費対GDP |
|---|---|---|---|
| タイ | 77億ドル | 36.1万人 | 1.50% |
| フィリピン | 41億ドル | 15万人 | 0.94% |
| マレーシア | 44億ドル | 11.3万人 | 1.05% |
| インドネシア | 250億ドル | 40万人 | 1.82% |
| シンガポール | 135億ドル | 5.1万人 | 2.69% |
| ベトナム | 79億ドル | 60万人 | 1.82% |
| ラオス | 0.4億ドル | 10万人 | 0.26% |
| ミャンマー | 27億ドル | 15万人 | 4.19% |
| カンボジア | 7億ドル | 22.1万人 | 1.67% |
| インド | 740億ドル | 145.6万人 | 2.07% |

※ブルネイの軍事データは公表されていない。

### ASEAN各国とインドの基本データ（2023年）

| | タイ | フィリピン | マレーシア | インドネシア | シンガポール |
|---|---|---|---|---|---|
| 面積 | 51万4000㎢ | 29万8170㎢ | 33万㎢ | 192万㎢ | 720㎢ |
| 人口 | 7180万人 | 1億1730 万人 | 3430万人 | 2億7750万人 | 600万人 |
| 名目GDP | 5149億ドル | 4366億ドル | 4156億ドル | 1兆3712億ドル | 5014億ドル |
| 貿易輸出額 | 2846億ドル | 729億ドル | 3128億ドル | 2589億ドル | 4763億ドル |
| 貿易輸入額 | 2898億ドル | 1330億ドル | 2658億ドル | 2219億ドル | 4234億ドル |

# 小国ながら世界の物流拠点
# シンガポールの経済戦略

## 地理的な優位性を活かして流通の中核から経済立国に

シンガポール共和国は、マレー半島の先端に位置する。マレー半島の西側には東西を結ぶ海上交通路のマラッカ海峡が通っており、シンガポールはその要衝である。そのため、世界の物流のハブ拠点として重要な役割を担っている。

国土は東京23区よりやや大きい７２０平方キロしかないながらも、世界の物流拠点であるがゆえに高い経済力を誇る。２０２３年のひとりあたりの名目ＧＤＰは約８・５万ドルと世界第5位で、国際競争力も世界トップクラスである。

シンガポールの国としての歴史は浅く、もともとはマレーシアに属していた。１８２４年、マレー半島、およびボルネオ島西北部は、イギリスにより植民地支配される。太平洋戦争中、この区域は日本に占領され、戦後は再びイギリスの植民地となる。１９５９年にイギリスから自治権を得ると、１９６３年に連邦国家マレーシアが成立した際に、シンガポールはその１州となった。そして、１９６５年に人口の約75％を占める中華系の国家として、マレーシアから分離独立を果たす。

## 初代首相の強権的な政策が今日の驚異的な発展を実現

分離独立後、国土が狭く、資源にも乏しいシンガポールは、初代首相であるリー・クアンユーの強権的ともいえる成長戦略によって経済立国へと邁進する。独立した年には国際連合に加盟し、１９６７年には東南アジアの他の４つの

## マラッカ海峡とシンガポール海峡

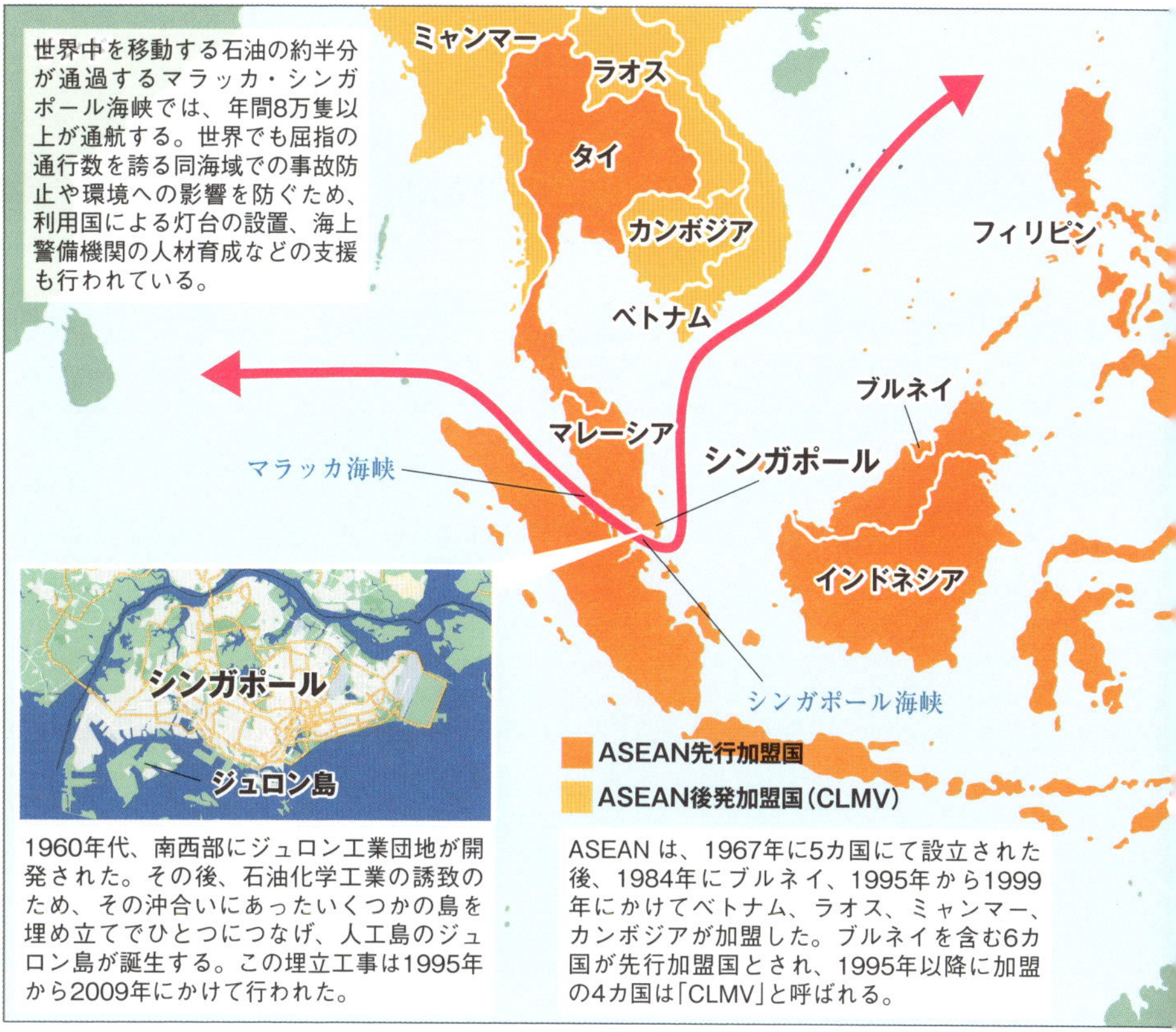
ミャンマー
ラオス
タイ
カンボジア
ベトナム
フィリピン
マレーシア
ブルネイ
シンガポール
マラッカ海峡
インドネシア
シンガポール海峡
ASEAN先行加盟国
ASEAN後発加盟国（CLMV）
シンガポール
ジュロン島

世界中を移動する石油の約半分が通過するマラッカ・シンガポール海峡では、年間8万隻以上が通航する。世界でも屈指の通行数を誇る同海域での事故防止や環境への影響を防ぐため、利用国による灯台の設置、海上警備機関の人材育成などの支援も行われている。

1960年代、南西部にジュロン工業団地が開発された。その後、石油化学工業の誘致のため、その沖合いにあったいくつかの島を埋め立てでひとつにつなげ、人工島のジュロン島が誕生する。この埋立工事は1995年から2009年にかけて行われた。

ASEANは、1967年に5カ国にて設立された後、1984年にブルネイ、1995年から1999年にかけてベトナム、ラオス、ミャンマー、カンボジアが加盟した。ブルネイを含む6カ国が先行加盟国とされ、1995年以降に加盟の4カ国は「CLMV」と呼ばれる。

国（タイ、フィリピン、マレーシア、インドネシア）とともにＡＳＥＡＮを設立した。

また、税制優遇措置などで積極的に外資系企業を誘致するリー首相の政策は、現在に至る経済成長の礎となった。例えば、南西部に位置するジュロン工業団地内の企業は、石油を原料とした加工製品を海外に輸出することで、シンガポールの経済成長を促した。

さらに、優秀な人材を育成するための教育や国内のインフラ整備などに注力した結果、１９９０～２０００年代に驚異的な経済発展を遂げる。

地理的優位性を存分に活かしたシンガポールの発展モデルは、地政学を活用した成功例として国際的に注目を集めている。

# 南シナ海の領有権で衝突 東南アジアの5カ国と中国

東南アジア

## 6カ国がそれぞれ主張して南沙諸島の岩礁を実効支配

南シナ海には２００以上の島と岩礁が存在するが、それらのほとんどは南部の南沙諸島とその周辺にある。海に面する中国をはじめ、台湾、フィリピン、ベトナム、ブルネイ、マレーシアの6カ国が領有権を主張している海域だ。

ブルネイ以外の国は、南沙諸島に属する複数の岩礁・砂州を実効支配し、その数は２０１７年時点でベトナムが最も多く、フィリピン、中国という順になる。各国ともに支配岩礁の埋め立てを進めて人工島を形成。国際法上は領土と認められないまま占拠している。

中国は独自に引いた「九段線」をもとに南シナ海のほぼ全域の領有権を主張する。１９９５年にはフィリピンが領有権を主張するミスチーフ礁の実効支配を強行。フィリピンは国際法に違反するとして中国を提訴した。

２０１６年、オランダのハーグ常設仲裁裁判所はフィリピンの主張を認める。ところが反発した中国は自国が形成した人工島上に滑走路や港を建設し、軍事拠点化を進めることとなった。

南沙諸島での海軍力を増強する中国の強硬姿勢はエスカレートするばかりで、南シナ海問題は平和的解決にはほど遠いのが現状だ。

２０２１年には、南シナ海でフィリピンの輸送船が中国の海警船に進路を妨害されるといった事件が複数回発生し、２００隻以上の中国船団（軍艦含む）が長期停泊するなど、関係諸国間を中心に中国の強行策への懸念が高まっている。

## 6カ国それぞれが主張する南シナ海の領有権の範囲

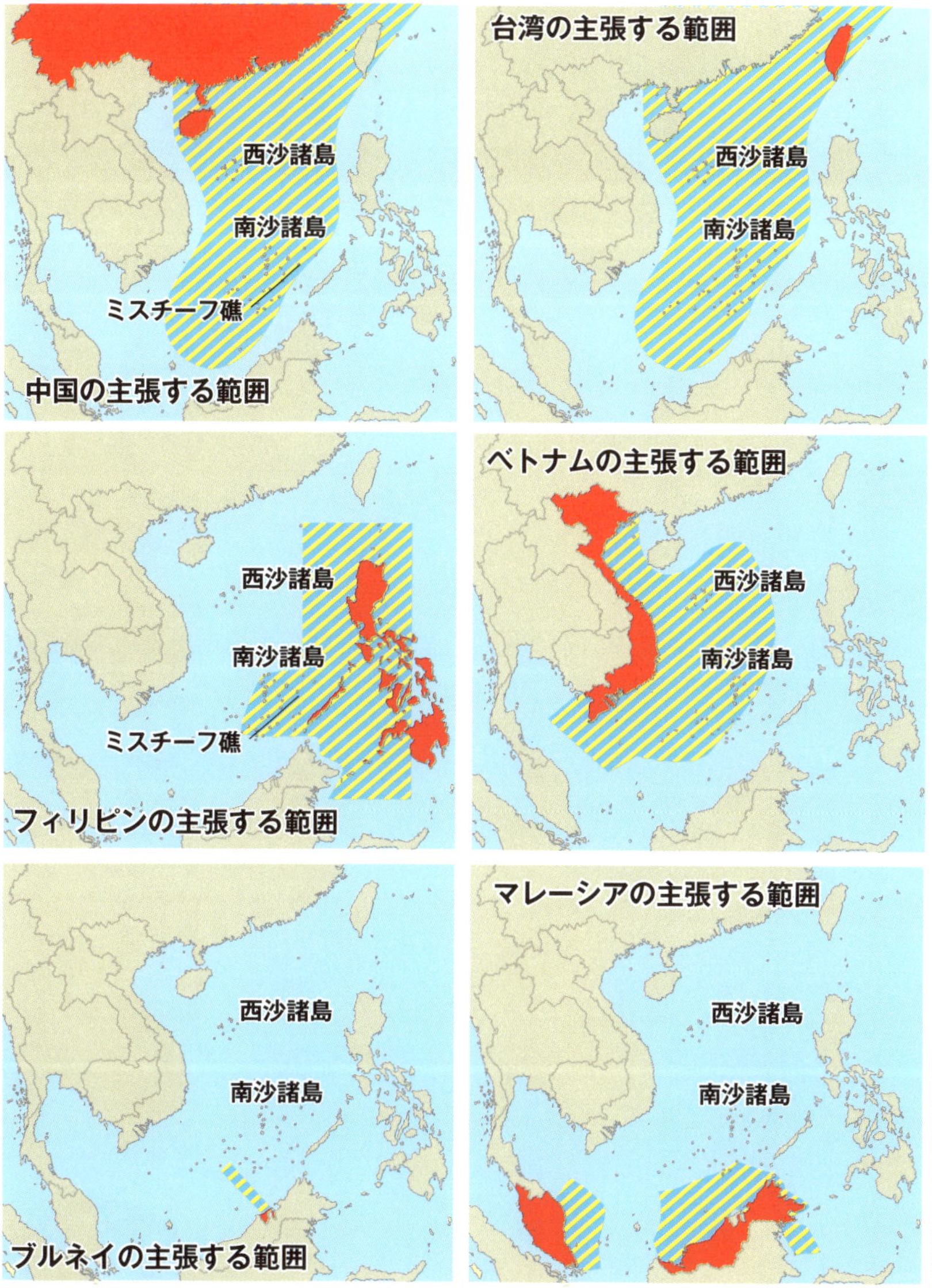


黄色と緑色の縞模様の範囲が南シナ海における各国の主張する排他的経済水域(EEZ)。南シナ海に面する中国、台湾、フィリピン、ベトナム、ブルネイ、マレーシアがそれぞれ領有権を主張し対立する。最も強硬な中国は、南シナ海のほぼ全域が含まれる九段線に基づいて、広範な領有権を強弁し、軍事力を背景に実質的な支配に動く。なお、九段線のベースとなったのは1947年に中華民国が作成した十一段線なので、台湾(中華民国)も中国と同じ範囲の領有権を主張している。

# 版図で争いつつ貿易で協力 ベトナムの曖昧な対中政策

## 数度の戦争で対立しながら関税撤廃により活発に交易

　第二次世界大戦後、南北に分断されていたベトナムだが、1976年の共産党政権による統一以降、領土問題に根差した中国との対立が表面化し始める。

　1978年、ベトナムが親中政権であったカンボジアに侵攻したことをきっかけとして、中国とベトナムの間で武力衝突が起こり、翌年には**中越戦争**へと発展した。ただし、これは短期間の限定的な戦争であり、中国側の動きはベトナムへの懲罰的な姿勢に留まった。

　南シナ海の領有権を巡っては、1974年の西沙諸島の戦いで中国が勝利している。1988年のスプラトリー諸島海戦でも中国軍が制圧し、この海域も中国の勢力圏となった。シーパワーとして権勢を振るう中国に、ベトナムは警戒態勢を強めることとなる。

　その後も中国は、2002年に「**ASEAN中国包括的経済協力枠組み協定**」が調印されて以来、東南アジア圏での影響力をさらに拡大させていく。

　南シナ海問題を巡る中国とベトナムの対立は、依然として先行きが不透明ではあるが、経済的な交流は今なお活発だ。ベトナムは中国から輸入した**半製品**を自国で加工し、その製品を他国へ輸出する貿易を盛んに行っており、2022年のベトナムの貿易相手国のうち、中国は輸出が第2位、輸入は第1位であった。ベトナムは「協力しながら闘争する」という曖昧な対中政策をとっており、安定した中越関係は未だ実現していない。

## ベトナムと中国の対立

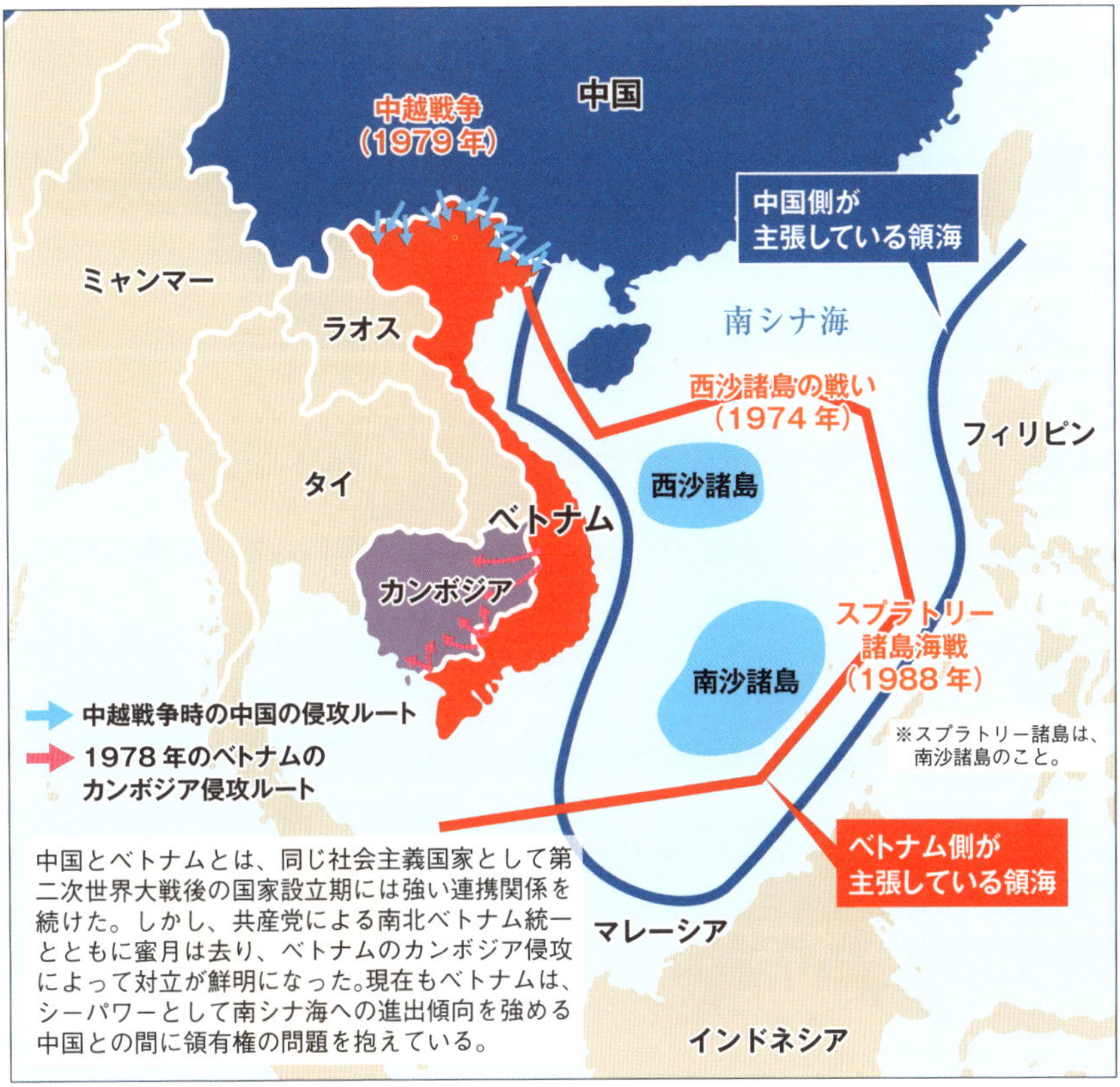
中国
中越戦争
（1979年）
中国側が
主張している領海
ミャンマー
ラオス
南シナ海
西沙諸島の戦い
（1974年）
フィリピン
タイ
西沙諸島
ベトナム
カンボジア
スプラトリー
諸島海戦
（1988年）
南沙諸島
中越戦争時の中国の侵攻ルート
1978年のベトナムの
カンボジア侵攻ルート
※スプラトリー諸島は、
南沙諸島のこと。
ベトナム側が
主張している領海
マレーシア
インドネシア

中国とベトナムとは、同じ社会主義国家として第二次世界大戦後の国家設立期には強い連携関係を続けた。しかし、共産党による南北ベトナム統一とともに蜜月は去り、ベトナムのカンボジア侵攻によって対立が鮮明になった。現在もベトナムは、シーパワーとして南シナ海への進出傾向を強める中国との間に領有権の問題を抱えている。

### 用語解説

**中越戦争**

1978年のベトナムによるカンボジア侵攻への懲罰として、中国は1979年2月17日にベトナムへと侵攻し、両国は国境一帯で戦闘を開始する。同年3月16日、中国軍はベトナム領から撤退。両国とも勝利宣言を行い、帰趨があやふやなまま終結した。ちなみに、1974年の西沙諸島の戦いと1988年のスプラトリー諸島海戦も、戦闘は数日もしくは1日とごく短期間のうちに終結している。

**ASEAN中国包括的経済協力枠組み協定**

2002年11月調印の関税削減を目的とする協定。2004年から農水産品と鉱工業品の一部について関税引き下げが行われた。2010年にはこの協定に基づき、ASEAN 中国自由貿易協定（ACFTA）を中国と先行加盟国の6カ国で発効（2015年に CLMV も発効）。ノーマルトラック品目の大半が関税撤廃された。

**半製品**

生産に必要なすべての工程が完了していない中間的製品のこと。他国に比べて物価が安く、人件費を抑えられる国には、半製品を国外から仕入れて自国内で加工し、輸出する企業が数多く存在する。

# インドを含む新興経済大国の台頭

2000 年代以降、「BRICS」と呼ばれるブラジル、ロシア、インド、中国、南アフリカの 5 カ国が、新興の経済大国として存在感を増している。いずれも広大な国土と多くの人口、豊富な天然資源を有し、経済成長が著しい。2009 年以降、定期的に 5 カ国での首脳会議が開かれ(南アフリカは 2011 年から参加)、条約などの取り決めはないながらも相互の利益を追求する連合体として機能している。2024 年 1 月にはエジプト、エチオピア、イラン、サウジアラビア、アラブ首長国連邦の 5 カ国が新たに加盟した。10 カ国を合計すると、人口は世界の過半数に近く、GDP も 3 割に迫る。

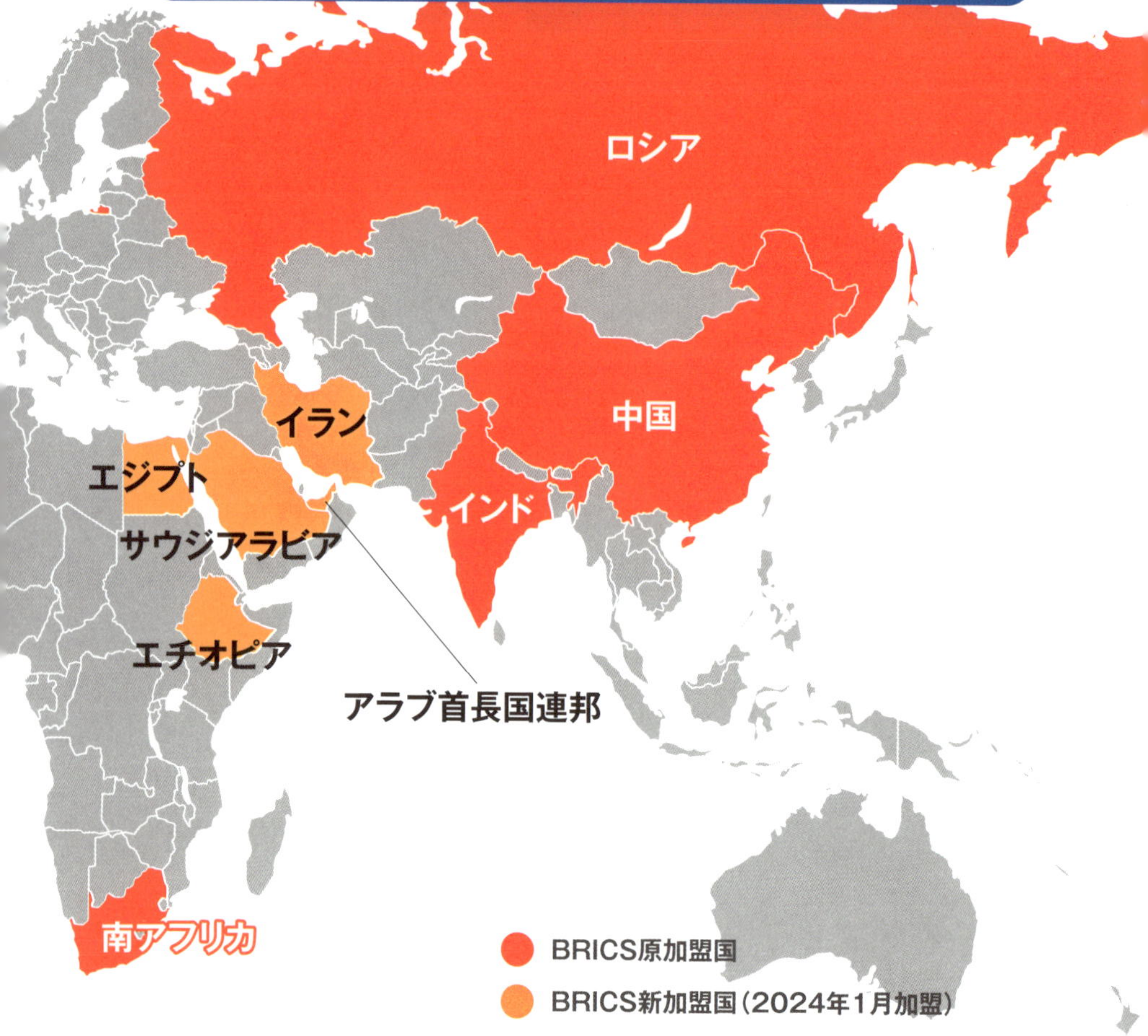
ロシア
中国
イラン
インド
エジプト
サウジアラビア
エチオピア
アラブ首長国連邦
南アフリカ
BRICS原加盟国
BRICS新加盟国(2024年1月加盟)

BRICS という名称は、ブラジル(Brazil)、ロシア(Russia)、インド(India)、中国(China)、南アフリカ(South Africa)の頭文字からとられた。2024年に5カ国が新規加盟した後も名称は BRICS のまま変わらない。なお、サウジアラビアは、2024年1月に商業相が「正式にはまだ加盟していない」と発言している。

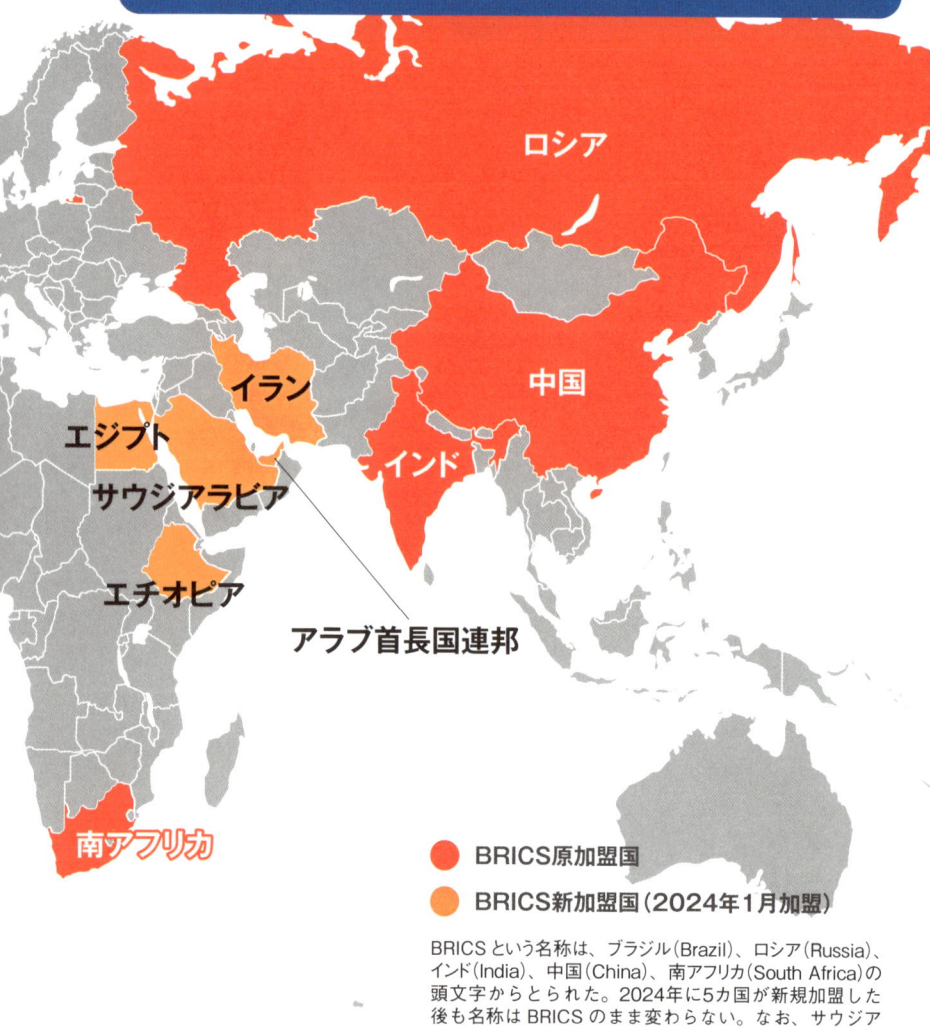

## BRICSの名目GDP（2023年）

| 国名 | 名目GDP | 世界のGDP比 | GDPの世界ランキング | 人口 |
|---|---|---|---|---|
| 中国 | 17兆6620億ドル | 16.85% | 2位 | 14億2570万人 |
| インド | 3兆5721億ドル | 3.41% | 5位 | 14億2860万人 |
| ブラジル | 2兆1737億ドル | 2.07% | 9位 | 2億1640万人 |
| ロシア | 1兆9970億ドル | 1.91% | 11位 | 1億4440万人 |
| サウジアラビア | 1兆676億ドル | 1.02% | 19位 | 3690万人 |
| アラブ首長国連邦 | 5042億ドル | 0.48% | 30位 | 950万人 |
| イラン | 4035億ドル | 0.39% | 38位 | 8920万人 |
| エジプト | 3939億ドル | 0.38% | 39位 | 1億1270万人 |
| 南アフリカ | 3777億ドル | 0.36% | 40位 | 6040万人 |
| エチオピア | 1597億ドル | 0.15% | 60位 | 1億2650万人 |
| 合計 | 28兆3114億ドル | 27.02% | | 36億5030万人 |

### BRICSが世界人口に占める割合

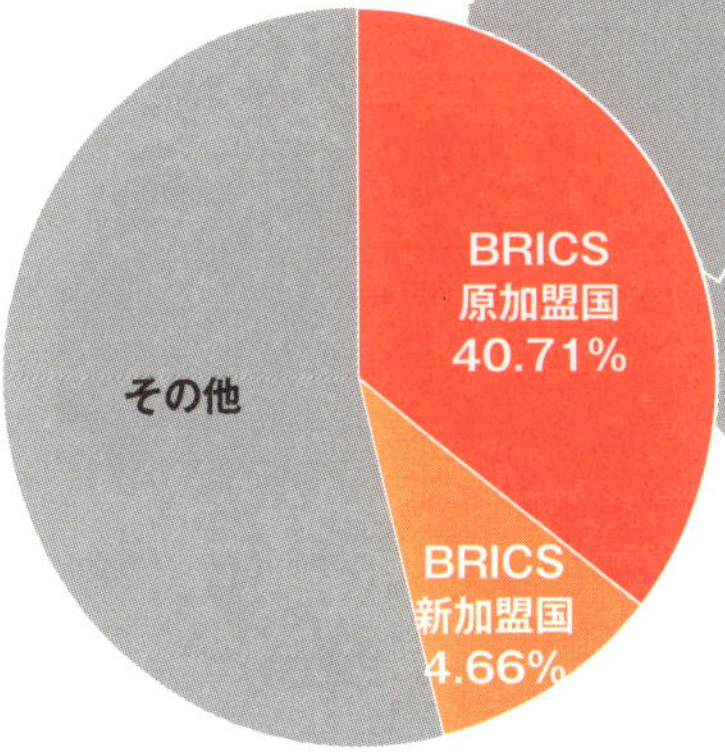
BRICS
原加盟国
40.71%
BRICS
新加盟国
4.66%
その他

ブラジル

### BRICSの首脳たち

XV BRICS SUMMIT

2023年8月に行われた第15回 BRICS サミット時の BRICS 国家元首と政府首脳たち。左からブラジルのルーラ・ダ・シルバ大統領、中国の習近平国家主席、南アフリカのシリル・ラマポーザ大統領、インドのナレンドラ・モディ首相、ロシアのセルゲイ・ラブロフ外務大臣。

# 中国とインドが互いに競う インド洋のシーレーン戦略

## 中国の「真珠」に対抗する インドの「ダイヤモンド」

「亜大陸（疑似大陸）」といわれるインドは三方を海に囲まれ、陸では、東側でミャンマーとイスラム教国であるバングラデシュ、西側で同じくイスラム教国であるパキスタン、北側でネパール、ブータン、中国と接している。

インドと中国は長年にわたり国境争いが絶えないが、近年ではインド洋での覇権争いも顕在化している。インド洋は西洋と東洋を結ぶ位置にあり、マラッカ海峡とホルムズ海峡というチョークポイントを有する。世界的に最重要のシーレーン（海上交通路）のひとつだ。

そのインド洋では、中国がインドと対立するパキスタンと連携して、「**真珠の首飾り**」というシーレーン戦略を進めている。この「真珠の首飾り」による包囲網が完成すれば、インドは国外への伸張を阻まれ、地政学的に大きなリスクを抱えることとなる。

対抗策として、インドが掲げたのが「**ダイヤのネックレス**」という戦略だ。これは中国の「真珠の首飾り」をさらに外側から包囲するシーレーンである。インドはこの戦略を実現するため、ミャンマーなどの東南アジア諸国やアフリカ東部諸国と連携し、中国による包囲網の阻止を企図している。

ただし、インドは国内外において**テロ活動の脅威**にさらされている。そのため、防衛予算の多くを陸軍に振り分けざるを得ない。海軍力の増強は容易ではなく、「ダイヤのネックレス」戦略に対する障害となっている。

## インドと中国のシーレーン戦略

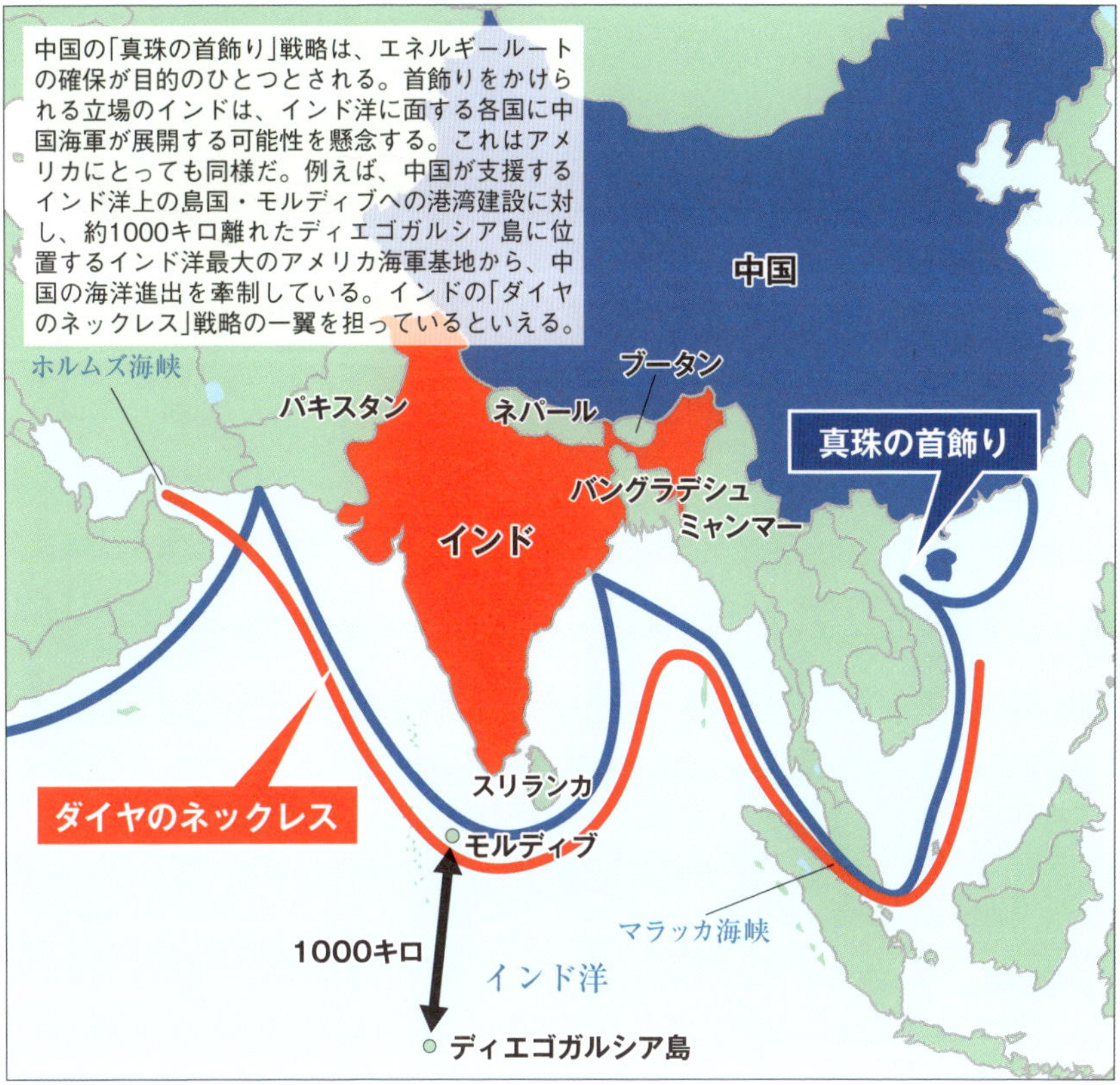
中国の「真珠の首飾り」戦略は、エネルギールートの確保が目的のひとつとされる。首飾りをかけられる立場のインドは、インド洋に面する各国に中国海軍が展開する可能性を懸念する。これはアメリカにとっても同様だ。例えば、中国が支援するインド洋上の島国・モルディブへの港湾建設に対し、約1000キロ離れたディエゴガルシア島に位置するインド洋最大のアメリカ海軍基地から、中国の海洋進出を牽制している。インドの「ダイヤのネックレス」戦略の一翼を担っているといえる。
中国
ホルムズ海峡
パキスタン
ネパール
ブータン
真珠の首飾り
バングラデシュ
ミャンマー
インド
スリランカ
ダイヤのネックレス
モルディブ
1000キロ
マラッカ海峡
インド洋
ディエゴガルシア島

### 用語解説

**真珠の首飾り**

一帯一路の実現を目指し、インド洋の沿岸国に港湾建設の支援などを行って関係を構築する中国の外交戦略。中国が整備した港とシーレーンが真珠のネックレスのように見えることから命名された。なお、なかには沿岸開発による負債を抱え、中国に港湾権益の譲渡を迫られている国もある。

**ダイヤのネックレス**

「真珠の首飾り」戦略に対抗するためにインドが掲げた戦略。東南アジア諸国やアフリカの東部諸国と連携し、インドを取り囲むシーレーンの「真珠の首飾り」をさらに外側から包囲する。真珠よりも高価で頑丈という意味からダイヤモンドと命名された。

**テロ活動の脅威**

1947年にイギリスから独立して以来、宗教間対立や民族対立などの問題を抱えるインドは、過激派組織のテロ活動に悩まされており、2020年は679件ものテロ事件が発生した。治安維持のため、インド軍は世界第2位の規模となる約145万人（＋予備役約115万人）の兵力を有する。

インド・パキスタン

# カシミール地方を奪い合う インドとパキスタンの対立

**昔からの交通の要衝を巡り 印パ中の3カ国が実効支配**

　インドとパキスタンに跨るカシミール地方は、古代からインドとチベット、中央アジア方面をつなぐ交通の要衝である。

　現在、カシミール地方はインドとパキスタンの国境紛争地にあたり、管理ライン（旧停戦ライン）を挟んで東側半分をインド、西側半分をパキスタンが実効支配している。その帰属を巡っては、1947年、1965年、1971年と、三度の国境紛争が勃発した。いわゆる印パ戦争である。

　1947年、ヒンドゥー教系のインドとイスラム教系のパキスタンが、イギリス領インド帝国からの分離独立を果たした。カシミール地方も独立を模索するが、ヒンドゥー教系の支配階級とイスラム教系の住民層が対立する。それぞれをインドとパキスタンが後押しし、この地を巡る紛争が始まった。

　1971年の第三次印パ戦争で敗戦したパキスタンは、管理ラインを受け入れつつも、現在に至るまで国境線としての確定には同意していない。一方、インドが実効支配する地域では、イスラム教系組織が分離独立運動を求めて、たびたびテロを引き起こしている。

　なお、カシミール地方東部のアクサイチンは、1951年にチベットを併合した中国とインドが、1962年に国境を巡って戦火を交えた結果（中印国境紛争）、中国に実効支配されている。

　カシミール地方は現在も、国境を巡る印パ中の緊張状態にある。

## インド、パキスタン、中国の係争地帯・カシミール地方

パキスタンはもともと飛び地として西パキスタンと東パキスタンに分かれており、1971年の第三次印パ戦争でインドが東パキスタンの独立を支持したことにより、東パキスタンがバングラデシュとして独立を果たした。この第三次印パ戦争では、カシミール地方に停戦ライン（管理ライン）が定められている。なお、管理ラインとは、インドとパキスタンそれぞれの支配地域を分割する軍事境界線のことで、法的な国境とは異なる。インドは管理ラインに沿った障壁を1990年代から建設し、2004年に全長550キロメートルの障壁が完成した。これによりパキスタン側からインド側に侵入する過激派の数は80%も減少したとされる。

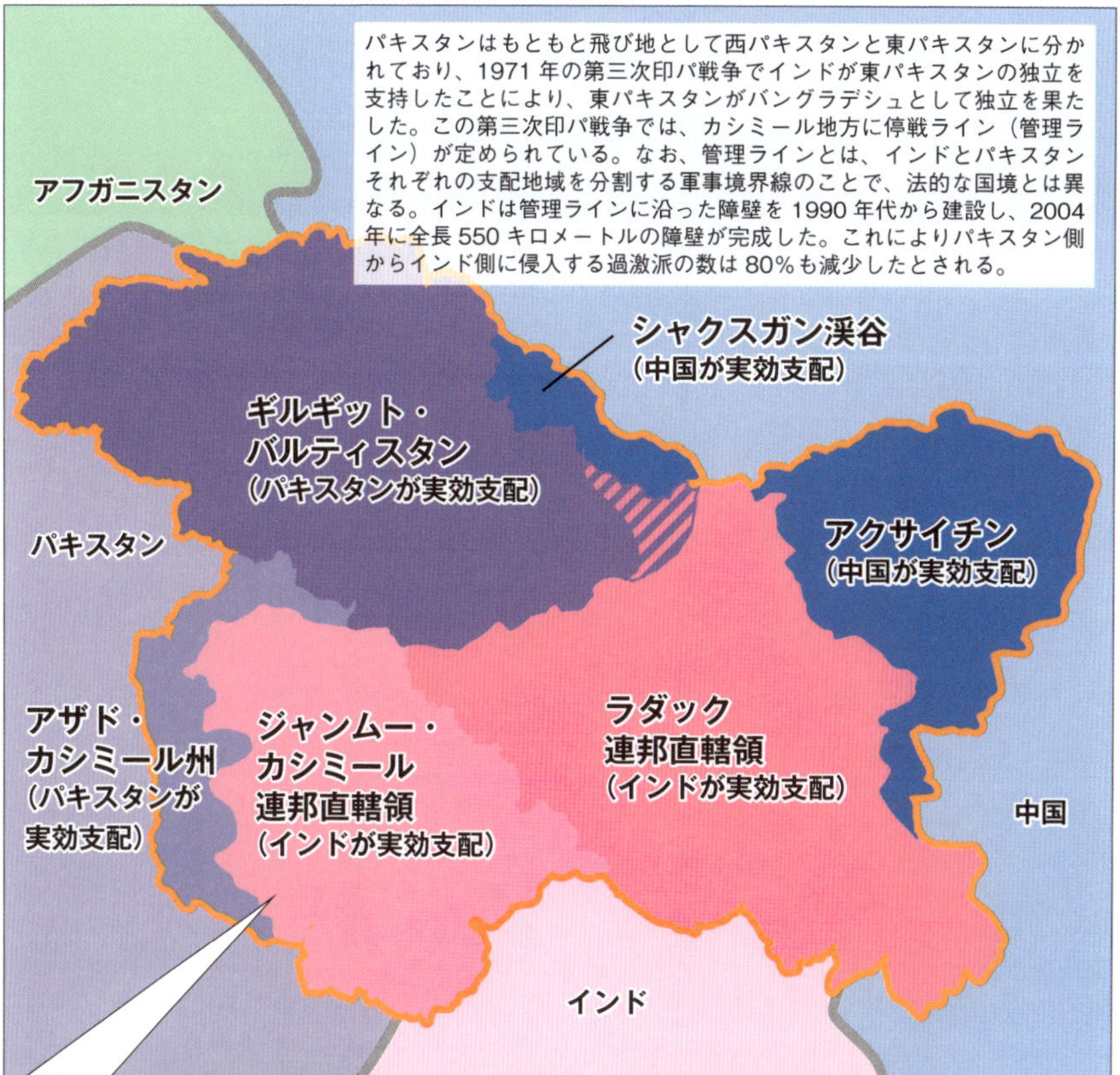
アフガニスタン
シャクスガン渓谷
（中国が実効支配）
ギルギット・
バルティスタン
（パキスタンが実効支配）
パキスタン
アクサイチン
（中国が実効支配）
アザド・
カシミール州
（パキスタンが
実効支配）
ジャンムー・
カシミール
連邦直轄領
（インドが実効支配）
ラダック
連邦直轄領
（インドが実効支配）
中国
インド

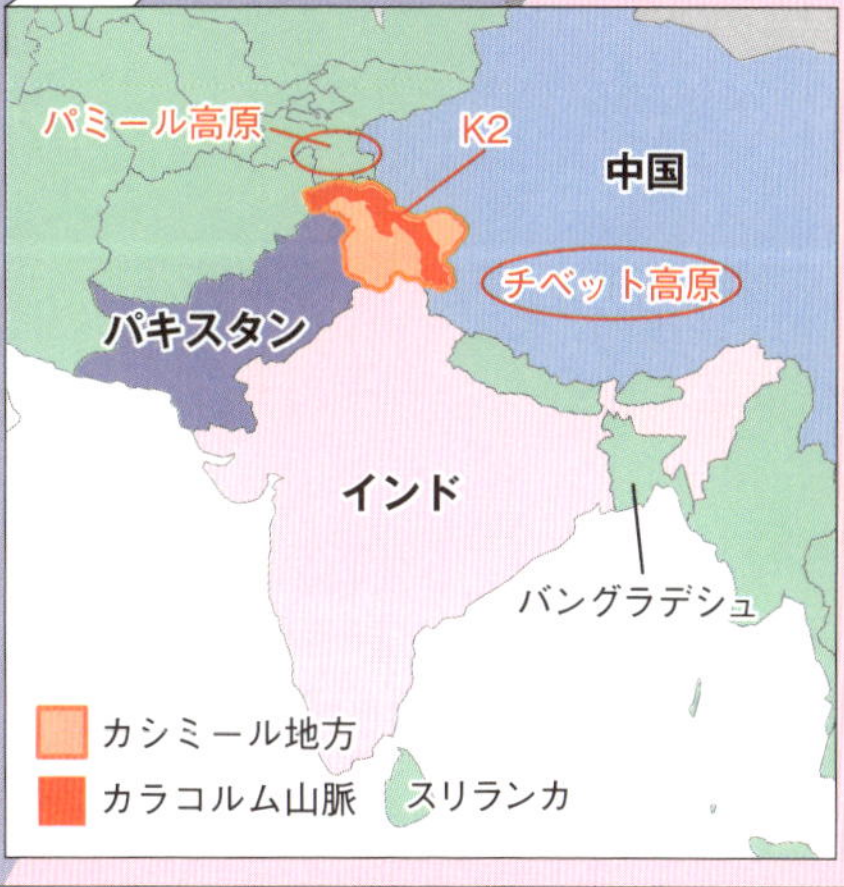
パミール高原
K2
中国
チベット高原
パキスタン
インド
バングラデシュ
カシミール地方
カラコルム山脈
スリランカ

### 標高世界第2位のK2

カシミール地方には、7000メートル級以上の山を60座（このうち8000メートル級の山は4座）も擁するカラコルム山脈が横たわる。インド、パキスタン、中国、アフガニスタンと国境を接するうえ、いくつもの宗教や民族、言語が複雑に絡んでおり、常に武力衝突の危険にさらされている。

## 地政学の気になる話 6

# 国土の大半を占める山岳を利用しソ連とアメリカを退けたアフガン

中央アジアに位置するアフガニスタンは、寒暖の差が激しく、非常に乾燥した気候の内陸国である。国土の4分の3が山岳で、南部には砂漠が広がる。真水の供給が滞っているため、世界の最貧国のひとつにも挙げられる。豊かでないにもかかわらず、アフガニスタンはかつてソ連とアメリカという二大大国の軍事侵攻を退けたという特異な歴史を持つ。

1978年に共産主義政権が成立したアフガニスタンでは、伝統的な部族社会の秩序やイスラム思想との対立が深まり、政権に反対する武装勢力が台頭した。1979年12月、ソ連はこの内政の混乱に乗じて軍事介入し、傀儡政権を擁立。反政府ゲリラに対しても、圧倒的な兵力を投入した。ところが、ゲリラ勢力が山岳地帯を拠点としたことにより、ソ連が行った反政府勢力の掃討作戦は失敗する。10年にわたる戦いの末、1989年2月までにソ連軍は全軍撤退を余儀なくされた。ソ連軍の死者は1万5千人、負傷者は4万人以上にも達するといわれている。この実質的な敗退によって、ソ連は国力と政府の求心力を急速に低下させ、その後の連邦崩壊へとつながっていった。

2001年10月には、同年9月にアメリカ同時多発テロ事件を引き起こした国際テロ組織「アルカイダ」の指導者であるウサマ・ビンラディンをアフガニスタンが匿っているとして、アメリカが兵を派遣する。当時、イスラム主義組織のタリバンが政権を握っていたが、タリバン政権は崩壊し、同年12月にアメリカの後ろ盾による暫定政権が樹立された。しかし、その後は、山岳地帯を拠点とするタリバンのゲリラ戦にアメリカ軍が引き込まれ、戦いは長期化する。侵攻から20年後の2021年、アメリカ軍は撤退し、アメリカが後押しする政権も崩壊して、再びタリバンが政権を奪取した。

ソ連、アメリカともに山岳地帯の制圧に失敗し、アフガニスタンは二大大国を破った唯一の国となった。

Chapter 7

## 民族・宗教や資源が複雑に絡む
## 紛争多発地域

# 中東とアフリカ

資源の権益を巡って欧米列強に支配されてきた過去や、多数の民族・宗教・言語が存在することから常に紛争が絶えないこの地域における争いの原因と現在の状況を検証してみる。

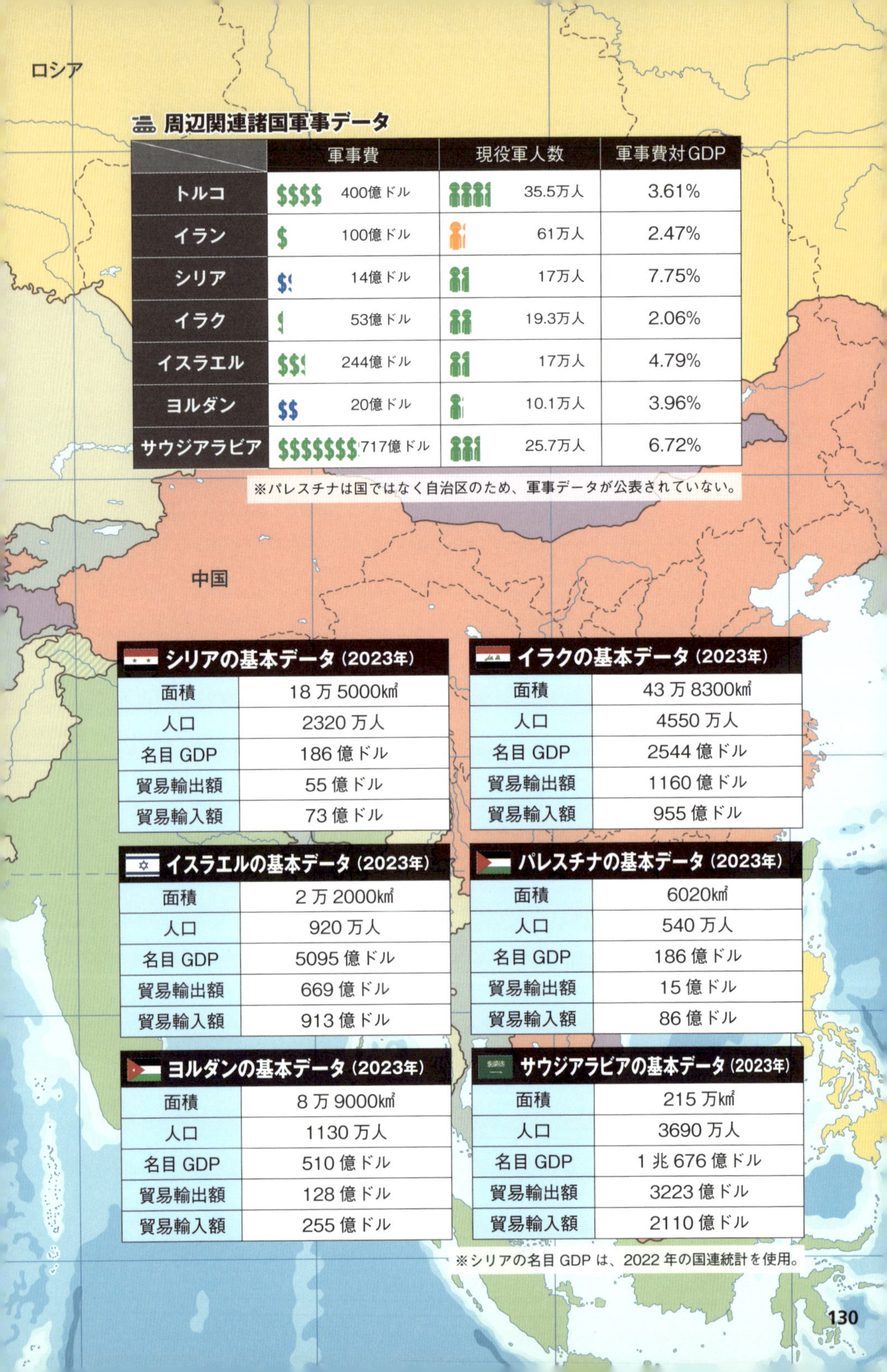


## 周辺関連諸国軍事データ

| | 軍事費 | 現役軍人数 | 軍事費対GDP |
|---|---|---|---|
| トルコ | 400億ドル | 35.5万人 | 3.61% |
| イラン | 100億ドル | 61万人 | 2.47% |
| シリア | 14億ドル | 17万人 | 7.75% |
| イラク | 53億ドル | 19.3万人 | 2.06% |
| イスラエル | 244億ドル | 17万人 | 4.79% |
| ヨルダン | 20億ドル | 10.1万人 | 3.96% |
| サウジアラビア | 717億ドル | 25.7万人 | 6.72% |

※パレスチナは国ではなく自治区のため、軍事データが公表されていない。

### シリアの基本データ（2023年）

| | |
|---|---|
| 面積 | 18万5000k㎡ |
| 人口 | 2320万人 |
| 名目GDP | 186億ドル |
| 貿易輸出額 | 55億ドル |
| 貿易輸入額 | 73億ドル |

### イラクの基本データ（2023年）

| | |
|---|---|
| 面積 | 43万8300k㎡ |
| 人口 | 4550万人 |
| 名目GDP | 2544億ドル |
| 貿易輸出額 | 1160億ドル |
| 貿易輸入額 | 955億ドル |

### イスラエルの基本データ（2023年）

| | |
|---|---|
| 面積 | 2万2000k㎡ |
| 人口 | 920万人 |
| 名目GDP | 5095億ドル |
| 貿易輸出額 | 669億ドル |
| 貿易輸入額 | 913億ドル |

### パレスチナの基本データ（2023年）

| | |
|---|---|
| 面積 | 6020k㎡ |
| 人口 | 540万人 |
| 名目GDP | 186億ドル |
| 貿易輸出額 | 15億ドル |
| 貿易輸入額 | 86億ドル |

### ヨルダンの基本データ（2023年）

| | |
|---|---|
| 面積 | 8万9000k㎡ |
| 人口 | 1130万人 |
| 名目GDP | 510億ドル |
| 貿易輸出額 | 128億ドル |
| 貿易輸入額 | 255億ドル |

### サウジアラビアの基本データ（2023年）

| | |
|---|---|
| 面積 | 215万k㎡ |
| 人口 | 3690万人 |
| 名目GDP | 1兆676億ドル |
| 貿易輸出額 | 3223億ドル |
| 貿易輸入額 | 2110億ドル |

※シリアの名目GDPは、2022年の国連統計を使用。

# 中東の概要

東西文明の十字路となる中東地域は、アラブ人（アラビア半島、西アジア、北アフリカ）、ペルシア人（イラン）、ユダヤ人（イスラエル）など、多様な民族と言語が混在しており、油田・宗教・核保有・民族迫害と、紛争の種が尽きない。20世紀初頭、中東地域はオスマン帝国の領土だったが、第一次大戦後にイギリスとフランスがアラブ人地域を分割統治した。以後、おもに石油を巡って欧米や中国、ロシアといった大国が、民族・宗派の対立を利用し続けている。

カザフスタン
黒海
カスピ海
ウズベキスタン
イタリア
バルカン半島
ジョージア
アルメニア
アゼルバイジャン
トルコ
トルクメニスタン
シリア
地中海
レバノン
イスラエル
イラク
イラン
アフガニスタン
リビア
ヨルダン
エジプト
パレスチナ
サウジアラビア
アラブ首長国連邦
オマーン
イエメン
アラビア海

## イスラエルとパレスチナの分断の壁

イスラエルは2002年からヨルダン川西岸地区との境に壁を建設している。最も高い箇所は8メートルで、完成すれば全長700キロ以上になる。

### トルコの基本データ（2023年）

| | |
|---|---|
| 面積 | 78万576㎢ |
| 人口 | 8580万人 |
| 名目GDP | 1兆1085億ドル |
| 貿易輸出額 | 2558億ドル |
| 貿易輸入額 | 3618億ドル |

### イランの基本データ（2023年）

| | |
|---|---|
| 面積 | 164万8195㎢ |
| 人口 | 8920万人 |
| 名目GDP | 4035億ドル |
| 貿易輸出額 | 912億ドル |
| 貿易輸入額 | 653億ドル |

# 建国以来イスラエルが争うパレスチナとアラブ諸国

イスラエル・パレスチナ

## 二度の世界大戦を通して欧米がかき回した中東地域

イスラエルの建国は、二度の世界大戦における欧米列強のパワーゲームの結果といえる。

第一次世界大戦で当時のオスマン帝国と戦った英仏は、その支配下にあったアラブ諸国の支持を得るため、アラブの独立国家の建設を約束する。同時に、世界経済に影響力を持つユダヤ人社会にも、**ユダヤ人による国家の建設**を約束した。しかし、戦後は英仏による中東地域の分割統治が行われた。

第二次世界大戦では、連合国側はユダヤ人社会からの支持を期待し、ユダヤ人国家の建設への協力を表明する。ナチスによるホロコーストの影響もあり、戦後の１９47年、国連総会はパレスチナをアラブ国家とユダヤ国家に分割し、最大都市**エルサレム**を国際管理下に置くと決議した。翌年、ユダヤ人による国家・イスラエルが独立を宣言する。以後、アメリカがその最大の支援国となっている。

建国にあたり、イスラエルはイスラム教のパレスチナ人を強制移住させた。そのため、**エジプトを中心とする周辺のアラブ諸国**が反発する。１９４８年に5カ国がイスラエルに宣戦を布告し、第一次中東戦争へと発展したが、アラブ側は敗北する。中東戦争はその後、１９５６年、１９６７年、１９７３年にも勃発したが、戦況は常にイスラエル優位で推移した。

中東戦争後も同地域は予断を許さない緊張状態が続く。孤立した自国防衛にイスラエルは、軍事国として戦時体制を継続している。

## パレスチナの支配地域（2018年時点）とその推移

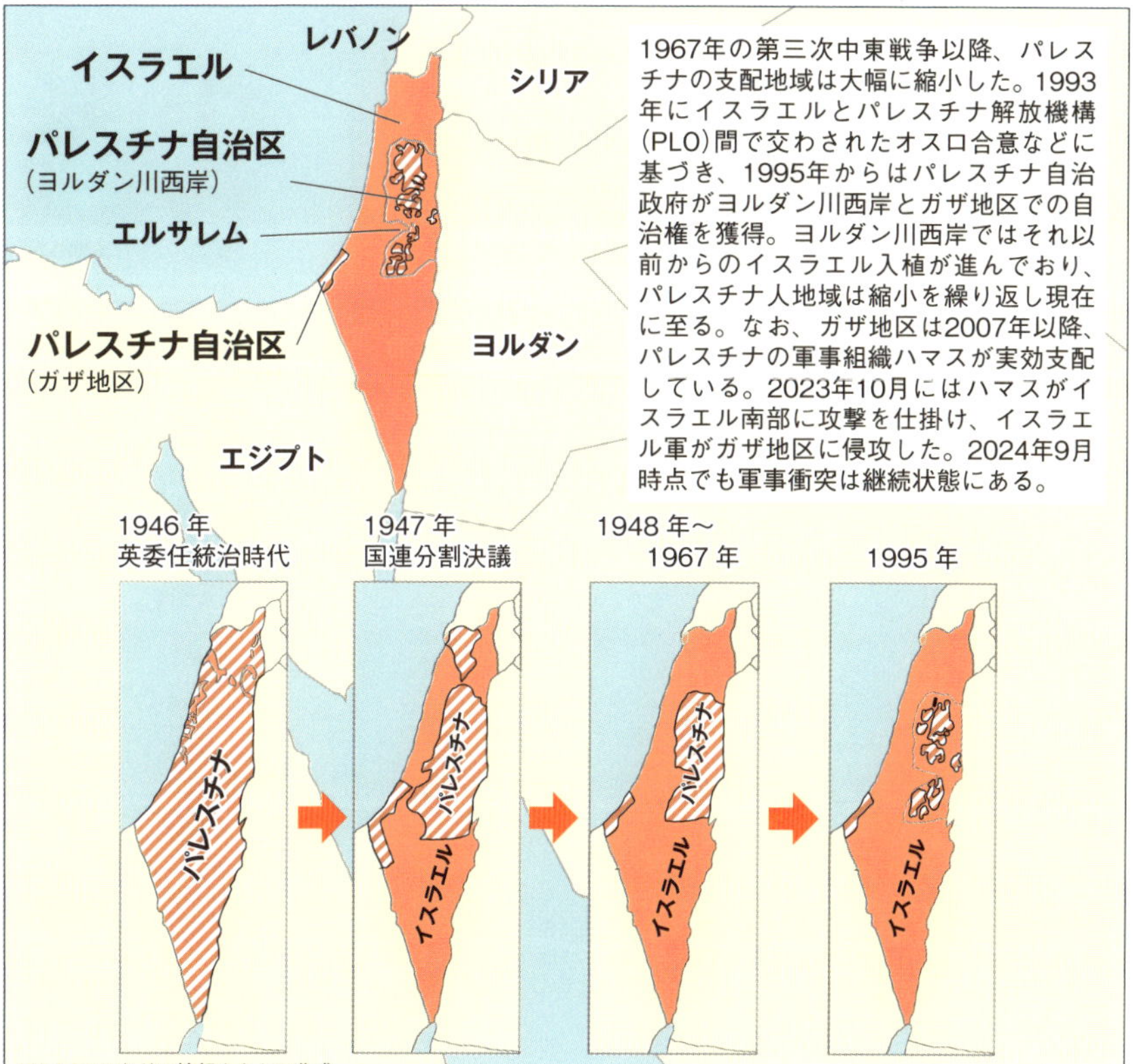
レバノン
イスラエル
シリア
パレスチナ自治区
（ヨルダン川西岸）
エルサレム
パレスチナ自治区
（ガザ地区）
ヨルダン
エジプト
1967年の第三次中東戦争以降、パレスチナの支配地域は大幅に縮小した。1993年にイスラエルとパレスチナ解放機構（PLO）間で交わされたオスロ合意などに基づき、1995年からはパレスチナ自治政府がヨルダン川西岸とガザ地区での自治権を獲得。ヨルダン川西岸ではそれ以前からのイスラエル入植が進んでおり、パレスチナ人地域は縮小を繰り返し現在に至る。なお、ガザ地区は2007年以降、パレスチナの軍事組織ハマスが実効支配している。2023年10月にはハマスがイスラエル南部に攻撃を仕掛け、イスラエル軍がガザ地区に侵攻した。2024年9月時点でも軍事衝突は継続状態にある。
1946年
英委任統治時代
パレスチナ
1947年
国連分割決議
パレスチナ
イスラエル
1948年～
1967年
パレスチナ
イスラエル
1995年
イスラエル
UN OCHA などの情報をもとに作成

## 用語解説

### ユダヤ人による国家の建設

パレスチナ一帯には数千年前からユダヤ人が暮らしていたが、紀元前1世紀にローマ帝国領となった。ユダヤ人は66年と132年にローマ帝国に対して反乱を起こし（ユダヤ戦争）、二度目の反乱後の135年に土地を追われて離散した。その後は自らの国の設立がユダヤ人にとって悲願となった。

### エルサレム

ユダヤ教、キリスト教、イスラム教の聖地。国際法ではエルサレムはパレスチナの土地であるが、現状ではイスラエルが実効支配し、首都であると主張している。

### エジプトを中心とする周辺のアラブ諸国

1945年、エジプトが主導して、レバノン、シリア、ヨルダン、イエメン、イラク、サウジアラビアの7カ国で「アラブ連盟」が結成される（2024年時点ではパレスチナを含む22カ国が加盟）。第一次中東戦争では、このうちイエメンとサウジアラビアを除く5カ国がイスラエルに宣戦布告した。なお、エジプトは1979年にアラブ諸国で初めて、イスラエルとの平和条約に調印している。

# シーア派で反イスラエルの イランを軸とする中東情勢

## アラブとユダヤの対立と イスラム教二大勢力の対立

**イスラム教**は、キリスト教に次ぐ規模の世界宗教である。**スンニ派**と**シーア派**の二大勢力が対立しているが、信徒の割合は9対1とスンニ派が圧倒的に多い。

シーア派が人口の過半を占める国は、イラン、イラク、バーレーン、アゼルバイジャンの4カ国しかない。なかでもイランは人口の90～95％をシーア派が占める。イランからイラク、シリアを経て、レバノンを結ぶ中東地域のシーア派勢力の分布は「シーア派の三日月地帯」といわれ、スンニ派が大半を占める周辺国と反目している。

なお、シリアは人口の7割強がスンニ派でシーア派は1割程度だが、現政権のアサド大統領はシーア派から分派した国内少数派のアラウィー派だ。レバノンはキリスト教徒が多く、スンニ派とシーア派の割合はそれぞれ人口の3割程度。だが、シーア派のイスラム主義民兵組織ヒズボラが拠点を置き、イランと密接な関係を築いている。

イランはチグリス川とユーフラテス川に挟まれた肥沃なメソポタミア平原に接する。ペルシア帝国時代の紀元前からこの地に幾度も侵攻し、現在に至るまで緊張状態にある。時代が進むとスンニ派とシーア派の対立やイスラエルの建国などが状況をさらに複雑にした。

反スンニ派のイランは、アラブ諸国における反イスラエルの最強硬派としてパレスチナを支持し、イスラエルへのテロ行為を繰り返すヒズボラやパレスチナの軍事組織ハマスなどを支援している。

## 中東周辺の宗教対立

黒海
ジョージア
(キリスト教)
アゼルバイジャン
(シーア派)
カザフスタン
(スンニ派)
ウズベキスタン
(スンニ派)
トルクメニスタン
(スンニ派)
ユーフラテス川
チグリス川
トルコ
(スンニ派)
カスピ海
シリア
(スンニ派)
イラン
(シーア派)
レバノン
(キリスト教
>スンニ派
≒シーア派)
シーア派の三日月地帯
アフガニスタン
(スンニ派)
イラク
(シーア派)
イスラエル
(ユダヤ教)
ヨルダン
(スンニ派)
クウェート
(スンニ派)
バーレーン
(シーア派)
パキスタン
(スンニ派)
エジプト
(スンニ派)
サウジアラビア
(スンニ派)
カタール
(スンニ派)
アラブ首長国連邦
(スンニ派)
スーダン
(スンニ派)
オマーン
(イバーディー派)
イエメン
(スンニ派)
中東の国々は反イランと親イランに分けられることが多い。サウジアラビアなどのスンニ派国家の多くは「反イラン」である。しかし、ペルシャ湾に囲まれた半島国家のカタールはスンニ派国家でありながら、イランとの結び付きが強い。カタールは、確認埋蔵量の世界シェアが約12%の天然ガスを主要財源とする。その多くがイランの領海と接する海域から産出するため、イランと海底ガス田の共同開発に乗り出すなど、両国は良好な関係を築いている。
親イラン・
イランの影響が強い国
反イラン
ソマリア
(スンニ派)
() 内は国内多数派の宗派・宗教
出典：CIA「The World Fact Book」、外務省ホームページ

## 用語解説

### イスラム教

世界三大宗教のひとつで、2010年の信徒数は約16億人とされる。7世紀頃、預言者ムハンマドが創始した。唯一神アッラーへの絶対的な服従を説き、神から預かった言葉をムハンマドが記した「コーラン」を聖典とする。ムハンマドの後継者争いにより、スンニ派とシーア派に分かれた。

### スンニ派

イスラム教徒の約9割を占める。コーランと、預言者ムハンマドの行動や判断といった慣行（スンニ）をまとめた「ハディース」を信仰の拠り所とする。ムハンマドの死後に選ばれた4人（四代）のカリフ（ムハンマドの後継者を意味する最高指導者）を、正統カリフとして認めている。

### シーア派

ムハンマドの従兄弟である第四代カリフのアリー（とその血統）しか正統なカリフとして認めない人々が、アリー党（シーア・アリー）と呼ばれ、後にシーア派となった。スンニ派と対立関係にあるが、イランとスンニ派であるサウジアラビアの国家同士の争いに宗教が利用されている側面が強い。

# 宗教や民族が複雑に絡み長期化する「シリア危機」

## イラン、トルコ、米露など諸外国や民族組織も参入

２０１１年に勃発した「シリア危機」は、現在まで続くシリア国内の紛争である。独裁政権に対する民主化運動から始まって、宗教問題、アメリカとロシアによる介入、近隣諸国との関係などが重なり、敵味方の結び付きさえ一貫せず、収拾のつかない状態となっている。この内戦による死者や難民の数は今世紀最悪ともいわれる。

シリアは、中東の中心に位置し、トルコ、イラク、ヨルダン、レバノン、イスラエルと国境を接する。トルコとともに「東西文明の十字路」とされる交通の要衝で、昔から宗教や民族が複雑に絡み合う。

内戦のきっかけは、２０１１年初頭から本格化した「**アラブの春**」だ。イスラム教国のシリアは国民の7割以上がスンニ派だが、少数派であるアラウィー派の**アサド政権**が50年以上も独裁体制を敷いている。そのため、アラブの春で立ち上がった反政府民主化運動は、すぐに宗派間の対立にも発展した。

シリアの隣国のトルコは、宗教的にはスンニ派だが、**クルド人問題**を抱えているため、スンニ派のクルド人を弾圧するアサド政権寄りである。また、アメリカとイスラエル、西欧諸国は、アサド政権を支援する反スンニ派のイランの勢力浸透を抑えたがっており、これに地中海のタルトゥース軍港を拠点とするロシアが対抗する。

さらに、第三の反政府勢力として、イスラム過激派勢力のＩＳＩＬ（旧イスラム国）も加わり、複雑化する内戦の出口は見えない。

## シリア国内の勢力分布（2023年時点）

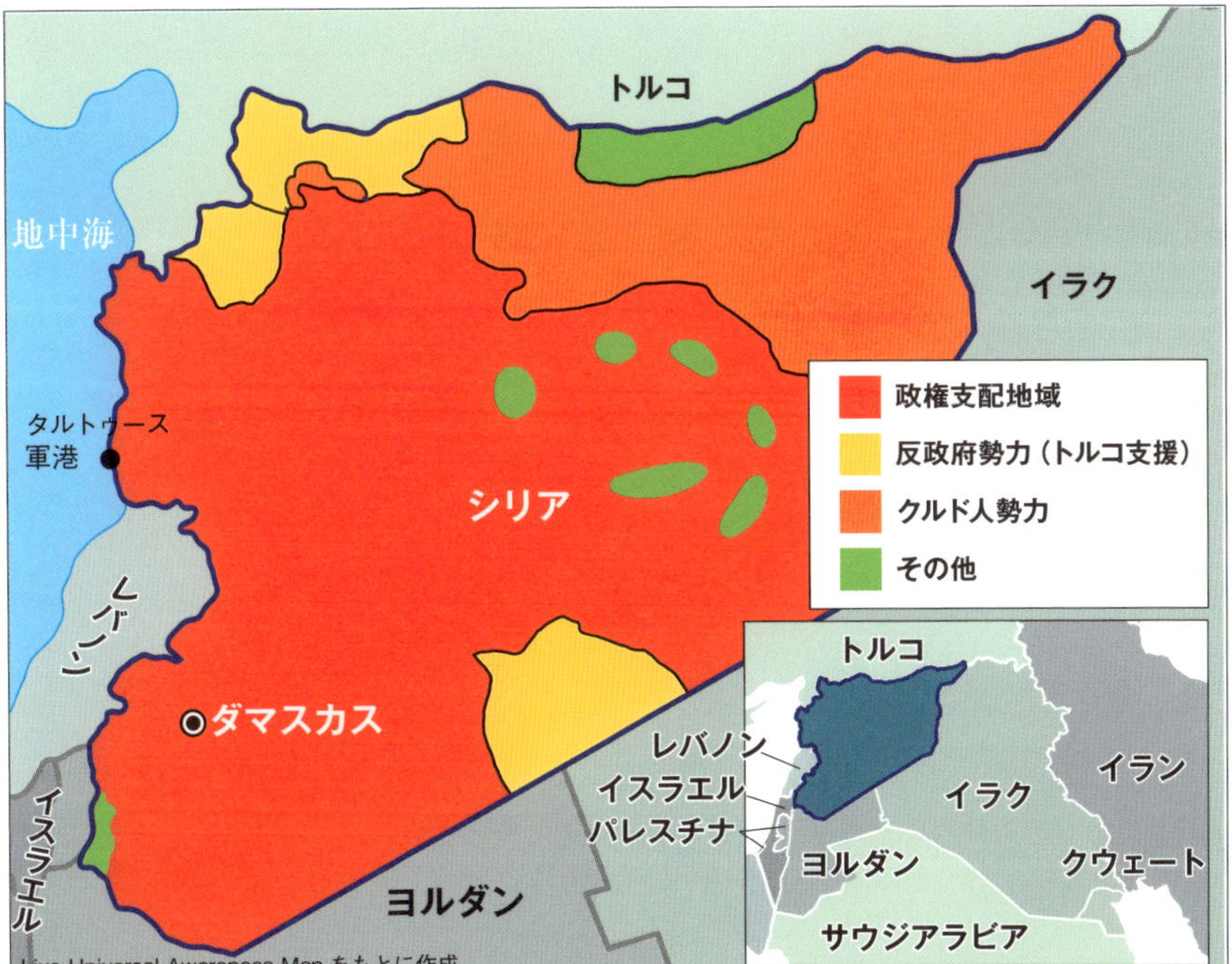
トルコ
地中海
イラク
タルトゥース軍港
シリア
レバノン
ダマスカス
イスラエル
ヨルダン
政権支配地域
反政府勢力（トルコ支援）
クルド人勢力
その他
トルコ
レバノン
イスラエル
パレスチナ
イラク
イラン
ヨルダン
クウェート
サウジアラビア

Live Universal Awareness Map をもとに作成

シリアでは2011年以降、内戦により50万人以上が亡くなり、720万人以上が国内避難民、505万人以上が難民になったとされる。ISIL（旧イスラム国）は、2014年以降、シリア国内に勢力を拡大し、イラクとシリアに跨る一部地域に2019年まで独自国家体制を敷いた。クルド人も自治や独立を求めて参戦するが、2019年にはトルコがシリア国内のクルド人自治区を攻撃している。一時は国土の大半を失ったアサド政権だったが、ロシアやイランの軍事支援を受け、そのほとんどを奪還している。

## 用語解説

### アラブの春

2010年12月から翌年1月にかけて北アフリカのチュニジアで起こった「ジャスミン革命」を発端として、2011年初頭から中東・北アフリカ地域の各国で本格化した一連の民主化運動。1968年にチェコスロバキアで起きた民主化運動「プラハの春」にならい、「アラブの春」と呼ばれる。Facebook やTwitter（現X）といったソーシャルメディアで広がりを見せ、アラブ世界のほとんどでほぼ同時期に起こった。

### アサド政権

1971年から2000年までシリアの大統領を務めたハーフェズ・アサドの死後、その息子であるバッシャール・アサドが世襲して現在に至る。社会主義共和制の国だが、実質的にバアス党の一党支配である。

### クルド人問題

クルド人は、トルコ、シリア、イラン、イラクなどに跨るクルディスタンという地域に住む山岳民族。人口は3000万人以上で、国家を持たない民族としては世界最大とされる。多数のクルド人が住むトルコでは差別・弾圧されており、自治や独立を求めて政府との武力衝突が頻発し、テロも発生している。

# アフリカの概要

アフリカ大陸は55の国と地域で構成され、天然ガスやレアメタルなどの豊富な資源が、それぞれの国の経済成長を支えている。北部にはアラブ系民族やベルベル人などが多く住み、中東諸国との結び付きが強い。西部はかつて奴隷貿易で栄えた。東部には紅海入口という要衝があり、海賊が出没するため世界の海運事業に多大な影響を与える。南部には温暖な地中海性気候のケープタウンをはじめ、白人入植者が多い。なお、55カ国は、アフリカの政治的・経済的統合の実現と紛争の予防・解決を目指した「アフリカ連合（AU）」という地域機関に加盟している。

※西サハラ（サハラ・アラブ民主共和国）は国連加盟国ではないが（日本も国として未承認）、アフリカ連合には加盟している。

| エジプトの基本データ（2023年） | |
|---|---|
| 面積 | 100万㎢ |
| 人口 | 1億1270万人 |
| 名目GDP | 3939億ドル |
| 貿易輸出額 | 399億ドル |
| 貿易輸入額 | 789億ドル |

| エチオピアの基本データ（2023年） | |
|---|---|
| 面積 | 109万7000㎢ |
| 人口 | 1億2650万人 |
| 名目GDP | 1597億ドル |
| 貿易輸出額 | 36億ドル |
| 貿易輸入額 | 179億ドル |

| 南アフリカの基本データ（2023年） | |
|---|---|
| 面積 | 122万㎢ |
| 人口 | 6040万人 |
| 名目GDP | 3777億ドル |
| 貿易輸出額 | 1109億ドル |
| 貿易輸入額 | 1307億ドル |

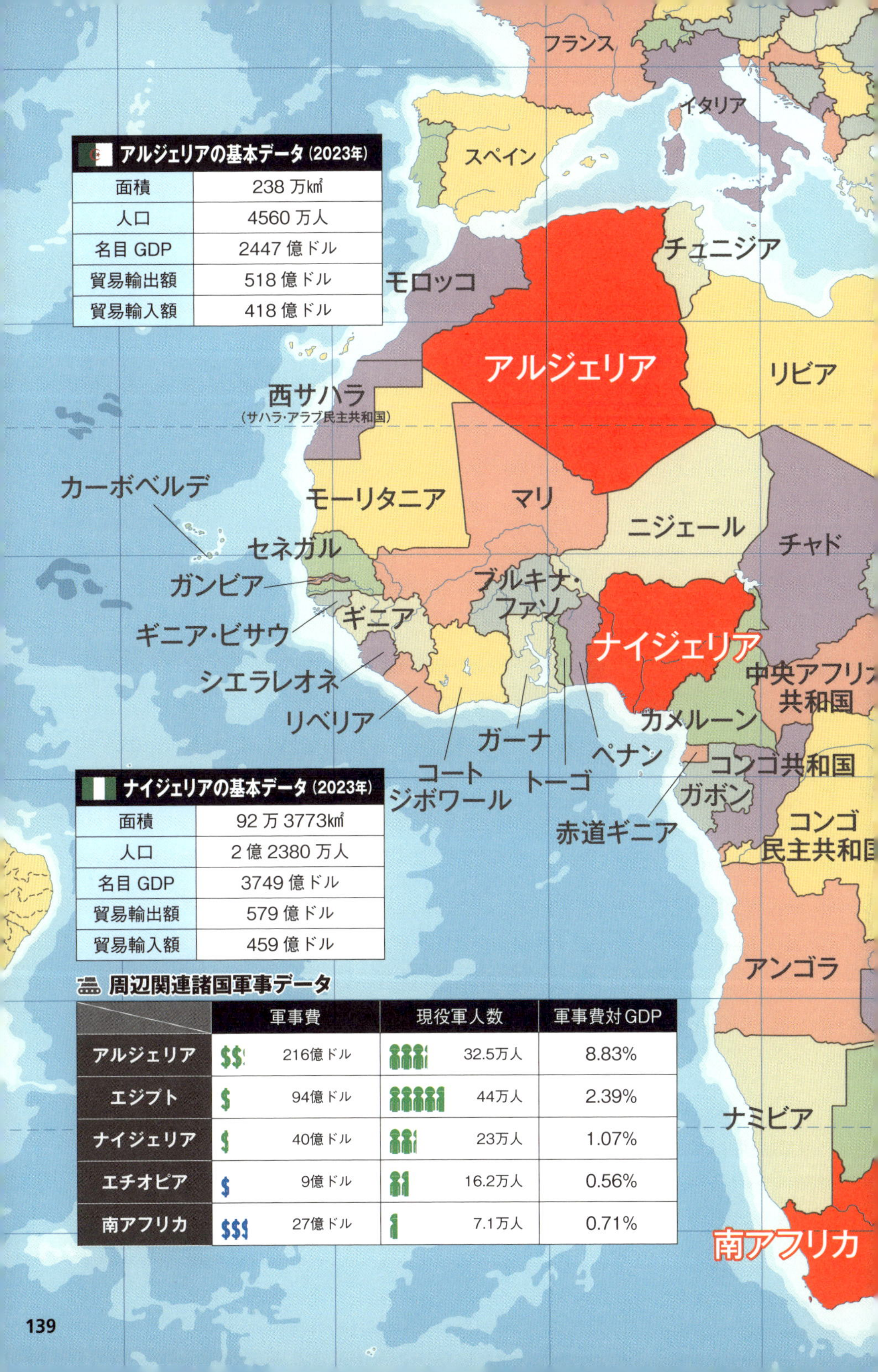

フランス
イタリア
スペイン
チュニジア
モロッコ
アルジェリア
リビア
西サハラ
(サハラ・アラブ民主共和国)
カーボベルデ
モーリタニア
マリ
ニジェール
チャド
セネガル
ガンビア
ブルキナ・ファソ
ギニア
ギニア・ビサウ
ナイジェリア
シエラレオネ
中央アフリ
共和国
リベリア
カメルーン
ガーナ
ペナン
コートジボワール
トーゴ
コンゴ共和国
ガボン
赤道ギニア
コンゴ
民主共和
アンゴラ
ナミビア
南アフリカ


**アルジェリアの基本データ(2023年)**

| | |
|---|---|
| 面積 | 238 万㎢ |
| 人口 | 4560 万人 |
| 名目 GDP | 2447 億ドル |
| 貿易輸出額 | 518 億ドル |
| 貿易輸入額 | 418 億ドル |

**ナイジェリアの基本データ(2023年)**

| | |
|---|---|
| 面積 | 92 万 3773㎢ |
| 人口 | 2 億 2380 万人 |
| 名目 GDP | 3749 億ドル |
| 貿易輸出額 | 579 億ドル |
| 貿易輸入額 | 459 億ドル |

**周辺関連諸国軍事データ**

| | 軍事費 | 現役軍人数 | 軍事費対GDP |
|---|---|---|---|
| アルジェリア | 216億ドル | 32.5万人 | 8.83% |
| エジプト | 94億ドル | 44万人 | 2.39% |
| ナイジェリア | 40億ドル | 23万人 | 1.07% |
| エチオピア | 9億ドル | 16.2万人 | 0.56% |
| 南アフリカ | 27億ドル | 7.1万人 | 0.71% |

# 植民地支配の影響が現在も終わりなきアフリカの紛争

## 民族・宗教・言語といった多様性を無視した国境線

アフリカ大陸の面積は約3000万平方キロで、地球の陸地の20・4％を占める。豊富な天然資源と約15億の人口、55の国と地域（世界の国の約28％）を抱えている。

歴史上、長くヨーロッパ諸国の植民地だったが、第二次世界大戦後に少しずつ独立が実現し、1960年には一気に17カ国が独立を果たした。この年は「アフリカの年」と呼ばれる。以来、民主化や経済発展を期待されたが、現在まで実現しきれていない。その理由として、人工的に国が線引き・分割されたことが挙げられる。

アフリカには2500以上ともいわれる民族がいて、言語も2000を超える。おもな宗教はイスラム教とキリスト教だが、他にも多くの土着宗教が混在する。

ところが、独立にあたって、その多様性は考慮されず、植民地時代の旧宗主国の都合で国境線が定められた。ひとつの国に複数の民族や異なる宗教、文化を持つ人間がまだらに存在するため、ほとんどの国で対立の火種が数多く燻っており、その対立が国を越えて広がることが恒常化している。

1970～1998年の28年間にアフリカで起こった国家間の戦争は30以上で、内戦はその何十倍にものぼる。1960～1990年代に成功したクーデターは69といわれ、平和裏に進んだ政権交代として、1982年のモーリシャスでの選挙が注目を集めた。恣意的な国の線引きが、現在もアフリカ発展の足かせとなっている。

## 植民地支配と宗教・言語の分布

### アフリカ大陸の被植民地状況（1912 年）

エチオピアとリベリアを除くアフリカ大陸の国々は、19世紀末までにヨーロッパ列強の植民地となった。しかし、第二次世界大戦後に独立運動の機運が高まり、各国が独立を果たし植民地は消滅した。

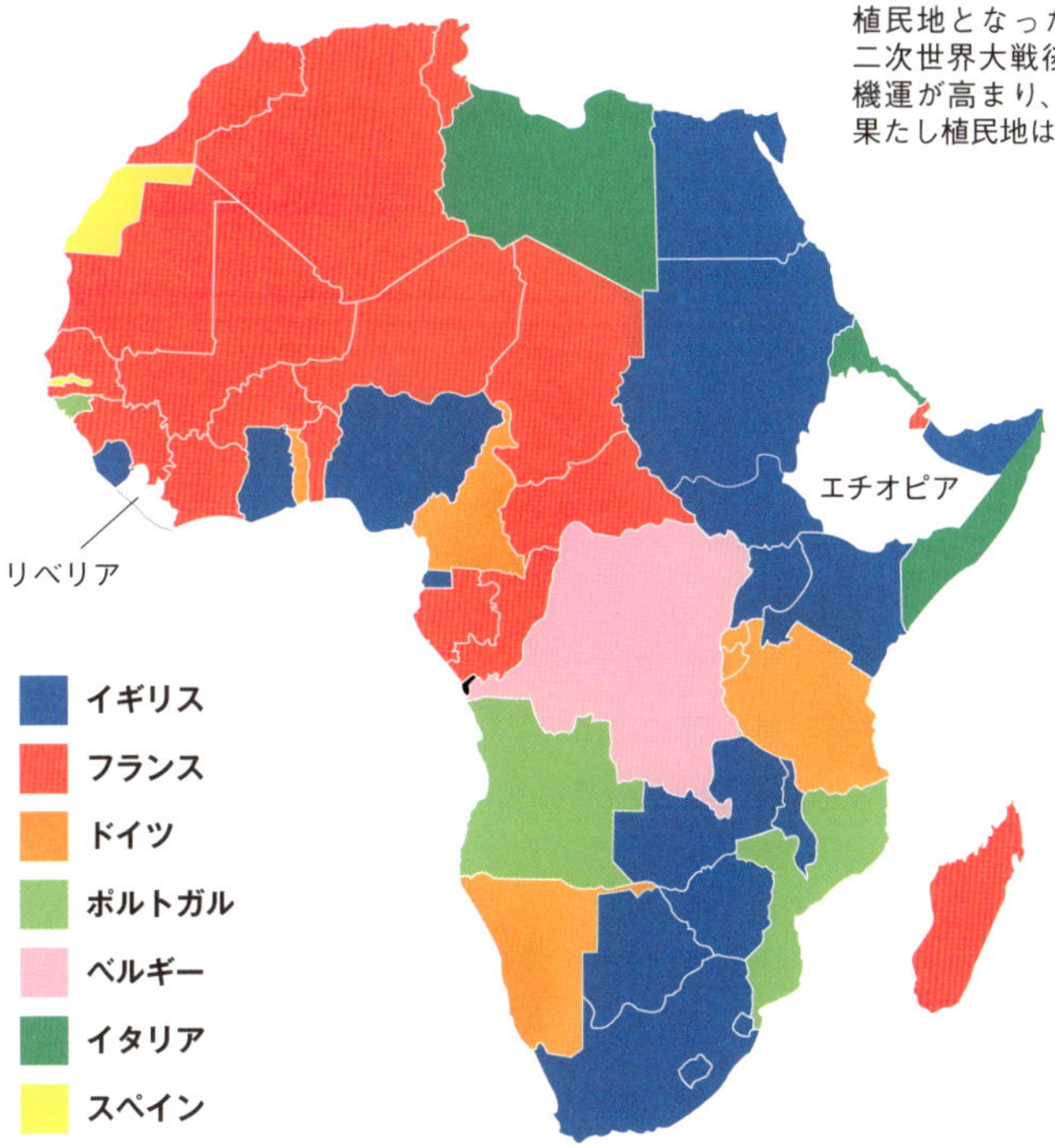
エチオピア
リベリア
イギリス
フランス
ドイツ
ポルトガル
ベルギー
イタリア
スペイン

### アフリカ大陸のおもな宗教の分布

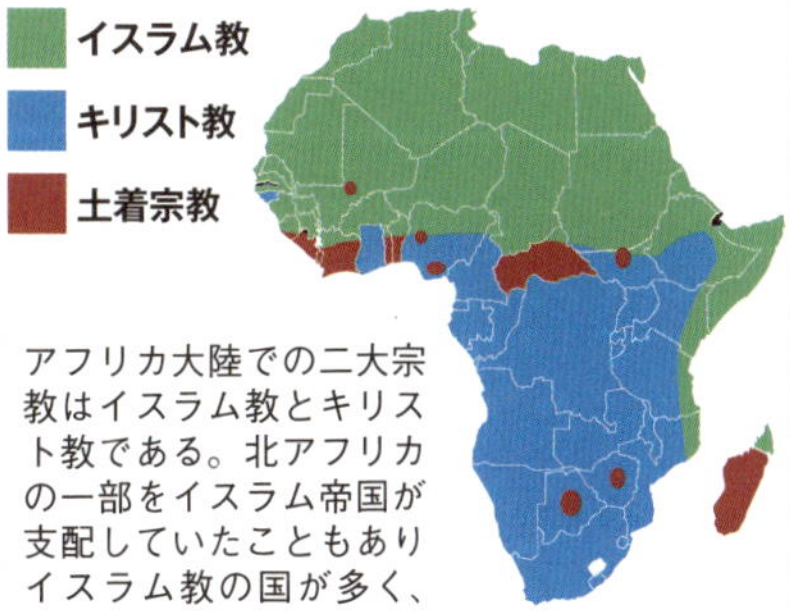
イスラム教
キリスト教
土着宗教

アフリカ大陸での二大宗教はイスラム教とキリスト教である。北アフリカの一部をイスラム帝国が支配していたこともありイスラム教の国が多く、南部はヨーロッパの植民地時代に布教が進んだキリスト教が広まる。

### アフリカ大陸のおもな言語の分布

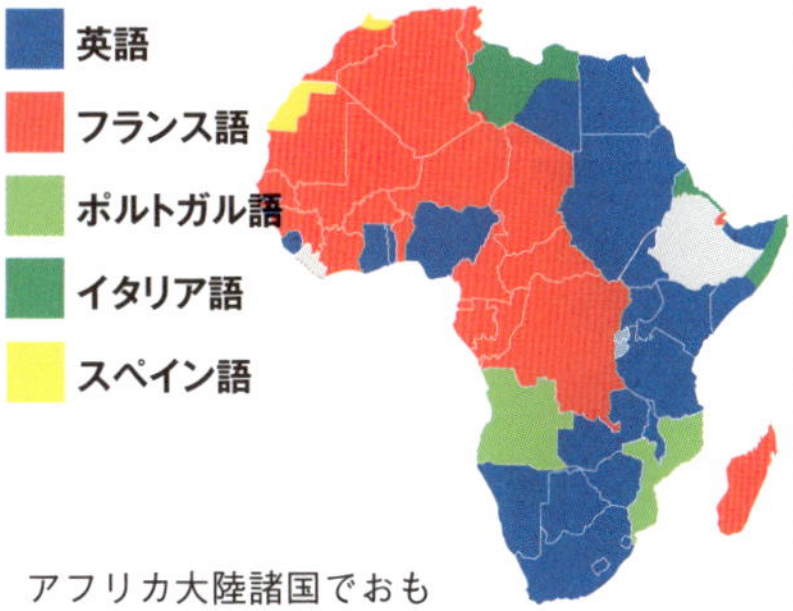
英語
フランス語
ポルトガル語
イタリア語
スペイン語

アフリカ大陸諸国でおもに使われている言語は、植民地時代の影響が色濃く反映されている。

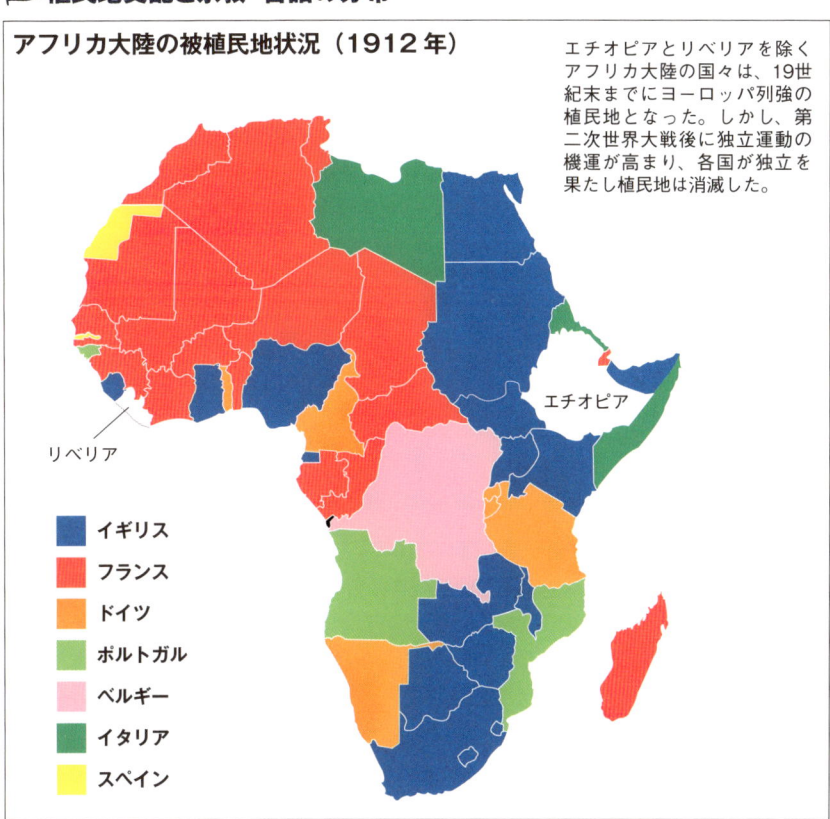

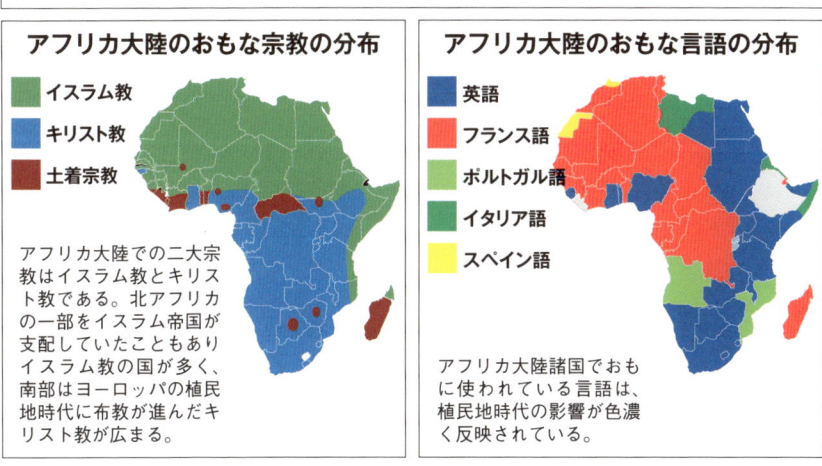

アフリカ

# 強力なランドパワーを生む アフリカ大陸の鉄道網計画

## 計画どおり進展しない工事 資金援助を行う中国の思惑

地政学の基礎を築いたマッキンダーは、外部（海）から隔絶されたハートランドにランドパワーが生まれ、豊かなリムランドへ進出すると説いている。ところが、マッキンダーが「南のハートランド」として注目したアフリカには、強力なランドパワーがない。

地政学では国家勢力伸張のカギを交通網に置いている。シーパワーは海上交通により勢力を伸ばし、ランドパワーの膨張は鉄道網整備が実現した19世紀以降に加速した。

19世紀以降に植民地化が進んだアフリカでは、20世紀後半に次々と独立を果たすが、それが多くの国の乱立にもつながった。そのため、大陸全土を網羅する広範な鉄道網は整備されることはなかった。道路網の整備も一部の人都市以外は不十分で、クルマによる大規模な人流・物流も達成されていない。

そんななか、中国は経済外交としてアフリカ諸国に積極的な鉄道敷設を提案している。その手法は毀誉褒貶相半ばするが、アフリカ急発展の契機となる可能性は高い。

カイロ
（エジプト）
ハルツーム
（スーダン）
アディスアベバ
（エチオピア）
モガディシュ
（ソマリア）
ナイロビ
（ケニア）
ルサカ
（ザンビア）

## アフリカ大陸の鉄道路線

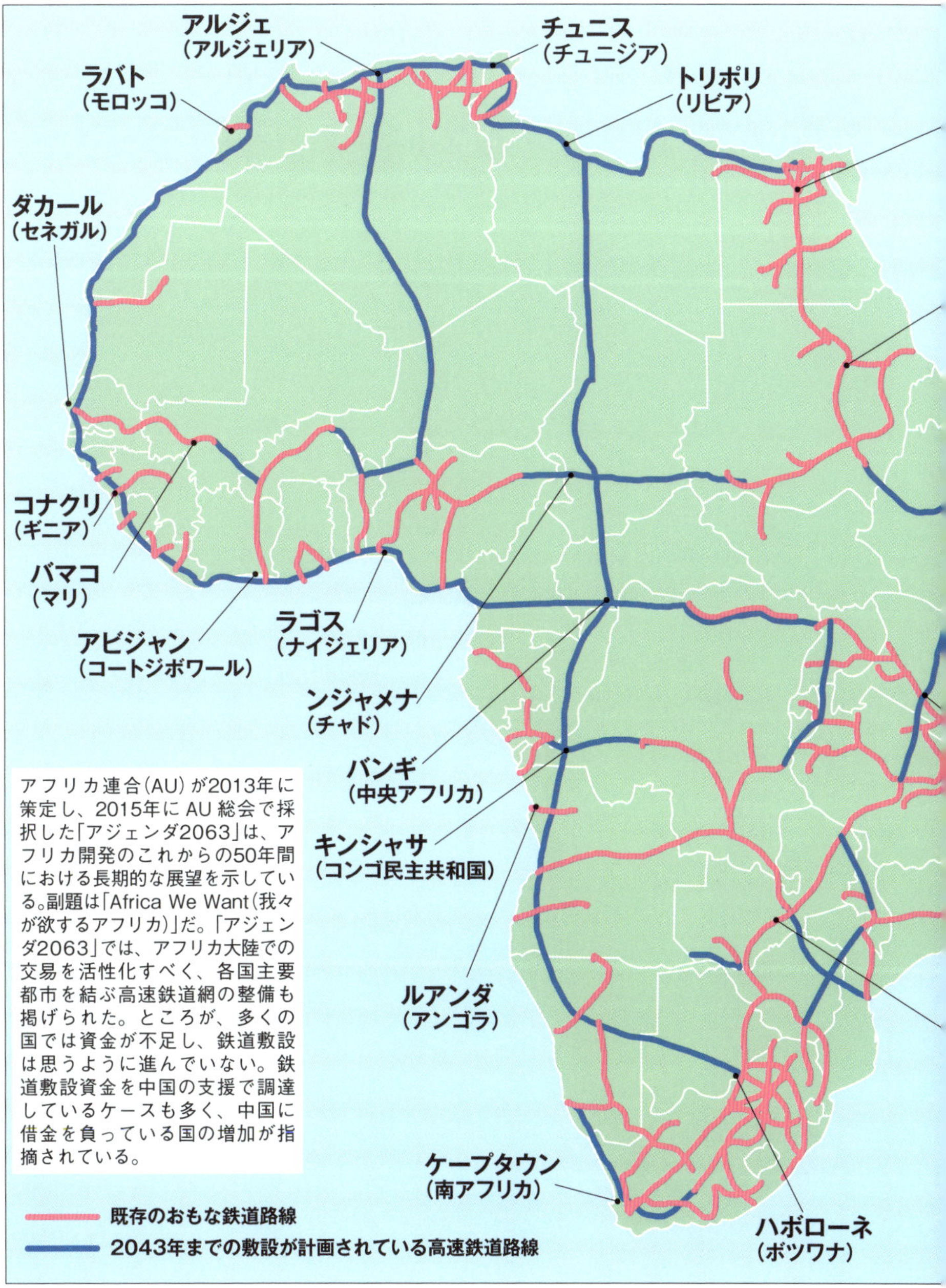
アルジェ
(アルジェリア)
チュニス
(チュニジア)
ラバト
(モロッコ)
トリポリ
(リビア)
ダカール
(セネガル)
コナクリ
(ギニア)
バマコ
(マリ)
アビジャン
(コートジボワール)
ラゴス
(ナイジェリア)
ンジャメナ
(チャド)
バンギ
(中央アフリカ)
キンシャサ
(コンゴ民主共和国)
ルアンダ
(アンゴラ)
ケープタウン
(南アフリカ)
ハボローネ
(ボツワナ)
既存のおもな鉄道路線
2043年までの敷設が計画されている高速鉄道路線

アフリカ連合(AU)が2013年に策定し、2015年にAU総会で採択した「アジェンダ2063」は、アフリカ開発のこれからの50年間における長期的な展望を示している。副題は「Africa We Want(我々が欲するアフリカ)」だ。「アジェンダ2063」では、アフリカ大陸での交易を活性化すべく、各国主要都市を結ぶ高速鉄道網の整備も掲げられた。ところが、多くの国では資金が不足し、鉄道敷設は思うように進んでいない。鉄道敷設資金を中国の支援で調達しているケースも多く、中国に借金を負っている国の増加が指摘されている。

地政学の気になる話 7

# 人口増加と豊富な資源を背景に期待が集まる21世紀のアフリカ

人口（の多さ）は国力の源泉のひとつである。国連による2024年の世界人口推計では、アフリカ大陸の人口は2100年に40億人弱にまで増加し、世界の人口の37.5%を占めるという。アフリカは1950年以降、人口増加率で2%以上を維持しているが、この先も人口が増え続けると予想されている。

人口に加え、資源が豊富なこともアフリカの強みだ。石油や天然ガスといったエネルギーの埋蔵量こそ中東に及ばないが、鉱物資源が全土に分布し、貴金属や宝石、レアメタルなどは世界有数の埋蔵量を誇る。世界の埋蔵量に占める割合は、例えばプラチナが約9割、コバルトやマンガンは5割弱である。とくに南アフリカは資源超大国で、プラチナなどの白金族金属、マンガン、クロムの世界に占める推定埋蔵量の割合は、それぞれ90%、43%、35%である。同様に例えば、コンゴ民主共和国ではコバルトが46%を占めるといわれている。

この人口と資源を十分に活かせるインフラ整備が進展しつつあるなか、アフリカは21世紀後半に最も発展が期待される地域となっている。

### アフリカ各国のおもな資源

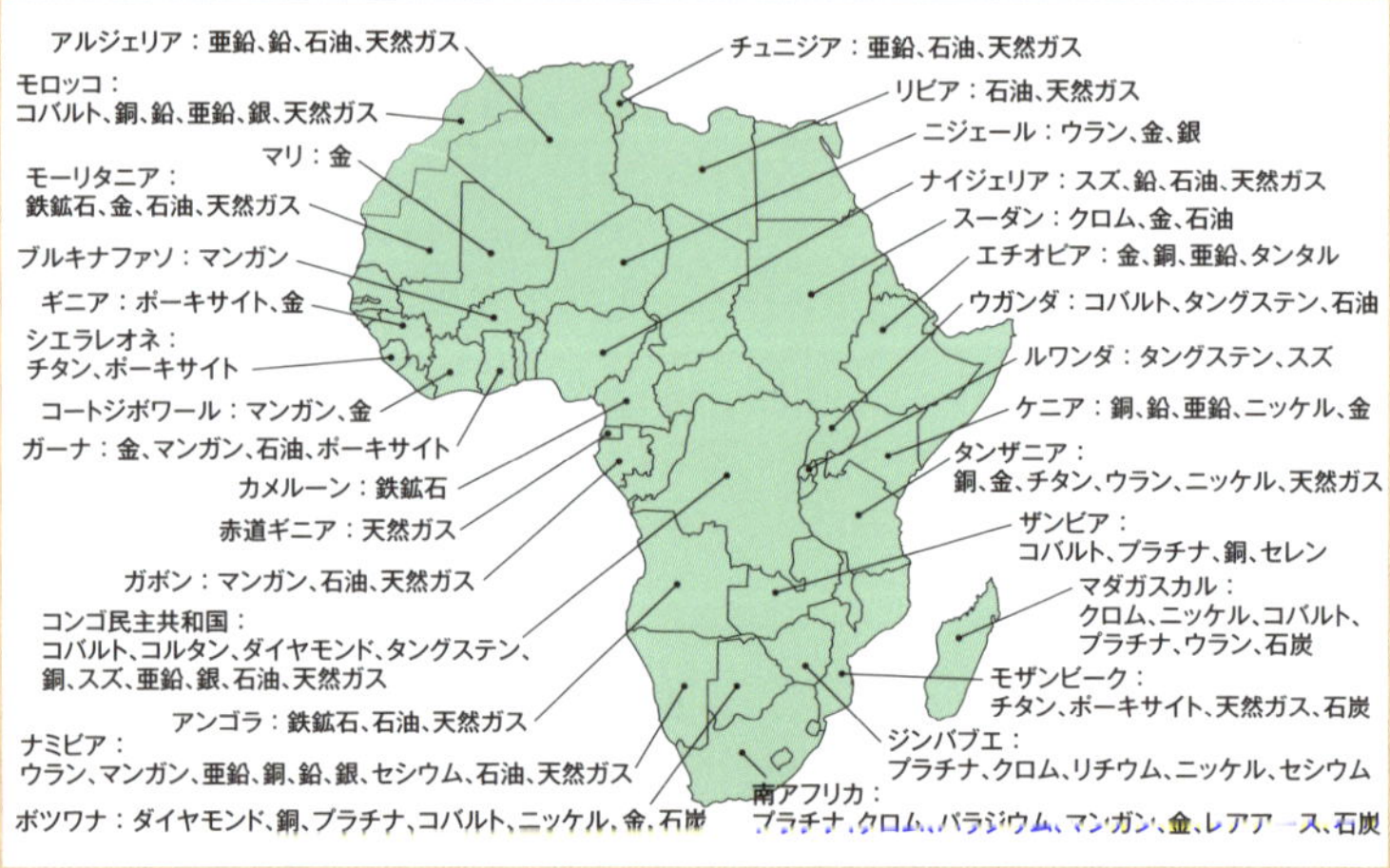
アルジェリア：亜鉛、鉛、石油、天然ガス
モロッコ：
コバルト、銅、鉛、亜鉛、銀、天然ガス
マリ：金
モーリタニア：
鉄鉱石、金、石油、天然ガス
ブルキナファソ：マンガン
ギニア：ボーキサイト、金
シエラレオネ：
チタン、ボーキサイト
コートジボワール：マンガン、金
ガーナ：金、マンガン、石油、ボーキサイト
カメルーン：鉄鉱石
赤道ギニア：天然ガス
ガボン：マンガン、石油、天然ガス
コンゴ民主共和国：
コバルト、コルタン、ダイヤモンド、タングステン、
銅、スズ、亜鉛、銀、石油、天然ガス
アンゴラ：鉄鉱石、石油、天然ガス
ナミビア：
ウラン、マンガン、亜鉛、銅、鉛、銀、セシウム、石油、天然ガス
ボツワナ：ダイヤモンド、銅、プラチナ、コバルト、ニッケル、金、石炭
チュニジア：亜鉛、石油、天然ガス
リビア：石油、天然ガス
ニジェール：ウラン、金、銀
ナイジェリア：スズ、鉛、石油、天然ガス
スーダン：クロム、金、石油
エチオピア：金、銅、亜鉛、タンタル
ウガンダ：コバルト、タングステン、石油
ルワンダ：タングステン、スズ
ケニア：銅、鉛、亜鉛、ニッケル、金
タンザニア：
銅、金、チタン、ウラン、ニッケル、天然ガス
ザンビア：
コバルト、プラチナ、銅、セレン
マダガスカル：
クロム、ニッケル、コバルト、
プラチナ、ウラン、石炭
モザンビーク：
チタン、ボーキサイト、天然ガス、石炭
ジンバブエ：
プラチナ、クロム、リチウム、ニッケル、セシウム
南アフリカ：
プラチナ、クロム、パラジウム、マンガン、金、レアアース、石炭

経済産業省「アフリカの鉱物資源の重要性と我が国の取組み」をもとに作成

Chapter8

## EUで協調しつつ
## 排外主義に悩むリムランド

# ヨーロッパ

かつての西欧列強とバルカン半島との関係性や、それに伴う現在の移民問題、ロシアのウクライナ侵攻がもたらす影響など、ヨーロッパを取り巻く課題について述べていく。

## バルカン半島各国の独立記念日・宗教・言語

| | 独立 | おもな宗教 | おもな言語 |
|---|---|---|---|
| **スロベニア** | 1991年6月25日 | カトリック | スロベニア語 |
| **クロアチア** | 1991年6月25日 | カトリック | クロアチア語 |
| **ボスニア・ヘルツェゴビナ** | 1992年3月1日 | イスラム教<br>セルビア正教<br>カトリック | ボスニア語<br>セルビア語<br>クロアチア語 |
| **セルビア** | 2006年6月5日 | セルビア正教 | セルビア語 |
| **モンテネグロ** | 2006年6月3日 | ギリシャ正教 | モンテネグロ語<br>セルビア語など |
| **コソボ** | 2008年2月17日 | イスラム教<br>セルビア正教など | アルバニア語 |
| **北マケドニア** | 1991年9月8日 | マケドニア正教<br>イスラム教 | マケドニア語<br>アルバニア語 |
| **ルーマニア** | 1877年5月9日 | ルーマニア正教 | ルーマニア語 |
| **ブルガリア** | 1908年9月22日 | ブルガリア正教など | ブルガリア語 |
| **アルバニア** | 1912年11月28日 | イスラム教<br>カトリック | アルバニア語 |
| **ギリシャ** | 1821年3月25日 | ギリシャ正教 | 現代ギリシャ語 |

| コソボ | 北マケドニア | ルーマニア | ブルガリア | アルバニア | ギリシャ |
|---|---|---|---|---|---|
| 1万908㎢ | 2万5713㎢ | 23万8000㎢ | 11万900㎢ | 2万8700㎢ | 13万1957㎢ |
| 177万人 | 210万人 | 1990万人 | 670万人 | 280万人 | 1030万人 |
| 105億ドル | 148億ドル | 3459億ドル | 1016億ドル | 227億ドル | 2383億ドル |
| 9億ユーロ | 90億ドル | 1006億ドル | 479億ドル | 43億ドル | 550億ドル |
| 56億ユーロ | 121億ドル | 1319億ドル | 536億ドル | 86億ドル | 886億ドル |

※コソボの人口は、2023年のIMF人口統計を使用。また、コソボの貿易輸出額・輸入額は、2022年のコソボ統計局の発表データを使用した。

# バルカン半島の概要

ヨーロッパの南東に位置し、地中海に突き出ているバルカン半島には現在、11カ国が存在する。ローマ帝国の時代以降、この地にはラテン文化とギリシャ文化、イスラム教とキリスト教が混在している。14世紀からはオスマン帝国の支配下に置かれていたが、19世紀から20世紀初頭にかけて、ギリシャ、ルーマニア、ブルガリア、アルバニアなどが独立し、第一次世界大戦後にはユーゴスラビアも誕生した。1980年代まではこの5カ国が存在していたが、1991年にユーゴスラビアは解体する。ユーゴスラビアは多民族国家で、複数の宗教、言語が複雑に絡み合っていたため、解体後の1990年代以降は内戦などを経て、現在は7つの国に分かれている。

ポーランド
ドイツ
ウクライナ
オーストリア
ハンガリー
モルドバ
ドナウ川
ルーマニア
スロベニア
クロアチア
旧ユーゴスラビア国境
サバ川
ボスニア・ヘルツェゴビナ
セルビア
アドリア海
イタリア
コソボ
ブルガリア
黒海
モンテネグロ
アルバニア
北マケドニア
ギリシャ
エーゲ海
トルコ

## バルカン半島各国の基本データ（2023年）

| | スロベニア | クロアチア | ボスニア・ヘルツェゴビナ | セルビア | モンテネグロ |
|---|---|---|---|---|---|
| 面積 | 2万273㎢ | 5万6594㎢ | 5万1000㎢ | 7万7474㎢ | 1万3812㎢ |
| 人口 | 210万人 | 400万人 | 320万人 | 710万人 | 60万人 |
| 名目GDP | 682億ドル | 820億ドル | 272億ドル | 752億ドル | 74億ドル |
| 貿易輸出額 | 730億ドル | 249億ドル | 92億ドル | 309億ドル | 7億ドル |
| 貿易輸入額 | 714億ドル | 432億ドル | 154億ドル | 398億ドル | 41億ドル |

# 世界大戦の発火点となった<br>バルカン半島の領土と民族

## オスマン帝国の版図を巡り<br>ヨーロッパの列強が対立

「ヨーロッパの火薬庫」と呼ばれるバルカン半島は、第一次世界大戦をはじめ、歴史的な紛争の発火点として知られる。東を黒海、南をエーゲ海やアドリア海、北をドナウ川やサバ川に囲まれ、古代より東西文化を結ぶ交通路であるため、多くの民族や宗教、言語が混在する。14世紀以降はイスラム国家のオスマン帝国に支配された。

19世紀に入ってオスマン帝国が弱体化すると、支配されていた民族が独立を求めて蜂起する。また、ドイツ・オーストリアを後ろ盾とするゲルマン系民族と、ロシアを後ろ盾とするスラヴ系民族の間で、領土拡大のための抗争も勃発。イギリスやフランスも権益を求めて参画した。オスマン帝国のこれらの領土問題は「東方問題」と呼ばれ、世界大戦の端緒ともなった。

民族間の抗争やそれに伴う宗教問題、政情不安など、この地での諍いは21世紀の現在も絶えない。

２０１１年に勃発したシリア内戦での難民や移民は、ヨーロッパ北部、とくに２０１５年から移民受け入れの姿勢を見せるドイツを目指した。バルカン半島が主要移動ルートになり、通過地点のマケドニアやギリシャなどに数万人の難民・移民が押し寄せたことで、ギリシャ経由でマケドニアに入るルートは国境が封鎖され、国境警備隊と移民が衝突している。

## 東方問題と第一次世界大戦

イギリス
ドイツ帝国
ロシア帝国
フランス
イタリア
（サルデーニャ王国）
オーストリア＝ハンガリー帝国
セルビア
ギリシャ
FRANKREICH
SPANIEN
PORTUGAL
ÖSTERREICH - UNGARN
SERBIEN
BULGARIEN
RUMÄNIEN

19世紀に入ると、オスマン帝国からの支配脱却を目指して、セルビアの独立運動やギリシャ独立戦争、エジプト＝トルコ戦争が起こる。また、ロシアとオスマン帝国・イギリス・フランス・サルデーニャによるクリミア戦争、ロシアとオスマン帝国による露土戦争も勃発した。オスマン帝国の版図を巡るこの一連の動きは「東方問題」と呼ばれる。露土戦争の調停のために開かれた1878年のベルリン会議（ドイツ、イギリス、フランス、オーストリア＝ハンガリー帝国、ロシア、イタリア、オスマン帝国が参加）で、独立国などが承認されてこの動きは終息するが、領土問題は根深く残り、第一次世界大戦へとつながった。

1914年6月には、現在のボスニア・ヘルツェゴビナの首都サラエボで、オーストリア＝ハンガリー帝国の皇位継承者夫妻がスラヴ系のセルビア人青年に暗殺され、同国がセルビアに宣戦布告。第一次世界大戦へと発展した。フランス、イギリス、ロシア帝国を中心とする協商国と、ドイツ、オーストリア＝ハンガリー帝国、オスマン帝国を中心とする同盟国の対立を軸に世界を巻き込んで1918年まで続いた。

## バルカン半島の民族分布

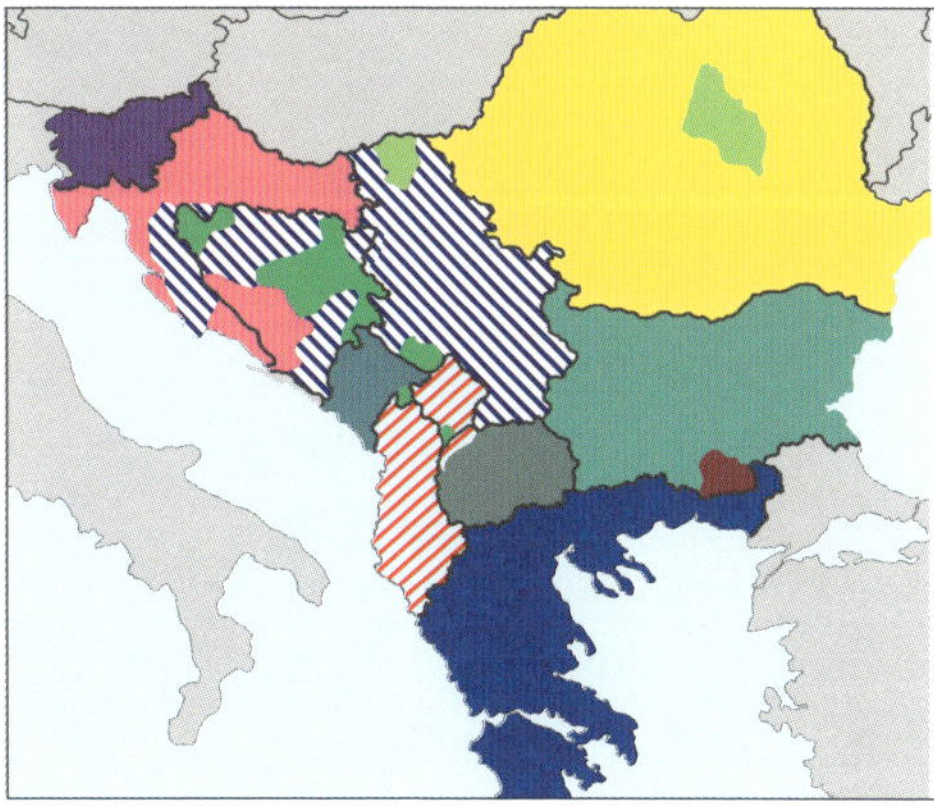

紀元前のローマ帝国から20世紀のオスマン帝国まで、大国の支配下に置かれ続けたバルカン半島には多数の民族がまだら状に分布し、それが内戦や国の分裂の要因となってきた。モンテネグロ（人口の45％がモンテネグロ人、29％がセルビア人）、北マケドニア（人口の58％がマケドニア人、24％がアルバニア人）などがその代表だ。

- スロベニア人
- クロアチア人
- ハンガリー人
- ルーマニア人
- ムスリム人
- セルビア人
- モンテネグロ人
- ブルガリア人
- アルバニア人
- マケドニア人
- トルコ人
- ギリシャ人

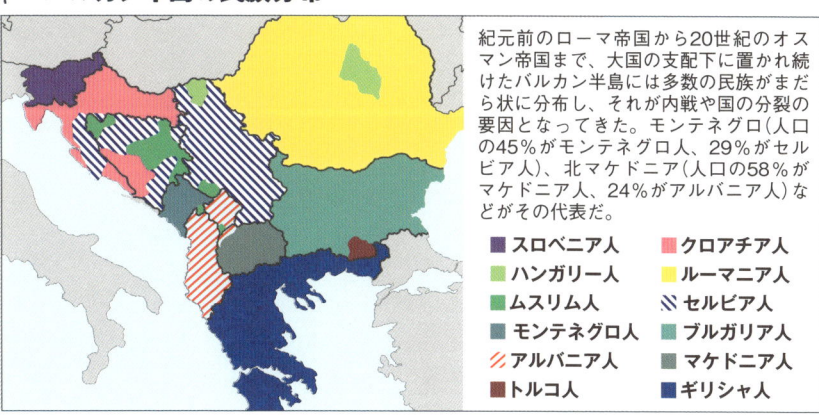

# ヨーロッパへと燃料を輸送 トルコ経由のパイプライン

## ヨーロッパ各国が依存する ロシア産の石油と天然ガス

　トルコはヨーロッパとアジアの境に位置する。国土の大半は、黒海とエーゲ海に面するアナトリア半島にあり、バルカン半島の一部も領有している。第二次世界大戦後、東西冷戦が勃発すると、1952年に北大西洋条約機構（NATO）に加盟した。黒海を挟んでソ連と接するため、西側陣営における対ソ防衛の最前線となった。

　東西冷戦終結後は対ソ共闘の必要性が失われ、欧米との蜜月に終止符が打たれた。**反政府テロ**、シリア内戦への介入、それに伴う難民の流入とヨーロッパへの流出など、国内の問題により、欧米やロシア、中東との関係が複雑化している。

　また、トルコは経済効果やインフラ整備を目標に、長年EU（欧州連合）への加盟を切望している。EU諸国は経済格差によるトルコからの低賃金労働者の流入などを危惧しており、2005年から始まったEUへの加盟交渉は、イスラム教国であることやトルコ国内の諸問題を理由に進展していない。

　そんなトルコの切り札が、エネルギーパイプライン（PL）の管理である。ヨーロッパ諸国は、**ロシアに石油と天然ガスのエネルギー資源を依存**する。ロシアで産出された石油と天然ガスは、トルコを経由する長距離パイプラインでヨーロッパへと輸送される。中東からの輸送も同様だ。そのため、トルコはPL管理を活かした国際的な影響力の発揮を目指している。

## トルコを経由するヨーロッパのエネルギールート

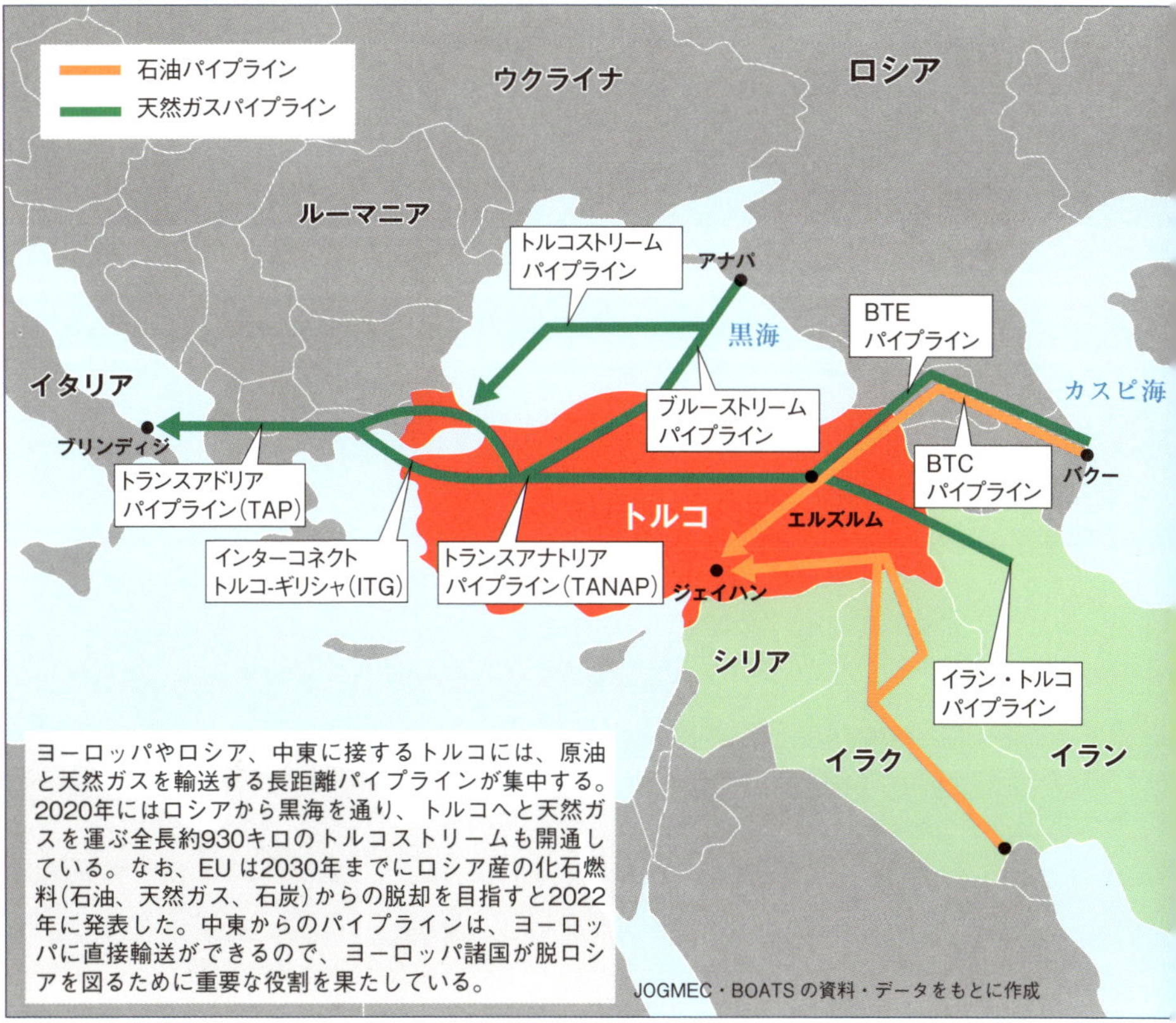

石油パイプライン
天然ガスパイプライン
ウクライナ
ロシア
ルーマニア
トルコストリーム
パイプライン
アナパ
黒海
BTE
パイプライン
カスピ海
イタリア
ブリンディジ
ブルーストリーム
パイプライン
トランスアドリア
パイプライン(TAP)
BTC
パイプライン
バクー
トルコ
エルズルム
インターコネクト
トルコ-ギリシャ(ITG)
トランスアナトリア
パイプライン(TANAP)
ジェイハン
シリア
イラン・トルコ
パイプライン
イラク
イラン


ヨーロッパやロシア、中東に接するトルコには、原油と天然ガスを輸送する長距離パイプラインが集中する。2020年にはロシアから黒海を通り、トルコへと天然ガスを運ぶ全長約930キロのトルコストリームも開通している。なお、EUは2030年までにロシア産の化石燃料(石油、天然ガス、石炭)からの脱却を目指すと2022年に発表した。中東からのパイプラインは、ヨーロッパに直接輸送ができるので、ヨーロッパ諸国が脱ロシアを図るために重要な役割を果たしている。

JOGMEC・BOATSの資料・データをもとに作成

## 用語解説

### 反政府テロ

1923年にトルコ共和国が成立すると、それまで民族として一定の自治を認められていたクルド人は、トルコ人への同化を迫られ、民族的な文化や政治的な権利を否定された。これに対して抵抗運動が巻き起こるが、1940年頃までに抑え込まれる。抵抗運動は1960年代に再燃。1978年にはクルド人国家の設立を目指す反政府組織・クルド労働者党(PKK)が設立された。PKKは1984年から武力闘争を開始し、1990年代以降は自爆テロや観光客の拉致を行うなど過激化して、軍事衝突にまで発展した。2013年に政府とPKKは停戦合意に至るが、2年後には破棄され、東部や南東部を中心に衝突は継続している。

### ロシアに石油と天然ガスのエネルギー資源を依存

2022年のロシアのウクライナ侵攻でロシアに経済制裁を発動するまで、ヨーロッパ各国は総じて一次エネルギーである化石燃料(石油、天然ガス、石炭)をロシア産に依存していた。とくにドイツ、イタリア、フランスの依存度は高く、2020年の輸入量におけるロシア産の割合は、ドイツで石油34%、天然ガス43%、イタリアで石油11%、天然ガス31%、フランスで石油0%、天然ガス27%であった。

北極海

## イギリスの基本データ（2023年）

| | |
|---|---|
| 面積 | 24万3000㎢ |
| 人口 | 6670万人 |
| 名目GDP | 3兆3447億ドル |
| 貿易輸出額 | 5207億ドル |
| 貿易輸入額 | 7913億ドル |

## ドイツの基本データ（2023年）

| | |
|---|---|
| 面積 | 35万7000㎢ |
| 人口 | 8330万人 |
| 名目GDP | 4兆4574億ドル |
| 貿易輸出額 | 1兆6884億ドル |
| 貿易輸入額 | 1兆4626億ドル |

## フランスの基本データ（2023年）

| | |
|---|---|
| 面積 | 54万9134㎢ |
| 人口 | 6480万人 |
| 名目GDP | 3兆318億ドル |
| 貿易輸出額 | 6485億ドル |
| 貿易輸入額 | 7859億ドル |

## イタリアの基本データ（2023年）

| | |
|---|---|
| 面積 | 30万2000㎢ |
| 人口 | 5890万人 |
| 名目GDP | 2兆2555億ドル |
| 貿易輸出額 | 6770億ドル |
| 貿易輸入額 | 6396億ドル |

## スペインの基本データ（2023年）

| | |
|---|---|
| 面積 | 50万6000㎢ |
| 人口 | 4750万人 |
| 名目GDP | 1兆5812億ドル |
| 貿易輸出額 | 4232億ドル |
| 貿易輸入額 | 4703億ドル |

## ドイツを経由し各国へ渡る難民たち

シリアやアフガニスタン、イラクなどからの移民を受け入れ続けているドイツ。2022年の受け入れ人数は140万人以上であった。

クライナ

黒海

トルコ

## 周辺関連諸国軍事データ

| | 軍事費 | 現役軍人数 | 軍事費対GDP |
|---|---|---|---|
| イギリス | 628億ドル | 18.5万人 | 1.88% |
| ドイツ | 559億ドル | 18.2万人 | 1.26% |
| フランス | 497億ドル | 20万人 | 1.64% |
| イタリア | 316億ドル | 16.6万人 | 1.40% |
| スペイン | 220億ドル | 13.3万人 | 1.39% |

# ヨーロッパの概要

ヨーロッパはハートランドであるロシアに対して、その周辺にあるリムランドである。海洋への進出がしやすく、近世には大航海時代を迎えるに至った。第二次世界大戦後は東西冷戦により東西陣営に分かれていたが、東西冷戦後の1990年代以降、旧東側陣営も欧州連合（EU）に次々加盟している。ヨーロッパはEUを中心にまとまりつつある。ただし、2020年にはイギリスがEUから離脱しており、各国の関係性は一筋縄ではいかない。

スウェーデン
フィンランド
ノルウェー
エストニア
ラトビア
北海
デンマーク
バルト海
リトアニア
イギリス
アイルランド
オランダ
ベラルーシ
ドイツ
ポーランド
ベルギー
チェコ
スロバキア
大西洋
フランス
スイス
オーストリア
ハンガリー
バルカン半島
イタリア
スペイン
ポルトガル
アルジェリア
チュニジア
地中海
モロッコ
リビア
エジプト

EUは、欧州共同体（EC：European Community）を前身として、1993年の欧州連合条約（マーストリヒト条約）に基づき創立された政治・経済統合体。加盟国間の経済・通貨の統合、共通外交・安全保障政策の実施、欧州市民権の導入などを進めている。2024年9月時点での加盟国は、アイルランド、イタリア、エストニア、オーストリア、オランダ、キプロス、ギリシャ、クロアチア、スウェーデン、スペイン、スロバキア、スロベニア、チェコ、デンマーク、ドイツ、ハンガリー、フィンランド、フランス、ブルガリア、ベルギー、ポーランド、ポルトガル、マルタ、ラトビア、リトアニア、ルーマニア、ルクセンブルクの27カ国。イギリスは2020年1月31日に離脱した。総人口は4億5000万人弱、総面積は412万平方キロメートルである。

# ドイツの難民受け入れがヨーロッパにもたらす影響

## ホロコーストへの反省が戦後のドイツの姿勢に反映

2023年のEU（欧州連合）の名目GDPは約18兆3500億ドルで、アメリカの約27兆3600億ドル、中国の約17兆6600億ドルと肩を並べる。このEUの経済を牽引するのがドイツだ。2023年の名目GDPは約4兆4600億と、世界第3位である。

ドイツはヨーロッパの中央に位置する。そのため、1871年にドイツ帝国が成立すると、ランドパワーとして周辺の国々に圧力をかけていった。これが二度の世界大戦へとつながっていく。

第二次世界大戦中は、ヒトラー率いる国家社会主義ドイツ労働者党（ナチ党）がユダヤ人の迫害と虐殺（**ホロコースト**）を行い、約600万人が犠牲となった。戦後、ホロコーストに対する反省は、ドイツの指針となる。これはEUにおけるドイツの姿勢にも表れており、圧倒的な経済力を持ちながらも加盟国間の協調を重視している。

現在のドイツの問題は、出生率の低下と少子化による将来的な労働力不足である。2015年に**メルケル政権**がシリア難民を受け入れたのは、この問題と無縁でない。

一度ドイツに入国した難民は、**シェンゲン協定**によってヨーロッパを自由に移動できる（協定は、参加国間での人、資本、物品の自由な移動や、犯罪に対する協力などを規定）。協定参加国は、難民の最終到達地や移動ルートとなって、自国の治安や移民政策に影響があるため、ドイツのシリア難民受け入れに反発を強めた。

## シェンゲン協定加盟国と難民の移動

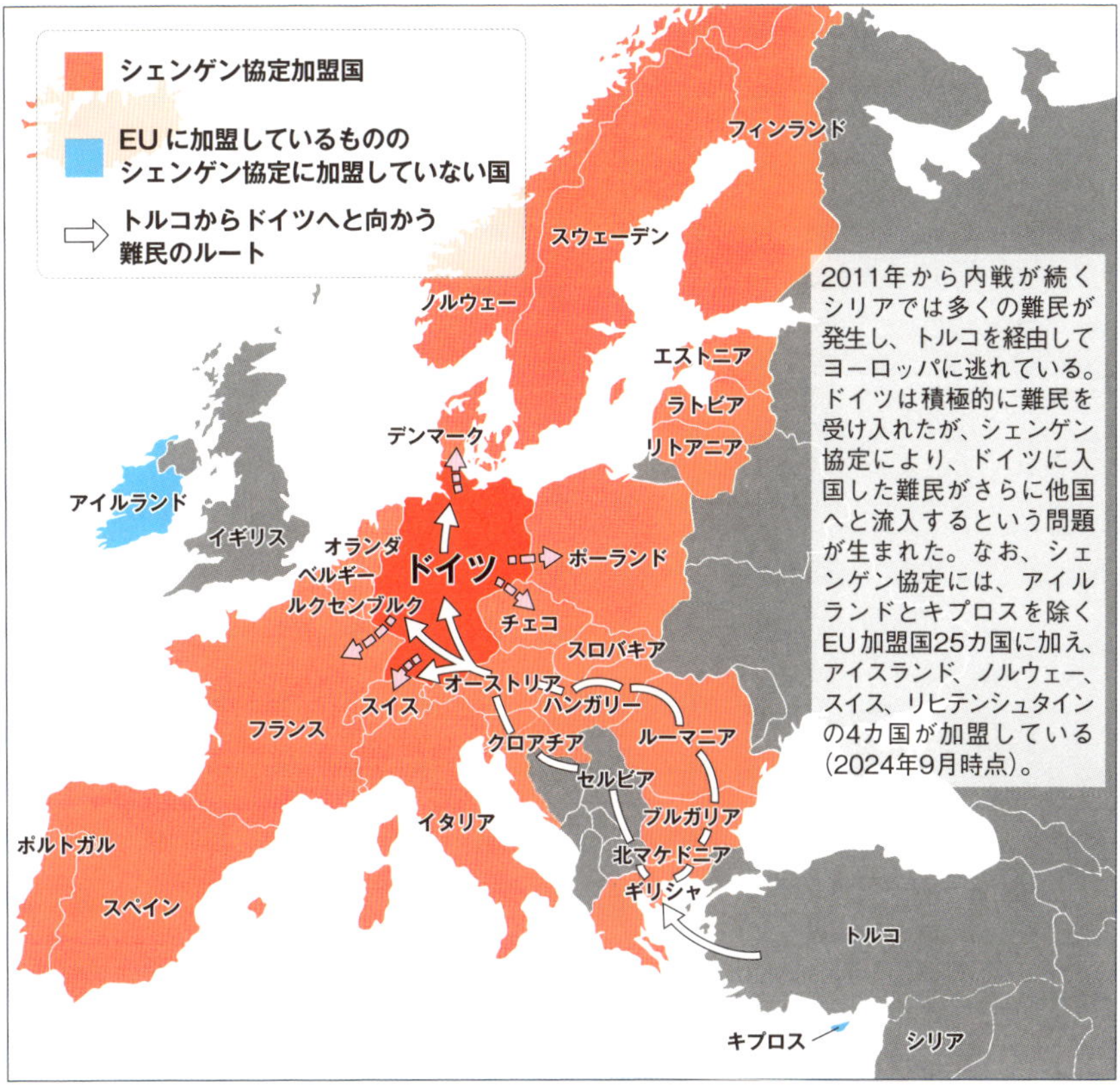
シェンゲン協定加盟国
EU に加盟しているものの
シェンゲン協定に加盟していない国
トルコからドイツへと向かう
難民のルート
フィンランド
スウェーデン
ノルウェー
エストニア
ラトビア
リトアニア
デンマーク
アイルランド
イギリス
オランダ
ベルギー
ドイツ
ポーランド
ルクセンブルク
チェコ
スロバキア
オーストリア
スイス
ハンガリー
フランス
クロアチア
ルーマニア
セルビア
ブルガリア
イタリア
ポルトガル
北マケドニア
スペイン
ギリシャ
トルコ
キプロス
シリア
2011年から内戦が続くシリアでは多くの難民が発生し、トルコを経由してヨーロッパに逃れている。ドイツは積極的に難民を受け入れたが、シェンゲン協定により、ドイツに入国した難民がさらに他国へと流入するという問題が生まれた。なお、シェンゲン協定には、アイルランドとキプロスを除くEU加盟国25カ国に加え、アイスランド、ノルウェー、スイス、リヒテンシュタインの4カ国が加盟している(2024年9月時点)。

### 用語解説

**ホロコースト**

ナチス・ドイツによるおもにユダヤ人に対する迫害と虐殺のこと。1933年、ヒトラーがドイツの首相に就任して政権を握ると、直後からアーリア条項の制定など、ユダヤ人迫害が始まった。1935年にはニュルンベルク法を制定してユダヤ人の市民権を奪い、1939年のポーランド侵攻後は強制的にユダヤ人地区へと隔離し始め、1942年のヴァンゼー会議の決議でユダヤ人の強制収容所への移送と殺害が本格化した。

**メルケル政権**

ドイツでは、2005年から2021年までアンゲラ・メルケル(1954年〜)が首相を務めた。旧東ドイツで育ち、ドイツ初の女性首相でもあった。積極的に難民・移民を受け入れる政策は国内外から高く評価される一方、難民が起こす事件などが急増し、16年に及ぶ長期政権が崩壊する要因ともなった。

**シェンゲン協定**

1985年にベルギー、フランス、ルクセンブルク、オランダ、西ドイツが結んだ協定をもとに、加盟国間において国境検査(パスポート)なしで国境を越えることを認める協定。2024年9月時点では29カ国が加盟。

# 高度経済成長期以前と以後
# フランスの移民政策の転換

フランス

## 貧富や階層の差が生みだす
## 移民系による激しい暴動

　ユーラシア大陸の西端に位置するフランスは、ハートランドからの脅威を受けづらいという地政学的な利点がある。そのため、15世紀半ばから17世紀半ばまでの大航海時代以降、シーパワーとして海外に進出した。その後、20世紀になってもアフリカや東南アジアに多くの植民地を保有していた。

　第二次世界大戦後、フランスの植民地の大半は独立する。一方、フランスは、旧植民地のアフリカ諸国をはじめ、ポルトガル、イタリア、スペインなどから安価な労働力を移民として呼び込み、戦争で低下した国力の回復に成功した。

　ところが、１９７３年に第一次オイルショックで経済が停滞すると、翌年には労働目的の移民の受け入れは停止された。ただし、定住した外国人労働者が家族を呼び寄せることは認められたため、移民の増加は続いた。２０２３年には総人口の１０・７％を移民が占めている。

　移民の増加で貧富の差や社会階層が固定化するなか、21世紀に入ると社会の分断が憂慮される暴動やテロが相次ぐ。例えば、**２００５年にパリ郊外で移民系による暴動**が発生。２０１５年にはパリで、**イスラム教徒による襲撃事件や同時多発テロ**が起こり、多くの死傷者が出た。２０２３年にも**移民系を中心とする暴動**が発生している。

　フランス社会には、根強い差別と、それに対する不満から生じた過激思想が沈殿している。この状況が変化する兆しは未だ見えない。

## フランスにいる移民の出身地

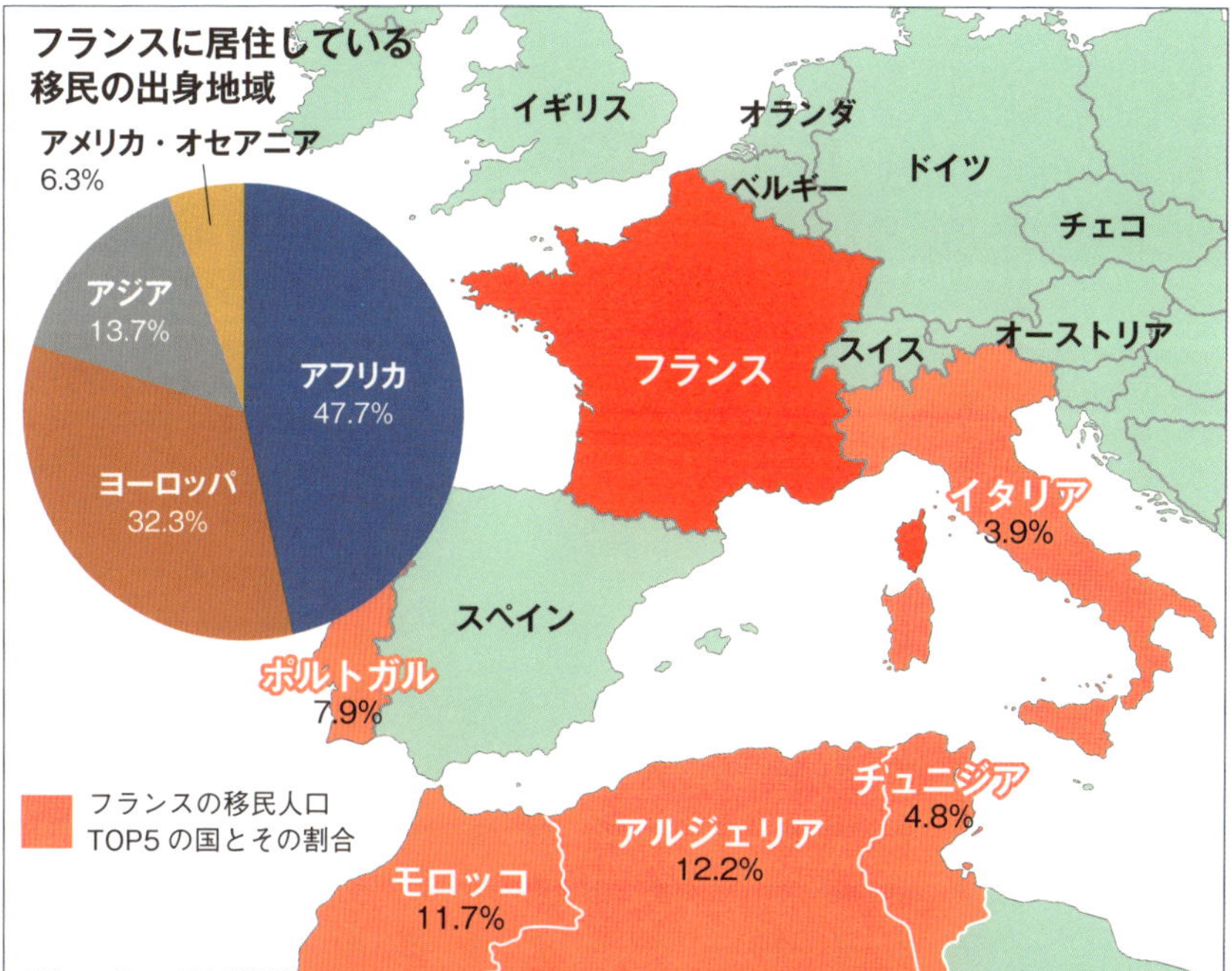
フランスに居住している
移民の出身地域
アメリカ・オセアニア
6.3%
アジア
13.7%
アフリカ
47.7%
ヨーロッパ
32.3%
イギリス
オランダ
ベルギー
ドイツ
チェコ
フランス
スイス
オーストリア
イタリア
3.9%
スペイン
ポルトガル
7.9%
チュニジア
4.8%
アルジェリア
12.2%
モロッコ
11.7%
フランスの移民人口
TOP5 の国とその割合

出典：フランス国立統計経済研究所

フランスにおける「移民」の公式な定義は、「外国で生まれた外国人でフランスに移住する者（帰化の有無は問わない）」である。フランスの人口約 6500 万人のうち、この定義に当てはまる移民は約 11%だ。しかし、一般的には、外国籍のフランス生まれと、フランス生まれの移民の子孫を含めた数が本来の移民と考えられているため、もっと多い。とくに二次世界大戦後に労働力として旧植民地から募ったイスラム教徒が多い。モロッコやアルジェリアの出身者とその家族を含め、国内のイスラム教徒の割合は増加している。

## 用語解説

### 2005年にパリ郊外で移民系による暴動

2005年10月27日、パリ郊外でアフリカ系移民の若者3人が警察に追跡され、逃げ込んだ先の変電所でふたりが感電死、ひとりが重傷を負った。この事件をきっかけに同日から移民の若者による暴動が発生する。フランス全土へと拡大した暴動は20日間ほど続き、非常事態宣言まで出された。

### イスラム教徒による襲撃事件や同時多発テロ

2015年1月7日、イスラム教に関する風刺画を掲載した週刊の新聞「シャルリー・エブド」の本社をイスラム過激派が襲撃し、社員ら12人を殺害した。同年11月13日、コンサート会場やレストランなどが銃や爆弾で攻撃されて130人が死亡。過激派組織のイスラム国（IS）が犯行声明を出した。

### 移民系を中心とする暴動

2023年6月27日、パリ郊外で車を運転していたアフリカ系の17歳の少年が、検問を振りきろうとしたところ警察官に射殺された。移民系の若者を中心にこの警察官に対する抗議行動が広がり、一部が暴徒化。暴動による略奪や放火での逮捕者は3000人以上にものぼった。

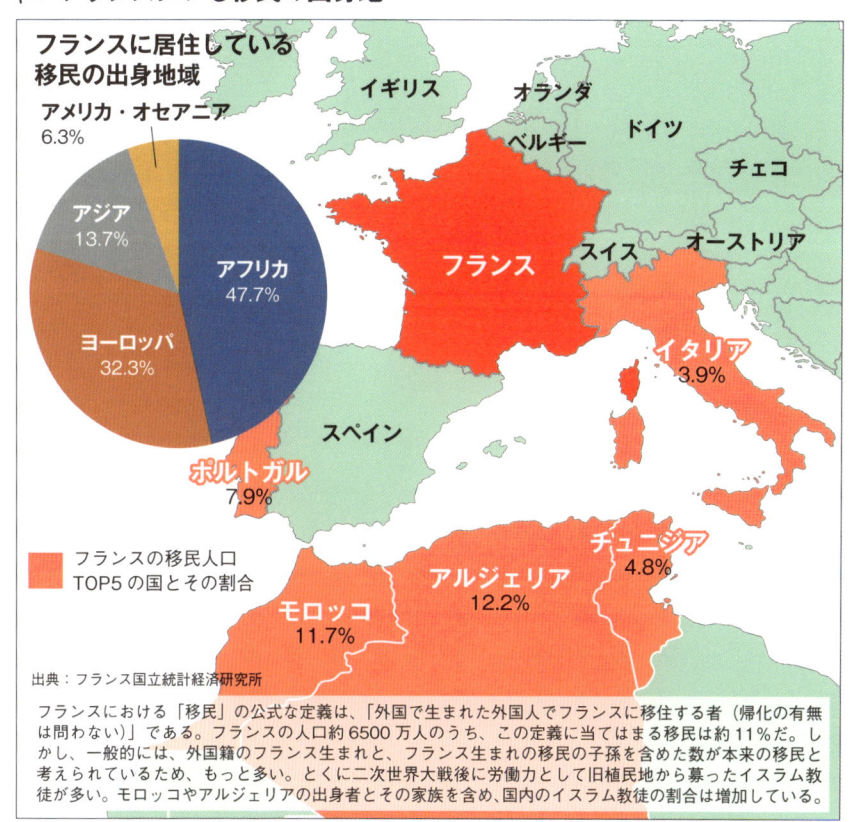

# 協調するＥＵ諸国に対して独立独歩なイギリスの外交

## かつては世界を支配した独自路線のシーパワー国家

ドーバー海峡で大陸と隔てられたイギリスは16世紀以降、シーパワー国家として海外へと乗り出し、北米やアジア、アフリカなどに植民地を獲得した。その結果、19世紀の大英帝国時代には世界の約4分の1を支配するまでになった。

力の源泉は、大陸からの圧力を巧みにコントロールする「オフショア・バランシング」という外交戦略である。脅威になり得る国がヨーロッパに現れた際、他国と手を組んで牽制するという考え方だ。つまりバランスオブパワーだ。

他国を俯瞰して対峙するイギリスの傾向は、ＥＵやその前身であるＥＣ（欧州共同体）との関係にも表れている。まずＥＣへの加盟は創立から６年後の１９７３年である。また、ＥＵの創立には主要国としてドイツ、フランスとともに尽力したが、１９９９年のユーロの導入には、国際的な独自金融政策を主張して参加しなかった。

さらに、現在ではＥＵ加盟国の大半が参加するシェンゲン協定にも、最初から参加していなかった（ただし、犯罪に対する司法・警察の協力は実施していた）。協定参加国の領域であれば、国境審査なしに人やお金、物品の移動が自由で、関税によるメリットがあるにもかかわらずである。

ついには、２０１６年に実施された国民投票で僅差によりＥＵ離脱を決定し、２０２０年1月31日に離脱。同年末までの移行期間を経て２０２１年に完全離脱し、ＥＵで初めての離脱国となった。

## EC・EUの加盟国の変遷とイギリス

①1967年　ECの創立

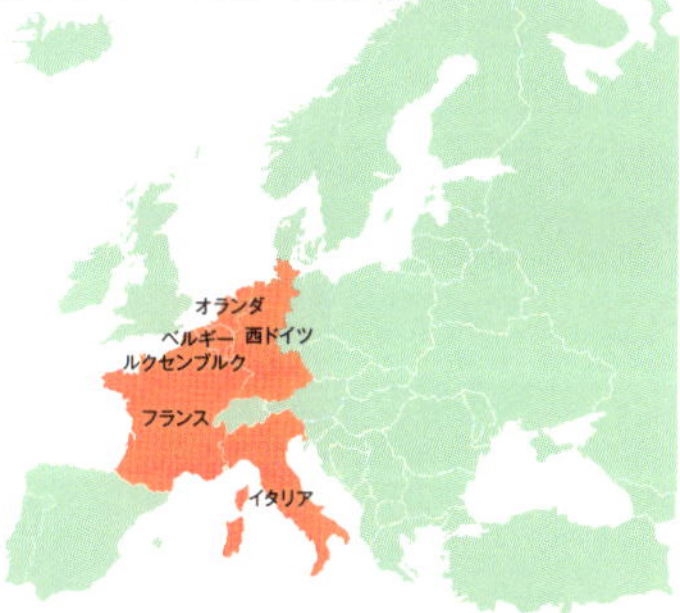


②1973年　ECの加盟国

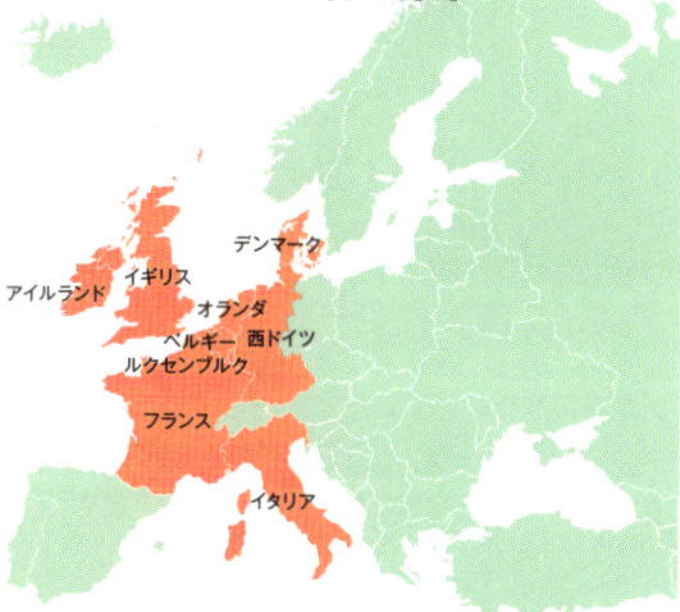


③1986年　ECの加盟国

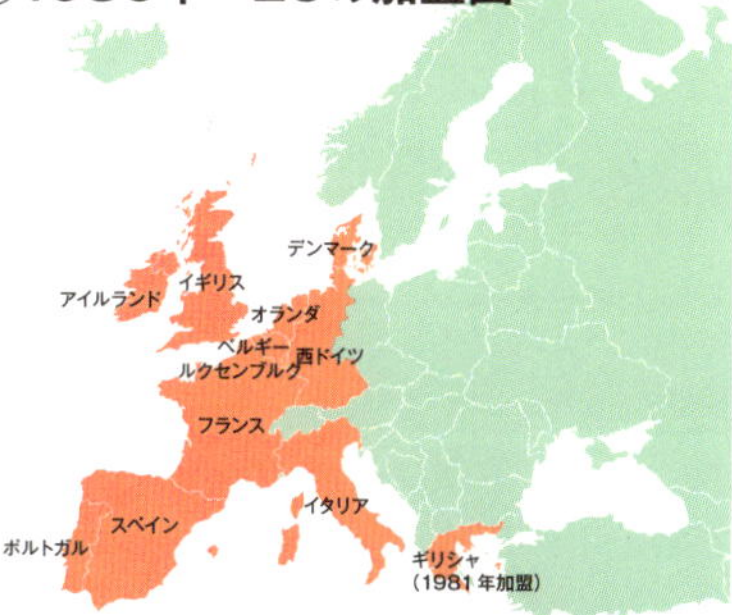


④1993年　EUの創立

⑤2004年　EUの加盟国

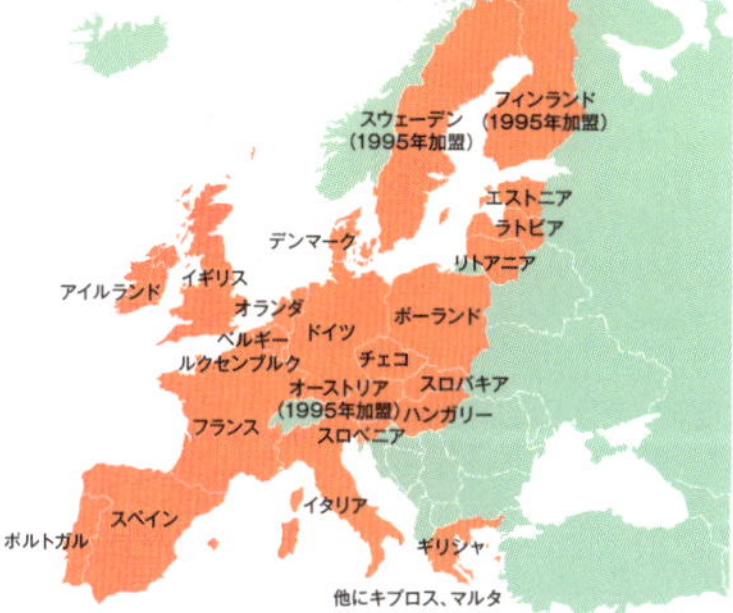


⑥2020年　イギリスがEUを離脱

1952年にフランス、西ドイツ、イタリア、オランダ、ベルギー、ルクセンブルクを原加盟国としたECSC(欧州石炭鉄鋼共同体)が設立。1958年にはEEC(欧州経済共同体)とEURATOM(欧州原子力共同体)が設立され、3つの共同体は1967年に統合されてECとなる。イギリスは、EECに対抗して1960年にEEC非加盟の7カ国でEFTA(欧州自由貿易連合)を設立するが、経済活動でECに及ばず、1973年にEFTAを離脱してECに加盟した。1975年のイギリスの国民投票ではECへの継続的な参加が支持されたが、左派は常に離脱を提言していた。ECがEUへと発展して、1990年代にイギリスは好況を迎えるが、それが2000年代以降の物価上昇を招いて、2004年に東欧の10カ国がEUに加盟すると、加盟国間に経済格差が生じることとなった。

## 監修／狩野崇（かのう・たかし）

群馬県出身。花まるグループの進学塾部門であるスクールFCで、社会科や国語などを担当。小学生の頃に歴史の面白さに目覚めて以来、日本全国、世界各地の歴史の舞台を訪ね歩く。「最高に面白い社会科」を、魅力的な蘊蓄と現地の写真・動画とともに語る授業が評判。通常授業以外にも、「戦国の城」「イスラム教入門」「地図から考える世界と日本」など、座学とフィールドワークを融合した講座や、オンライン授業によるバーチャルフィールドワーク講座を次々に展開し、精力的に活動している。

# ビジュアルで読み解く地政学

2024年12月1日　第1刷発行

監修　狩野崇

発行人　塩見正孝

発行所　株式会社三才ブックス

〒101-0041　東京都千代田区神田須田町2-6-5 OS'85ビル3F

TEL 03-3255-7995（代表）

FAX 03-5298-3520

印刷・製本　TOPPANクロレ株式会社

本書のお問い合わせ先：info@sansaibooks.co.jp